빌딩 투자 시크릿

Real Estate Investing Secrets

빌딩 투자 시크릿

Real Estate Investing Secrets

민 성 식 지음

법률출판사

빌딩 투자 시크릿

머리말

우리나라 사람이라면 누구나 부동산 투자에 관심이 있다. 한 번쯤 건물주가 되었으면 하는 꿈을 꾸기도 한다. 주거용 부동산 투자를 하면서 자산을 모아 꼬마 빌딩에 투자하고 나중에는 번듯한 빌딩을 사고 나서 은퇴를 한 후 임대료를 받고 사는 그런 모습이다. 그래서 시중에는 빌딩투자에 대한 책들도 많이 나와 있다. 막상 읽어보면 꼬마빌딩이라는 말로 포장된 소규모 상가 주택이나 빌라 투자에 대한 내용의 책이 대부분이다. 사람들이 갖는 빌딩투자에 대한 로망을 꼬마빌딩으로라도 충족시키기 위해 대체 용어로 사용한 것이라고 생각한다.

우리가 정말 빌딩이라고 부를 수 있는 규모의 부동산 운영에 관하여 설명한 책은 많이 없다. 빌딩투자는 그 규모도 크고 이를 전문적으로 하는 사람들의 수가 많지 않기 때문에 이런 책을 펴낼 기회가 많이 없었기 때문일 것이다. 그리고 부동산 투자 중에서도 가장 난이도가 높은 투자이기 때문에 일반인들이 참여할 기회가 많이 없는 영역이다.

이 책에서는 빌딩에 대한 이야기를 하려고 한다. 빌딩 투자에 대한 것은 물론 빌딩의 운영과 관리에 대한 내용도 함께 다루고자 한다. 왜냐하면 빌딩의 운영과 관리는 마치 기업을 운영하는 것처럼 복잡하고 관리해야 하는 것들이 많은데 투자를 하는 것만큼 알아야 할 것들이 많기 때문이다. 빌딩은 실물자산이기 때문에 소유하고 있는 동안 운영과 관리를 어떻게 하느냐에 따라 투자성과도 달라진다. 그런 면에서 운영과 관리에 대해 잘 알고 있으면 더 나은 투자를 할 수 있을 것이다.

사실 우리나라에 빌딩투자가 본격적으로 시작된 것은 1997년 IMF 경제위기 이후이다. 경제위기를 겪으면서 자산가치가 하락하였고, 해외 자본들이 국내에 들어와 기업과 빌딩들을 헐값에 사들였다. 그런 자산들을 부동산자산관리 전문회사들이 본격적으로 관리하기 시작했다. 빌딩에 대한 투자나 운영 방법은 대부분 해외 부동산 투자회사들이나 자산관리회사들의 노하우를 활용하였다. 우리보다 앞선 경험과 노하우를 통해 국내 부동산 투자시장을 확장시켰고 그만큼 투자수익도 많이 얻어 갔다.

필자는 상업용 부동산 투자가 본격적으로 시작되면서 투자 목적으로 보유한 자산을 운영하고 관리하는 일을 주로 담당했다. 2004년도에 국내은행이 자산정리 차원에서 매각한 전국 38개 지점을 해외 부동산 투자회사가 매입하면서 이 부동산들을 관리하는 업무부터 시작을 했다. 그 이후에 주요 도심에 있는 해외 부동산 투자자들이 소유한 오피스빌딩의 자산관리 업무들을 주로 해왔다.

그리고 2011년에는 여의도에 있는 IFC 국제금융센터 개발 프로젝트에 준공 전부터 참여하면서 오피스빌딩의 운영과 관리를 했다. 2016년 IFC의 운영이 안정화 되고나서는 국내 상업용 부동산 시장에서 최대 규모의 거래가액인 2조 5천억 원의 매각가로 글로벌 자산운용사인 브룩필드에 매각하는 과정에 참여하기도 했다. 그런 경험을 바탕으로 또 다른 여의도의 초대형 복합개발 사업인 파크원 프로젝트에서 자산을 운영하기 위한 사전 준비 작업을 하는 업무를 담당하였다. 현재는 상업용 부동산 자산의 매입매각자문 업무를 하고 있다.

　빌딩투자는 물론 운영과 관리에 대한 최고의 전문가들이 현업에서는 어떻게 일하는지 그 노하우를 독자 여러분들에게 알려 주고자 하는 게 이 책을 쓰게 된 가장 큰 동기이다. 이제 부동산 전문가들이 있는 곳에서도 점차로 체계가 잡혀가고 있는 빌딩의 운영과 관리방법을 필자는 조금 더 구체화시켜 정리하고 싶었다. 그래서 전문 투자자가 아닌데 빌딩을 소유하고 있거나 그 직무상 빌딩을 운영 관리하는 사람들에게 더 나은 방법을 소개하고자 한다.

　빌딩의 운영과 관리는 그 규모나 크기가 달라도 공통되는 것들이 많다. 이 책을 통해서 국내 최고의 부동산 전문가들이 사용하고 있는 투자 및 운영관리의 노하우나 방법들을 여러분들이 잘 활용했으면 한다. 일반적으로 경험하기 힘든 다양한 빌딩거래와 운영 관련 사례들이 책 속에 그대로 녹여져 있다. 여러분들은 이 책을 읽으면서 전문가들의 노하우만 필요에 따라 활용하기만 하면 된다.

　주식 투자에 개인이 기관을 이기기 어렵다는 말이 있는데 빌딩투자도 마찬가지이다. 부동산 전문투자자들은 개인이 가지지 못한 네트워크와 노하우를 활용한다. 책을 통해서 네트워크까지 전할 수는 없지만 다른 한 가지인 노하우를 전수해서 성공적인 빌딩의 투자와 운영관리를 잘 할 수 있는 방법을 찾는데 도움이 되었으면 하는 바람이다.

2022. 5.
민 성 식

차 례

PART 3 빌딩을 기업처럼 경영하고 운영하라

PART 4 우량 임차인이 핵심이다

PART 5 임대차계약이 빌딩의 가치를 좌우한다

PART 6 알짜 빌딩을 만드는 생애주기별 임차인 관리

Epilogue 일하는 방식의 변화와 오피스빌딩의 미래

PART 1

빌딩 투자에 앞서 알아야 하는 것들

PART 1 빌딩 투자에 앞서 알아야 하는 것들

01 빌딩에 투자하려면 누구를 만나야 할까

흔히 볼 수 있는 대로변의 일정 규모 이상의 대형 오피스빌딩을 사려면 누구를 만나야 할까? 자주는 아니지만 신문이나 뉴스에서 몇 백 억 내지 몇 천억 원에 빌딩이 팔렸다는 뉴스를 들어본 적 있을 것이다. 그렇다면 이 거래를 중개해준 회사나 사람이 있을 것이라는 추측을 해볼 수 있다.

이런 빌딩 매매에 대한 정보를 구하기 어려운 것은 금액이 커서 거래가 자주 일어나지 않고 이를 다루는 분야의 사람들이 제한적이기 때문이다. 일례로 명동에 있는 빌딩들은 건물을 가지고 있는 사람들의 커뮤니티 안에서만 매매정보를 교환한다는 이야기도 있다.

이처럼 빌딩의 매각에 대한 정보가 제한적인 이유는 앞서 말한 것처럼 매매대금이 매우 크기 때문이기도 하지만 관련 정보가 외부로 유출되면 당사자들에게 좋지 않은 영향을 받을 수 있기 때문이다. 예를 들어, 빌딩을 매각하는 기업들은 유동성 문제로 자금이 필요한 경우가 많은데, 이런 기업들에게는 매각 정보가 외부로 알려질 경우 주가에 좋지 않은 영향을 미칠 수 있다. 그렇기 때문에 공개 매각보다는 전문가들에게 의뢰해 조용히 거래를 진행하고자 하는 경우가 많은 것이다.

따라서 이런 거래를 전문적으로 하는 회사나 그 분야에 일하고 있는 사람을 알고 있어야 빌딩 매매에 관한 정보를 얻을 수 있다. 그리고 부동산 전문가에게 의뢰해 내가 원하는 정보를 제공받고 거래 여부에 대해 판단을 하는 것이다.

만약 대형 빌딩에 대한 거래정보를 구해야 한다면 부동산자산관리회사에 의뢰하는 것도 좋은 방법이다. 보통 이런 회사들은 컨설팅 팀이나 부동산 매입과 매각을 전문적으로 다루는 팀을 운영하고 있다. 여기에 속한 전문 인력들은 매매물건에 대한 정보를 제공하고 거래를 주선한다. 부동산자산관리회사에 의뢰해 빌딩을 매입하거나 매각할 경우에는 자연스럽게 빌딩 매입 후 필요한 자산관리 서비스도 받을 수 있고 종합적인 컨설팅도 받을 수 있는 장점이 있다.

빌딩의 거래는 이를 전문적으로 다루는 부동산 전문회사에 독점권을 주는 경우가 많다. 매각 및 매수에 대한 독점권을 특정 회사에 주면 허위 정보나 무분별하게 들어오는 요청들을 사전에 차단할 수 있다.

다만, 대형 빌딩들은 매각 대금이 워낙 크기 때문에 거래가 이루어졌을 때 발생하는 매각수수료나 컨설팅 비용도 그만큼 크다. 자산 투자 규모에 따라 다르지만 시장에서 책정하는 매각 수수료는 0.2%~0.9% 내외다. 만약 2,000억 원짜리 빌딩이 매매되었고, 0.5%의 수수료로 협의했다면 10억 원에 해당하는 금액이 된다.

통상 부동산자산관리회사들은 이런 정보와 컨설팅 제공에 대한 대가로 수수료를 받는다. 경우에 따라서 전속물건이 아니면서도 대가를 요구해 분쟁이 생기는 경우도 있다. 따라서 신뢰할 만한 컨설팅 회사나 부동산자산관리회사를 찾는 것이 질 좋은 서비스를 받고 분쟁으로 쓸데없이 시간을 낭비하지 않는 방법이다.

부동산자산관리회사에 빌딩의 매입 및 매각을 의뢰해 협의할 때는 필요한 사항들을 사전에 정확히 확인하고 이를 문서로 남겨야 한다. 매각을 의뢰하는 경우에 매도 금액에 대한 수준 혹은 수수료 책정에 대해 업무 시작 전에 계약서를 확실히 정리해놔야 한다. 구두상으로 약속하고 진행하다가 문제가 생기면 해결하기가 매우 어렵다. 특히 수수료 분쟁의 예방은 정확한 계약서 작성이 필수다. 특히 의뢰한 회사의 업무 처리 범위와 비밀유지 같은 기본적인 사항과 수수료 및 컨설팅 비용 등 분쟁의 소지가 있는 사항들은 전속 계약서 작성 시 협의된 내용을 반드시 명시하도록 작성하는 게 좋다.

또, 빌딩 매수 시에 어떤 지역에 규모가 어느 정도되는 물건을 구하는지 명확히 설명해줄 필요가 있다. 그래야 전문가가 규모와 의도에 적합한 물건을 선별하고 정확한 판단을 할 수 있게 도울 수 있기 때문이다. 뿐만 아니라, 매입 후의 사용 용도나 자산관리 방식 등에 대해서도 사전에 논의를 한다면 자산 취득 후 운영에 있어서도 도움을 받을 수 있다.

매각을 의뢰 받은 부동산자산관리회사는 고객의 요청에 따라 제안서를 작성해 잠재고객에게 배포한다. 그렇기 때문에 다양한 고객을 상대하고 있거나 관련 업계에 네트워크가 강한 전문회사를 선택하는 것이 여러 모로 유리하다. 일회성 거래를 통해 수수료만 챙기려고 하거나 정보 제공만을 목적으로 하는 브로커들도 다수 있으니 각별히 주의해야 한다.

빌딩의 매입이나 매각을 의뢰하는 것은 기술적인 면이나 재무적인 사항 등에 대한 전문적인 조언을 받기 위함이다. 빌딩은 집 근처에 부동산처럼 단순히 중개하고 약식 계약서를 체결하면 되는 간단한 절차가 아니다. 매입이나 매각 시 검토해야 하는 물리적 실사와 재무 실사에 대한 종합적인 서비스를 함께 제공해 주거나 이를 대행해 줄 업체를 소개할 능력 있는 회사를 찾아야 한다.

한마디로 전체적인 상황을 컨트롤하고 의뢰자에게 신뢰와 이익을 가져다 줄 수 있는 회사와 전속계약을 맺고 투자 의사결정을 해야 한다. 비용을 아껴보고자 주변 지인을 통해 알아보고 일을 처리하거나, 자신이 직접 모든 업무에 나설 경우에는 예상치 못한 난관에 부딪혀 동분서주 뛰어다니다가 정작 원하는 결과는 얻지 못할 확률이 높다.

실제로 매입 금액이 큰 대형 빌딩들은 부동산 펀드나 리츠 등을 통해 전문 투자자들이 많이 거래를 한다. 빌딩을 이런 부동산 투자기구에 매각하고자 할 때도 관련 네트워크를 가진 전문회사를 통해 진행하는 것이 적절한 평가액을 받고 매각될 가능성이 높다.

이처럼 빌딩의 매입과 매각 절차는 생각보다 복잡하고 진행 중에 문제가 생길 가능성이 높다. 따라서 경험 많고 신뢰할 수 있는 전문 컨설턴트나 회사를 통해서 업무를 처리하는 게 무엇보다 중요하다.

02 투자자금 성향에 맞는 빌딩 투자 선택법

빌딩 투자에 앞서 투자 자금의 성향을 먼저 확인해 볼 필요가 있다. 투자하고자 하는 자금의 성향에 따라 빌딩 투자 유형과 범위가 달라지기 때문이다. 주식시장에서도 가치주와 성장주 그리고 대형주, 중형주, 소형주로 구분하는 것처럼 상업용 부동산 투자에서도 투자 유형을 분류하는 방법이 있다.

다음의 표처럼 부동산 투자에 적용되는 위험과 기대수익을 기준으로 코어, 코어 플러스, 벨류 에디드, 오퍼튜니스틱스의 4가지 종류로 분류한다. 투자자가 얼마나 위험을 감당할 수 있는지에 따라 기대수익도 달라지고 투자 물건 선택 범위를 구분할 수 있다.

| 투자성향에 따른 빌딩 투자전략 |

투자 전략	빌딩 유형	위험과 기대 수익	기대 수익율	레버 지리	투자자 성향
코어 (Core)	매우 안정적인 신축 빌딩	낮은 위험 낮은 수익	약 5~9%	0~50%	안정적인 자산 투자 등 보수적인 투자자
코어 플러스 (Core Plus)	안정적이나 약간의 수선과 관리 필요	중간 위험 중간 수익	약 9~12%	50~60%	일반적인 수익을 원하는 투자자
벨류 에디드 (Value Added)	전문적인 관리 필요, 대수선 및 보수 필요	중간 이상 위험 중간 이상 수익	약 13~20%	60~70%	공격적인 투자자
오퍼튜니스틱스 (Opportunistics)	신축 개발, 리모델링 등 대규모 투자 필요	높은 위험 높은 수익	약 20% 이상	70~80%	매우 공격적인 투자자

코어에 해당하는 빌딩은 신축하였거나 신축한 지 얼마 되지 않은 빌딩이다. 최상의 상태인 자산으로 높은 수익은 아니지만 안정적인 현금흐름을 기대할 수 있다. 코어에 해당하는 자산들은 주요 오피스 권역에 있고 임대차계약 기간도 5년 이상 장기로 체결되어 있어 가장 높은 수준의 임대료를 받는 빌딩이다.

코어 플러스는 관리가 잘 되었지만 시간이 지남에 따라 약간의 수선과 관리가 필요한 빌딩을 말한다. 만족할 만한 수준의 높은 임대율이 아니어서 전문적인 자산관리를 통해 수익률을 높일 수 있는 여지가 있는 빌딩이다.

코어 플러스는 시장 평균 수준의 임대료를 받고 있고 임대차계약은 1~3년 정도 임차인들이 대부분인 빌딩이다.

벨류 에디드는 자산가치가 많이 하락한 빌딩으로 대규모 수선이나 보수 등의 투자가 필요한 빌딩을 말한다. 현재는 낮은 임대료를 받고 있지만 개보수공사를 통해 높은 수익을 추구할 수 있다. 벨류 에디드는 시장 평균 이하의 임대료를 받고 있고 임차인의 구성과 수준이 매우 불안정하다.

오퍼튜니스틱스는 큰 위험을 감당하는 대신 높은 수익을 추구하는 형태이다. 부동산 투자 중에서 가장 높은 등급인 개발이 이에 해당한다. 새로 건물을 짓고 이를 임대하거나 매각해 높은 수익을 추구하는 것이다. 부동산 개발에는 다양한 위험들이 존재하지만 성공하면 이에 상응하는 높은 수익을 얻을 수 있다.

빌딩 투자도 위와 같은 상업용 부동산 투자전략을 적용하면 투자의사결정에 있어 도움이 될 수 있다. 빌딩이라는 자산이 위치나 경과 연수에 따라 상태가 천차만별이지만 어떤 기대수익과 투자전략을 준비해야 하는지에 대한 기준을 제시해준다.

03 빌딩 투자 의사결정을 쉽게 해주는 금융 용어

빌딩 투자에 관심 있는 사람이라면 꼭 알아야 하는 2가지 금융 용어가 있다. 그것은 바로 NPV(Net Present Value, 순현재가치)와 IRR(Internal Rate of Return, 내부수익률)이라는 용어다.

빌딩에 투자할 때 내가 가지고 있는 현재 자금이 투자기간 동안 어느 정도의 기대수익을 낼 수 있을지 궁금할 것이다. 그런 기대수익을 바라면서 현재 투자 의사 결정을 해야 하는 시기가 있다. 그런 상황에서 어떤 기준을 가지고 투자를 집행할지 여부를 판단할까? 이럴 때 객관적인 지표로 투자 의사 결정을 도와주는 투자 관련 용어가 NPV와 IRR이다.

이 2가지 금융 용어들은 주식, 채권 등 다양한 자산의 가치 평가를 할 때 주로 사용되는데 이를 부동산 투자, 특히 오피스빌딩 투자에 적용해 사용한 것이다.

우리가 만약 은행에 예금(투자)을 하면 1년 뒤 원금(투자금)에 이자를 덧붙여 받는다. 즉, 은행에서는 이자율이 수익률인 것이다. 은행에 투자했을 때 이자를 받는 이유는 화폐의 시간가치 때문이다. 시간이 흐르면 화폐의 가치가 변한다는 것은 누구나 다 알고 있다. 이런 개념만 가지고 있으면 위의 2가지 용어를 충분히 이해할 수 있다.

내부수익률 IRR : Internal Rate of Return

내부수익률이란 투자금의 현재가치와 그 투자금으로 유입되는 미래 현금 유입액의 현재가치가 동일하게 되는 수익률을 말한다. 이 말을 이해하기 위해서는 현재가치를 계산하는 방법을 알아야 한다. 현재가치의 계산은 할인율을 알고 있으면 가능하다. 이는 앞서 설명한 이자율의 개념을 이해하고 있으면 된다.

예를 들어, 100원을 투자했는데 수익률이 연 10%면, 1년 뒤 이 투자금은 110원이 되어 있을 것이다. 수식으로 나타내면 아래와 같다.

[현재] 100원 × (1 + 10%) = [1년 후] 110원

거꾸로 1년 후 110원이 들어오는 투자금의 수익률이 연 10%일 때, 현재 투자금을 구하는 수식은 아래와 같이 표현할 수 있다.

[1년 후] 110원 / (1 + 10%) = [현재] 100원

앞의 수식은 현재 투자금에 수익률(10%)을 곱해 미래 유입액을 구한 것이다. 그리고 뒤의 수식은 미래 유입액을 할인율(10%)로 나눠서 현재 투자금을 구한 것이다.

결국 동일한 공식을 어떤 방식으로 바라보느냐에 따라 용어의 명칭이 달라졌을 뿐 수익률과 할인율은 결국 같다는 것을 알 수 있다. 만약 위의 공식에서 10%라는 숫자를 모른다고 가정하면 '투자금의 현재 가치 = 미래 현금 유입액의 현재가치'를 만드는 숫자를 구하는 것이 투자의 수익률, 즉 내부수익률을 구하는 방법이 되는 것이다.

IRR(내부수익률)은 현재 투자금액과 미래의 현금 유입액을 알고 있는 경우 투자수익률을 찾아낼 때 사용한다. 공식에서처럼 내부에 숨어 있는 수익률을 계산해낸다는 의미에서 내부수익률이라고 부른다.

예를 들어, 빌딩 투자에서는 현재 빌딩을 사기 위해 투자한 금액(투자금의 현재가치), 그리고 보유기간의 예상 임대수익과 매각 시 예상 차익을 더한 금액(미래 현금 유입액)의 현재가치를 동일하게 만드는 수익률을 찾아낼 때 이 개념을 사용한다.

내부수익률을 주로 사용하는 이유는 %로 수익률이 표기되기 때문에

여러 가지 다른 투자 대안과 비교하기가 쉽기 때문이다. 그리고 오피스 빌딩은 보유기간이 긴 투자 형태이기 때문에 여러 해를 보유한다는 가정하에 투자수익률을 구하는 IRR은 투자 결정 시 큰 의미가 있다.

일반적으로 투자에서 수익률이나 이자율이란 용어는 자주 사용하기 때문에 익숙하지만 할인율이라는 단어는 다소 낯설게 느껴질 것이다. 보통 미래에 얼마의 돈을 벌 것이라는 예상은 하지만, 미래의 돈이 현재 얼마의 가치를 가지는가에 대해서 생각하는 습관이 들지 않았기 때문이다.

하지만 이런 현재가치를 계산하는 방법은 간단하지만 투자 의사 결정에 많은 도움을 준다. 이 의미를 잘 생각해 보면 전문 투자자들은 미래 현금흐름을 미리 예상하고 이를 계산한다는 것을 알 수 있다. 일반 투자자들이 하는 순간적인 판단이나 소문에 의한 투자와는 질적으로 다른 투자를 하고 있는 것이다.

순현재가치| NPV : Net Present Value

순현재가치는 현금유입액의 현재가치에서 현금유출액의 현재가치를 차감한 값을 말한다. NPV는 IRR의 개념을 알고 있으면 자연스럽게 이해할 수 있다. 투자 판단을 결정할 때 NPV가 0보다 크면 투자했을 경우 수익이 발생하고, NPV가 0보다 작으면 손해가 발생하기 때문에 투자를 기각한다.

이를 빌딩 투자에 적용하면 수입에서 지출을 뺀 순운영이익(Net Operating Income)과 매각차익을 고려한 예상 매각가(미래 현금유입액)의 현재가치에서 현재의 빌딩 매입 대금을 차감하면 NPV를 구할 수 있다. 이를 통해 지금 검토하고 있는 빌딩에 투자해야 하는지 아니면 다른 투자 대안을 찾아봐야 하는지를 결정한다.

NPV는 IRR과는 달리 비율(%)이 아닌 값(가치)으로 표시된다. 그렇기 때문에 투자 사례에 따라 적정한 지표를 골라 사용할 필요가 있다. 그리고 IRR과 NPV 둘 사이의 관계는 순현재가치(NPV)를 0으로 만드는 할인율이 내부수익률(IRR)임을 알 수 있다. 개념은 단순하지만 실제로 계산하려면 다소 복잡 할 수 있다. NPV와 IRR의 계산은 다음처럼 엑셀 함수를 이용하면 쉽게 구할 수 있다.

| 엑셀로 순현재가치(NPV)와 내부수익률(IRR) 구하기 |

▲	A	B	C	D	E	F
1			(단위 : 만원)			
2		초기투자 금액	7,000			
3		할인율	7%			
4						
5		해당연도	순운영이익(NOI)	수익률	현시점 잔존가치	수식
6		초기 투자 비용	−7,000			
7		1차 년도 순이익	700	10.0%	654	=C7/(1+$C$3)^1
8		2차 년도 순이익	750	10.7%	655	=C8/(1+$C$3)^2
9		3차 년도 순이익	800	11.4%	653	=C9/(1+$C$3)^3
10		4차 년도 순이익	850	12.1%	648	=C10/(1+$C$3)^4
11		5차 년도 순이익 및 비용회수	7,900	112.9%	5,633	=C11/(1+$C$3)^5
12						
13		NPV	1,162	수식 = NPV(C3,C6:C11)		
14		IRR	11%	수식 = IRR(C6:C11)		
15		현시점 잔존가치 합계	8,243	수식 = SUM(E7:E11)		
16						

04 투자를 위해 알아야 할 빌딩 관련 전문 용어

어느 분야든 전문가들이 주로 사용하는 전문 용어들이 있다. 마찬가지로 빌딩과 관련해서 몇 가지 주요 용어만 알고 있어도 관련 뉴스를 보거나 담당자와 업무를 할 때 조금 더 수월하게 대화를 이끌어 나갈 수 있다.

다음 용어들은 부동산 용어지만 이제는 일상생활에서도 자주 사용하는 단어들도 섞여 있어 익혀두면 유용하게 사용할 수 있다.

임대면적, 전용면적, 공용면적, 전용률

빌딩에 투자하고 이를 임차인에게 임대하려면 해당 면적을 우선 결정해야 한다. 그런데 이런 면적을 지칭하는 용어들이 다양해서 일반인들은 알아듣기 어렵다. 빌딩의 임대료 및 관리비는 보통 평당 혹은 제곱 미터당 단가를 정해 놓고 이를 임대면적에 곱해 계산하는 방식이다. 따라서 임대면적이 몇 평인지 또는 몇 제곱미터인지에 따라 납부해야 할 임대료와 관리비를 계산해 볼 수 있다.

> 임대면적(평) × [임대료 단가/평 + 관리비 단가/평]
> = 월간 총 임대료 및 관리비

임대면적은 전용면적과 공용면적으로 구성된다. 전용면적은 실제 임차인이 점유해 사용하는 면적이다. 보통 벽이나 파티션으로 구분된 내부 공간의 실제 사용 면적을 말한다. 반면 공용면적은 로비, 계단실, 화장실, 엘리베이터 홀, 주차장 등 말 그대로 다른 임차인들과 공유해 사용하는 면적이다. 임대면적에서 전용면적이 차지하는 비율은 전용률이 된다.

다른 조건들이 동일하다면 전용률이 높은 빌딩이어야 임차인이 실제 사용하는 면적이 크다. 따라서 전용률이 높다면 비용 대비 효과적으로 면적을 사용하는 것이라고 판단할 수 있다. 만약 한 층에 임차인이 여럿이라면 복도를 만들어 공용공간을 만들어야 한다. 하지만 한 임차인 단독으로 사용하면 복도를 만들 필요가 없어 전용공간을 더 효과적으로 사용할 수 있다.

전용률(%) = 전용면적 / 임대면적

실제로 업무를 하다 보면 기본적인 용어를 정확히 파악하지 못하거나 혼돈하여 사용하는 일이 있다. 이런 면적 구분 기준은 관리비를 내거나 임대료를 납부할 때 적용되기 때문에 정확하게 의미를 알 필요가 있다. 보통 빌딩의 전용률은 50~60% 내외다. 만약 전용면적과 임대면적을 혼돈하여 관리비 계산이 된다면 비용의 큰 차이가 발생한다.

건축면적, 바닥면적, 연면적, 용적률, 건폐율

건축면적은 건축물 외벽의 중심선으로 둘러싸인 부분의 수평투영면적을 말한다. 만약 각 층의 모양이 다르면 층별 외벽 끝선을 위에서 내려다 봤을 때의 합집합으로 생각하면 된다. 그리고 각 층 바닥면적은 건축물의 외벽 중심선으로 둘러싸인 부분을 지칭하는데, 이런 바닥면적을 지하층에서부터 지상층까지 전부 합산한 것을 연면적이라고 한다.

> 연면적 = 각 층 바닥면적의 합계

용적률은 대지면적에 대한 건축물 바닥면적의 총합을 말한다. 용적률을 계산할 때에는 지하층을 제외하고 지상층 면적으로만 계산한다. 만약 지상층이라도 주차장으로 사용하면 이는 용적률 계산에서 제외한다. 따라서 용적률이 높다는 것은 그만큼 위로 높이 건물을 올릴 수 있다는 의미다. 특히 이런 용어는 건축 관련 뉴스에서 자주 접할 수 있다. 용적률에 따라 연면적이 달라질 수 있어 개발이나 재건축 시 중요한 결정 요소가 된다.

> 용적률(%) = 주차장과 지하층을 제외한 바닥면적의 합계 / 대지면적

건폐율은 대지면적에 대한 건축면적 비율을 의미한다. 이런 건폐율을 통해 채광, 통풍 및 화재 시 필요 공간을 확보한다. 따라서 건폐율이 얼마인지에 따라 최대 몇 제곱미터짜리 건물을 지을 수 있는지 판단이 가능하다. 건폐율을 이용해 건축할 수 있는 바닥면적을 구하고 여기에 용적률을 곱하면 지상으로 얼마만큼의 면적을 건축할 수 있는지 계산할 수 있다. 또 용적률을 건축면적으로 나누면 건물을 몇 층까지 건축할 수 있는지가 나온다.

> 건폐율(%) = 건축면적 / 대지면적
> 대지면적 × 건폐율 × 용적률 = 지상 건축 가능 면적
> 용적률 / 건축면적 = 건물 층수

공개공지

공개공지는 건축법에서 나오는 용어다. 연면적이 5,000제곱미터 이상 건물을 건축할 경우 쾌적한 도시환경 조성을 위해 일반인이 사용할 수 있는 휴식 시설과 공간을 설치해야 하는 법적인 의무사항이다. 대지면적의 10% 이내의 공개공지 및 공개공간을 확보하게끔 하고 일정 규모의 공개공지를 제공하는 경우에 용적률 등 인센티브를 주고 있어 건축주에게도 유리한 점이 있다. 최근 지어진 빌딩들 주변의 벤치, 조형물, 조경 등으로 꾸며진 공간들이 대부분 공개공지라고 보면 된다.

빌딩에서 공개공지는 점심시간 등에 휴식공간으로 유용하게 사용된다. 프라임 빌딩에서는 전시공간으로 사용하기도 하고 작은 공연공간으로도 이용하기도 한다. 공개공지는 공공 목적이기는 하지만 소유권은 건축주에게 있고 기부채납을 하는 것은 아니다.

05 빌딩 투자 절차 따라하기

빌딩 투자는 중소형 빌딩이라도 투자 금액이 크기 때문에 여러 단계를 거쳐 전문가들의 참여와 검토를 통해 이루어진다. 가상으로 500억 원을 갖고 있는 '고수익'이라는 인물을 설정해 실제 투자를 하는 것처럼 빌딩 투자 절차 방법을 살펴보도록 하자. 가상 인물에 의한 시나리오이지만 빌딩 투자를 위해 진행해야 하는 업무들이 어떤 것들이 있을지 예상해 볼 수 있을 것이다.

고수익 씨는 주택이나 아파트 거래는 해봤지만 상업용 부동산인 빌딩에 투자를 해본 적이 없다. 그래서 빌딩에 대한 투자 정보를 얻기 위해 근처 부동산중개사 사무실을 찾아가봤지만 중, 소형 빌딩에 대한 정보를 찾을 수가 없었다. 수소문 끝에 알아낸 사실은 빌딩과 같은 상업용 부동산만을 전문적으로 하는 부동산자산관리회사나 부동산중개법인 등에서 주로 이런 거래를 한다는 것이었다.

고수익 씨는 지금 가지고 있는 500억을 가지고 빌딩에 투자하고자 '한국빌딩자산관리'라는 부동산자산관리회사의 투자컨설팅팀 '최자문' 팀장을 찾았다. 최자문 팀장은 고수익 씨에게 빌딩을 매입하려면 복잡한 여러 단계를 거치기 때문에 매입 과정과 거래 종결 시 업무까지 부동산 컨설팅 계약을 체결하고 진행하는 것이 좋다는 설명과 함께 현재 회사에서 보유하고 있는 매매물건에 대한 간략한 브리핑을 해주었다.

며칠 검토한 고수익 씨는 한국빌딩자산관리의 최자문 팀장을 통해 부동산 매입 컨설팅 계약을 체결하고 빌딩 투자 및 컨설팅에 대한 프로젝트를 맡겼다. 먼저 최자문 팀장은 회사 내 매각 의뢰건 중에서 강남대로 변에 있는 'ABC빌딩'이 고수익 씨가 찾는 투자물건에 적합하다는 의견과 함께 미리 마련된 빌딩 투자 제안서를 주고 검토를 요청했다. 투자 제안서에는 ABC빌딩에 대한 물건 소개와 함께 예상되는 매각가액과 보유 기간 동안 수익률에 대한 내용이 포함되어 있어 투자 검토를 위한 기본 정보들이 간략하게 요약되어 있었다.

최자문 팀장은 만약 ABC빌딩에 매입 의사가 있으면 매도자인 'ABC주식회사'와 투자계약에 앞서 법적구속력이 없는 매각에 대한 투자양해각서 MOU(Memorandum Of Understanding)를 체결하고 본격적인 투자 검토를 진행하면 된다고 다음 절차를 안내해 주었다. 이런 제안에 고수익 씨는 ABC빌딩이 강남대로변에 위치해 있고 임차인 구성도 우량해 보여 투자 검토를 진행하고 싶었다. 게다가 ABC주식회사는 회사의 재무건전성 회복을 위해 구조 조정을 하는 상황이어서 매각 금액 협상에도 유리할 것 같다는 판단이었다.

ABC빌딩에 투자해야겠다고 결심한 고수익 씨는 최자문 팀장을 통해 ABC주식회사와의 투자양해각서를 체결하고 본격적으로 ABC빌딩의 투자 검토를 시작했다. 최자문 팀장은 전문가들과 함께 심도 있는 검토를 해야 한다는 조언을 해주었다. 고수익 씨는 빌딩 투자는 매각금액도 크고 보유 후 운영하는 단계와 매각시점의 결정까지 여러 가지 위험이 존재하기 때문에 사전에 충분한 검토가 필요하다는 것에 공감했다.

최자문 팀장은 양해각서 체결 이후 본격적인 투자 검토를 위해서는 법적, 물리적, 가격적, 재무적 측면 등 4가지 사항에 대한 면밀한 검토가 필요하다고 조언했다. 이를 위해 두 번째 단계의 컨설팅에서 각 분야의 전문가로부터 제안을 받고 투자금액 및 투자 결정을 하자고 했다. 고수익 씨는 또 컨설팅을 받아야 하느냐고 반문했지만 최자문 팀장의 설명을 듣고 추가 검토가 왜 필요한지 이해하게 되었다.

최자문 팀장은 첫 번째로 법적 검토를 위해서 부동산 전문 법무법인이나 법무사의 컨설팅이 필요하다고 했다. 부동산 매매계약은 매입 시 검토해야 하는 법적 위험에 대해 전반적인 검토를 위해 필요하다고 설명했다. 게다가 부동산 매입 시 필요한 부동산매매 계약서는 물론 임차인과 체결하는 임대차계약서에 대한 검토를 받아 법적 위험을 최소화해야 하기 때문에 꼭 필요한 컨설팅이라고 했다. 게다가 부동산 투자 및 보유 시 세금에 대한 전체적인 내용도 검토할 수 있어 법적 검토는 반드시 필요했다.

두 번째 물리적 검토는 빌딩의 물리적 현황을 알아보기 위해 필요한 컨설팅이다. 이런 서비스는 최자문 팀장이 일하고 있는 부동산자산관리회사에 따로 팀이 있으니 이를 통해 진행하는 것으로 했다. 최자문 팀장은 물리적 검토를 통해 ABC빌딩의 구조적 결함은 없는지 아니면 인수 이후 시설물에 대한 보수나 추가 투자가 필요한지에 대한 전체적인 상태를 확인할 수 있다고 설명했다.

세 번째 가격적 검토는 빌딩의 시장 가치에 대한 객관적 가격이 얼마인지 공식적인 확인을 받기 위한 컨설팅이다. 최자문 팀장은 공신력을 가진 감정평가사를 통해서 내가 매입하고자 하는 빌딩의 적정 가격을 확인하는 것이고, 매입 시 대출을 받는 근거 자료로 활용이 된다고 설명했다. 마침 고수익 씨 지인 중에 감정평가사가 있어 그분을 통해 가능한 평가법인을 소개 받기로 했다.

마지막으로 재무적 검토는 빌딩 매입을 위한 자금으로 얼마가 필요하고 부동산 대출을 받았을 때의 금융구조에서부터 보유기간 수익률 및 매각시점에 따른 매각차익에 대한 시나리오 등 여러 모로 살펴야 한다고 최자문 팀장은 강조했다. 그리고 이런 재무적 검토는 회계법인의 부동산팀을 통해 진행하면 되는데 컨설팅 보고서를 통해 투자수익률을 예측해 볼 수 있는 중요한 검토라고 했다.

고수익 씨는 최자문 팀장의 조율아래 각각의 회사에서 법률 검토, 물리적 검토, 가격적 검토, 재무적 검토에 대한 컨설팅 계약을 맺고 투자 검토에 대한 각 분야의 제안서를 받았다. 검토 후 전체적인 의견을 통해 ABC빌딩을 적절한 비율의 대출을 받아 레버리지를 활용하면 500억짜리 빌딩을 5년 동안 5% 이상의 안정적인 임대수익과 5년 후 매각 시 10% 이상의 매각차익을 실현할 수 있는 것으로 최종 결론을 내렸다.

최자문 팀장은 ABC빌딩에 대한 매각 협상을 ABC주식회사와 진행하기 시작했다. 우선은 4가지 검토를 통해 분석된 자료를 근거로 협상을 진행하고 합당한 매각가를 제안했다. ABC주식회사가 제안한 빌딩 매각가를 그대로 수용하지 않고 물리적 검토를 통해 발견한 현재 빌딩 상태가 전문적인 관리가 되지 않아 시설 보수가 필요하다는 점과 법률 검토를 진행하면서 확인된 몇몇 임차인들의 임대차 계약의 계약조건이 임대인에게 불리한 측면이 많고 연체가 발생하는 임차인들이 있다는 사실 등을 들어서 조정된 매각가액을 제시했다.

ABC주식회사는 구조조정을 위해 매각을 서둘러야 하고 제안하는 사항들이 무리한 요구가 아니어서 협상을 마무리 짓고 매매계약을 체결하기로 결정했다. 최자문 팀장은 매매계약 체결을 위해 매매계약서 검토와 협의를 시작하고 계약금 납부를 위한 준비를 진행했다. 그리고 최자문 팀장은 빌딩 매입시 필요한 부동산 담보 대출을 위한 대출 은행은 회계법인의 담당자를 통해 소개받은 '부자은행'의 강남

지점을 통해 진행하기로 하고 법무법인을 통해 대출약정서 검토 및 준비를 했다.

최자문 팀장은 매매계약 체결 이후에는 ABC빌딩 인수를 준비해야 한다고 다음 단계에 대해 설명해주었다. 빌딩운영을 위한 인력을 직접 채용하고 관리를 할 것인지 아니면 부동산자산관리회사에 운영을 맡길 것인지 결정해서 빌딩 인수를 준비하자고 제안했다. 고수익 씨는 빌딩운영 경험이 없으니 우선 부동산자산관리회사에 수수료를 지급하고 운영하다가 나중에 직접 관리를 할지 결정하겠다고 했다. 최자문 팀장도 그게 효과적인 방법이니 우선 회사 내 자산관리팀에 제안을 하고 ABC빌딩 인수를 위한 TFT(Task Force Team)를 먼저 구성해 나중에 자산관리팀에서 운영할 수 있게 준비했다.

ABC빌딩 매입을 위해 모든 준비를 마친 고수익 씨와 최자문 팀장은 매매계약 잔금을 납부하고 한국빌딩자산관리의 자산관리 TFT팀과 자산관리팀과 함께 빌딩 인수을 시작했다. 기존에 ABC빌딩에서 근무하고 있는 직원들의 면담에서부터 고용승계 절차부터 임대차계약서 원본, 각종 도면 및 인허가 서류들을 빠짐없이 확인하고 챙겼다. 그리고 기존 임차인들에게 빌딩의 소유주가 바뀌었고 전문 부동산자산관리회사를 통해 빌딩운영이 되어 더 나은 서비스가 제공될 것이라는 안내문을 발송했다.

ABC빌딩 인수 이후 고수익 씨는 한국부동산자산관리의 자산관리팀의 전담팀을 통해 매월 자산운용에 대한 월간보고서를 받고 매주 빌딩에 대한 운영 회의를 통해 핵심적이고 필요한 사항들을 전달받고 있다. 빌딩 인수 이전에 공실로 남아있던 한 개 층도 한국부동산자산관리 임대팀을 통해 임대가 완료되었다. 게다가 임대료와 관리비 청구도 잘되고 미납 임차인에 대한 관리도 해줘서 운영에 문제가 될 만한 것들이 없어졌다.

물론 직접 운영할 때보다 운영 수수료를 비용으로 지불하지만 임대차 관리에서부터 시설 관리 등 전체적인 빌딩운영을 관리해 주고 복잡하고 골치 아픈 일들을 대신해 주고 있어 서비스에 만족한다. 특별히 신경 써야 하는 것은 투자 후 5년 뒤 투자금을 회수하기로 계획을 세웠기 때문에 매각시점에 어떻게 수익을 극대화할 것인지 준비해야 했다. 나머지 시간에는 본업에 충실할 수 있어 성공적인 투자가 되었다.

PART 2

전문가들의 빌딩 투자 시크릿

PART 2 전문가들의 빌딩 투자 시크릿

01 전문가들이 투자한 빌딩의 공통점

빌딩 투자를 한다고 했을 때 어디서부터 시작하고 어떤 자료를 검토해야 할지 막막할 수 있다. 이럴 때는 전문투자자들이 투자한 빌딩의 유형을 살펴보면 그 실마리를 찾을 수 있다. 전문투자자들의 투자방식으로 투자 물건을 검토하고 의사결정을 내린다면 좋은 성과를 얻을 수 있을 것이다.

물론 투자성공률이 높을 뿐 전문투자자들이 투자한 물건이 모두 성공한 것은 아니다. 빌딩 또한 부동산 투자이기 때문에 위험 요소가 있고 투자 금액도 커서 투자 결정에 신중해야 한다.

전문투자자들이 투자한 빌딩의 특징을 보면 사실 누구나 다 알고 있는 상식적인 내용이다. 다만, 실제 투자 검토를 할 때 이를 놓치는 경우가 있기 때문에 기본적인 검토 사항들을 평소 잘 알고 있어야 실전에서도 냉정하게 투자 판단을 내릴 수 있다.

공통점은 다음과 같다. 첫째, 우수한 입지에 있다. 부동산에서 입지는 가장 중요한 요소다. 게다가 빌딩은 사무실이 주용도이기 때문에 교통이 편리하고 눈에 띄는 곳에 위치해 있다면 가치가 높을 수밖에 없다.

이런 빌딩들은 누구나 투자를 하고 싶어하는 자산일 가능성이 높아 가격도 높게 형성된다. 그만큼 비싼 가격으로 매입했을 수 있겠지만 입지의 희소성이나 편리한 교통 접근성 등으로 인해 보유하는 기간 동안 가격 상승폭도 커질 가능성이 높다.

둘째, 신용도가 낮은 신생기업이 빌딩 전체를 사용하는 것보다는 다소 공실이 있더라도 안정적인 임차인으로 구성된 빌딩을 더 선호한다. 빌딩에 있어 공실 리스크는 가장 큰 위험 중 하나다. 사업의 영속성이 불투명한 임차인은 안정적인 투자수익률을 목표로 하는 투자자에게는 문제가 발생할 가능성만 높일 뿐이다.

신용도가 높은 임차인이 들어와 있는 빌딩의 공실은 그런 임차인이 있음으로써 남아있는 공실이 해소될 확률이 높다. 왜냐하면 임차가 되더라도 비슷한 부류의 임차인이 들어올 가능성이 높고, 기존 임차인들도 임대 현황을 보고 이전할 빌딩을 찾는 경우가 많기 때문이다.

이외에도 장기 임대차계약이 되어 있고, 적정 수의 임차인이 고르게 분포되어 있는 투자 물건을 더욱 안정적으로 평가한다. 큰 면적의 빌딩에 한 개 임차인으로 구성된 곳은 그만큼 위험이 클 수밖에 없다. 임대차시장이 어려워지면 이런 대형 임차인은 대형 건물의 러브콜을 많이 받는다. 실제로 전체 빌딩을 임대해 사용하던 임차인이 투자전략의 일환으로 다른 빌딩으로 옮겨가서 건물 전체가 공실이 된 사례도 종종 있다. 계란을 한 바구니에 담지 않는 것처럼 빌딩의 임차인도 다양하게 구성해 시장 변화에 흔들리지 않아야 한다.

셋째, 적절한 담보인정비율(LTV : Loan To Value)이 나오는 빌딩을 선호한다. 빌딩 매입가가 적게는 수십억 원에서부터 수천억 원에 이르기 때문에 자기자본만으로 투자하기는 어렵다. 매입하고자 하는 빌딩의 적정 시장가치를 평가하는 감정평가를 받고 나면 대개 빌딩 가격의 65% 내외로 담보 대출을 활용하여 투자를 한다.

이렇게 적정한 대출을 이용하면 지렛대 효과(Leverage Effect)로 투자수익률을 극대화할 수 있다. 적정한 대출을 받으면서 여러 자산에 자기자본을 분산시켜 투자한다면 위험을 분산시킬 수 있게 되는 것이다. 자산이 안정화 되어 있고 적절한 가치평가를 받았다면 대출을 활용하는 것은 현명한 투자 방법이 될 수 있다.

| 투자형 빌딩 매입구조도 |

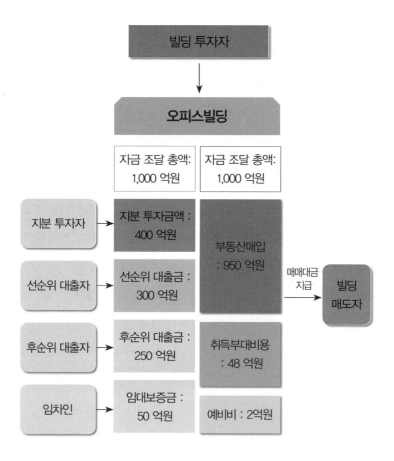

넷째, 명성이 있거나 다른 투자 회사가 인수했던 빌딩을 다시 매입하기도 한다. 빌딩에 명성이 있다는 것은 좋은 입지일 가능성이 높고 눈에 잘 띄는 곳에 있다는 것이다. 시간이 흘러 빌딩 외형의 가치가 떨어지더라도 부동산의 가장 중요한 요소인 입지가 좋은 물건이라면 매입 후 자금을 투자해 리모델링을 한 이후 더 큰 투자수익을 노려볼 수 있다.

그리고, 다른 부동산 펀드나 리츠가 운영했던 빌딩을 다시 매입하게 되면, 기존 자산운용회사들이 우량한 임차인으로 구성해 놓았을 가능성이 높고, 계약서도 투자수익률을 높일 수 있는 방향으로 체결하여 관리해왔기 때문에 투자 검토가 매우 용이한 장점이 있다.

다섯째, 부동산 투자수익의 2가지인 운영수익과 매각차익이 적절하게 발생할 수 있는 빌딩을 선호한다. 이는 앞서 설명한 특징들이 전체적으로 반영된 내용이기도 하다. 이는 투자 기관들의 특성상 투자자들에게 주기적으로 수익배분을 해야 하기 때문이다.

보통 전문투자자들이 빌딩에 투자할 경우 기간은 보통 5년으로 잡는다. 현금흐름이 투자기간에 걸쳐 고르게 발생하고 매각시점에 매각차익도 적절하게 나오는 투자 물건을 선호할 수밖에 없다. 들쑥날쑥한 수익률보다 다소 투자수익률이 낮더라도 안정적인 수익을 추구하는 것이다. 그리고 부동산 자산운용사들이나 투자회사들은 배당을 해야 하는 특성상 운영기간 중 수익이 꾸준히 발생하는 빌딩을 선호한다. 반면 외국계 투자기관들 중에는 상대적으로 자유로운 자금 운영으로 매각차익을 크게 얻을 수 있는 빌딩에 공격적으로 투자하기도 한다.

위에서 설명한 전문투자자들이 선호하는 빌딩의 특징을 이해하고 이를 투자 판단 시 적용한다면 투자 위험을 상당히 줄일 수 있을 것이다. 물론 그런 우량한 빌딩은 당연히 많은 사람들이 눈독을 들이고, 투자를 성사시키는 것이 쉽지 않다. 그렇기 때문에 역으로 경쟁 상대가 없는 투자 물건이나 예상보다 낮은 매매가의 빌딩은 대부분 해결하기 어려운 문제를 갖고 있거나 중대한 하자가 있는 물건일 가능성이 높다. 따라서 전문투자자들의 투자검토 방식을 활용하여 빌딩 투자에 성공하려면 신중해야 함은 물론이고, 기회를 포착했을 때 빠른 판단을 내릴 수 있는 능력이 동반되어야 한다.

02 매입에서 처분까지 한눈에 살펴보는 빌딩 투자 체크 리스트

빌딩에 투자하기 위해서는 다양한 사항들을 검토해야 한다. 주식이나 채권 등은 홈트레이딩 시스템 HTS를 통해서 투자종목을 선정한 후 바로 투자가 가능하지만 부동산은 투자대상을 선택하고 나서도 다소 복잡한 검토 과정을 거쳐야 비로소 투자가 진행된다. 대부분 이런 부동산 투자 검토 방식은 빌딩을 전문적으로 매입하거나 매각하는 부동산자산관리회사나 부동산중개법인을 통해 진행되지만 빌딩 투자자라면 어떤 사항들을 면밀하게 검토해야 하는지 기본 지식은 갖고 있어야 한다.

빌딩 투자는 단순히 매입하는 것만을 검토하는 것이 아니라 부동산 투자로 수익을 낼 수 있는 전반적인 과정에 대해 확인해야 한다. 빌딩을 매입하고 보유하면서 운영수익을 내고 투자자금 회수를 위해서 언제 빌딩을 매각할 것인지를 투자 시점부터 검토한다.

그중에서도 매입시점을 결정하는 것이 가장 까다롭고 복잡하다. 아무래도 투자금액이 크기 때문에 검토해야 할 것이 많을 수밖에 없다. 빌딩의 특성상 매입하고 나면 운영기간에도 건물의 시설과 임차인의 운영과 관리는 어떻게 해나갈 것인지, 임대수익을 유지하기 위해서 어떤 임대 전략을 준비할지 등 다양한 사항을 검토해야 한다. 빌딩운영은 투자수익과 직접적인 연관을 가지고 있기 때문에 운영수익이 잘 나는 빌딩이 매각할 때도 높은 가격에 팔린다는 점을 염두에 둬야 한다.

마지막으로 투자자금 회수를 위한 방안도 매입시점부터 준비해야 한다. 빌딩의 장점은 보유 기간 동안 수익이 발생하고 매각차익도 생긴다는 점이다. 그렇지만 부동산 자체가 환금성이 좋은 자산이 아니라는 것을 알아야 한다. 빌딩 매입 시 검토하는 시간이 많이 걸리듯이 매각 시에도 시간이 많이 들기 때문이다.

이처럼 다소 복잡해 보이는 빌딩 투자를 위해서는 투자시점부터 운영 및 매각까지 어떠한 것들을 준비하고 확인해야 하는지 다음 페이지 표처럼 체크리스트를 만들어 점검하는 것이 좋다.

| 빌딩 투자 체크리스트 |

항목	검토 내용	확인 및 질문 사항
매입	투자 목적 및 성향 확인	투자에 대한 목적 및 성향에 대한 확인 (환금성, 수익성, 안정성)
	투자 빌딩의 유형 선택	투자 성향 및 목적에 따라 투자 자산 선택
	입지의 확인	부동산 투자의 기본인 입지의 적정성 검토
	물리적 자산 실사	건물의 물리적인 상태는 양호한지 파악하고 투자 필요성 검토
	법규 위반 및 적정성	토지 및 건물, 임차인 등 적법한지를 검토
	임차인 리스트 검토	불량 임차인, 연체 임차인, 명도가 필요한 임차인 여부 확인
	임대차계약서 검토	임대차계약서를 토대로 투자 수익률 및 안정성을 확인
	주변 임대료 및 관리비 수준 조사	임대료 수준과 인상 여지가 있는지 주변 시장 조사
	부동산 권원 확인	임차인 근저당, 전세권 등 각종 권원 확인
	투자 자금 확보 및 방안 검토	투자금 모집 방안 및 대출 가능성 및 여력
	투자 수익율 예상	투자에 대한 예상 수익률 확인
	적정 매입가 검토 및 결정	주변 시세 및 감정평가서를 토대로 적정 매입가 확인
	매매계약서 검토	매매계약 조건 및 특약 사항 검토
	인수인계 항목의 확인	각종 계약서, 허가서, 도면 등 인수인계 리스트 준비

운영	운영 예산 준비	빌딩운영을 위한 연간 예산의 준비 및 검토
	유지 보수 계약 확인	인력 운영, 각종 장비의 관리 및 운영을 위한 계약 업체 확인
	자산가치 제고	투자 수익률을 향상시킬 수 있는 자산가치 제고 방안
	임대 전략 수립	운영 기간 중 계획하고 있는 임대율은 어느 정도 인가?
	표준임대차계약서 준비	임차인과의 계약 체결을 위한 계약서는 준비되어 있는지?
	운영 규정 준비	빌딩운영을 위한 가이드라인으로 운영 규정을 보완하거나 준비
	월간 운용보고서 준비	운영 실적을 살펴볼 수 있는 월간보고서 준비
	각종 보험의 가입	사고에 대비한 보험 가입
처분	처분 시기의 결정	투자 자금 회수를 위해 언제 매각할 것인가?
	투자성향에 따른 매각 차익	매각 차익은 어느 정도를 예상하고 있는가?
	매각이 지연될 경우 대안	매각이 지연되었을 때의 대안 및 방안은 준비되었는가?

투자 체크리스트는 매입시점부터 운영하면서 어떤 사항들을 확인해야 하는지 큰 그림을 보여준다. 그리고 가장 중요한 처분 수익의 실현을 위한 방안도 매입시점부터 고려하고 있어야 전반적인 투자수익률을 예상해 볼 수 있다.

03 빌딩 투자하기 전 반드시 가 봐야 할 장소

빌딩 투자 검토는 임차인들의 상태도 중요하지만 빌딩 자체의 물리적인 상태도 충분히 살펴야 한다. 임차인이 수익을 결정하는 요소라면 건물의 물리적인 상태와 현황은 운영비용에 많은 영향을 주기 때문이다.

수익적인 측면에서 임차인과 계약체결 이후에는 임대인이 수익을 변경하거나 통제할 수 있는 권한이 많이 없다. 그나마 임대료와 관리비의 중도 인상률을 조정하는 정도다.

이에 반해 비용은 임대인이 판단하고 의사결정을 통해 지출 계획을 수립할 수 있다. 따라서 빌딩 매입 전 물리적 현황을 파악하고 있어야 비용 지출 계획 및 운영 방안을 수립할 수 있다.

그러면 빌딩을 살펴볼 때 무슨 장소를 어떤 관점에서 봐야 할까? 매도자는 빌딩의 단점보다는 장점 위주로만 설명하고 강조할 것이기 때문에 객관적인 판단을 내릴 수 있어야 투자 판단이나 매도자와의 협상에서도 유리한 위치를 차지할 수 있다.

가장 먼저 둘러봐야 할 장소는 방재실이다. 방재실은 빌딩 내 모든 시설을 통제하고 관장하는 장비들이 모여 있는 곳이다. 빌딩마다 장비의 종류나 상태가 다르겠지만, 우선 주요 시설물들의 모니터링이 잘되고 있는지, 관련 기기들이 잘 운영되고 있는지 살펴봐야 한다. 방재실을 둘러보기만 해도 빌딩의 운영방침이나 전반적인 분위기를 확인할 수 있다.

또한 방재실에 근무하는 직원들의 분위기와 태도도 유심히 살펴볼 필요가 있다. 방재실은 건물의 핵심 장비들을 관리하고 통제하는 곳이다. 만약 근무하는 데 불편하거나 부족한 부분이 있다면 매입

후 비용을 들여 개선할 필요가 있다. 실제로 근무 환경이 좋지 못한 빌딩들은 직원들의 이직률이 높다. 잦은 근무자의 변경은 업무 공백이나 서비스 질의 저하로 이어져 결국 자산가치에 좋지 못한 영향을 미친다.

각종 주요 설비가 있는 기계실은 무엇보다도 세심하게 봐야 한다. 기계실은 전문 지식이 없는 일반인들이 문제점을 찾거나 개선해야 할 점을 쉽게 파악하기 어렵다. 이런 이유에서 부동산 전문투자자들은 빌딩을 매입 전에 반드시 물리적 실사를 진행한다. 전문 엔지니어들을 통해 건물의 물리적인 상태를 점검하고 이에 대한 종합적인 보고서를 받는다. 이런 보고서를 받아 보기 전에 직접 건물의 상태를 확인하면 자산실사보고서를 검토할 때 좀 더 깊이 들여다볼 수 있다.

그리고 건물의 중요한 설비 중 하나인 수변전시설이 있는 전기실은 빌딩의 중요 에너지원인 전력을 공급하는 곳이다. 때문에 먼지나 이물질 없이 수변전설비들이 잘 관리되고 있는지 보고, 발열을 줄일 수 있는 냉난방 장비들이 곳곳에 적절히 비치되어 가동되는지 확인해야 한다.

누수나 침수가 발생했을 때 기계 장비를 보호하는 시설들이 잘 갖춰져 있는지도 살펴볼 필요가 있다. 그리고 수전 설비의 각종 계통도가 비치되어 있는지 확인한다. 정전이나 응급 상황 발생 시 신속하게 대처할 수 있는 매뉴얼이나 비상 연락망을 비치하고 있다면 관리 상태가 양호한 빌딩으로 봐도 무방하다.

이외에도 엘리베이터 기계실, 각층의 전기를 공급하는 배선이 들어 있는 EPS실(Electrical Pipe Shaft)이나 통신 라인이 올라가고 있는 TPS실(Telecommunication Pipe Shaft)을 살펴보면서 전기 케이블이나 통신 케이블이 잘 정비되어 있는지, 패널들의 관리 상태를 육안으로 살펴보도록 한다.

건물의 옥상은 외부 환경에 직접 노출되어 있고, 평상시 관리를 소홀히 하기 쉬운 공간이다. 특히, 유심히 보아야 할 것은 바닥면의 방수 상태이다. 옥상에서 누수가 발생할 경우 정확한 누수 부위를 찾기가 쉽지 않고 자칫 보수 범위도 넓어질 수 있기 때문이다. 따라서 옥상 바닥의 기본적인 관리 상태도 매우 중요한 검토 사항 중 하나다. 그리고 곤돌라나 쿨링타워 등의 설비들도 육안으로 살펴보고 관리 상태를 확인하면 된다.

지하 주차장은 옥상과 마찬가지로 바닥면의 관리 상태를 주의 깊게 확인해야 한다. 주차장의 경우 대개 방수처리를 하지 않거나 제대로 하지 않아 누수가 발생한다. 바닥으로 스며든 물이 아래층에 주차된 차량에 피해를 주는 사고는 매우 빈번하다. 따라서 바닥의 균열이나 방수 상태를 꼼꼼히 점검해야 한다. 실내에서 무슨 누수가 생길까 싶겠지만, 천정을 지나가는 배관 때문에 누수가 생기기도 하고 겨울철 차량이 타이어나 휠에 달고 들어온 눈에 의해 누수가 생기기도 한다. 빌딩에서 이런 누수 사고로 인한 민원으로 보상한 사례가 심심치 않게 발생한다.

방수나 크랙은 보수 비용이 많이 발생하기 때문에 신중하게 확인해야 한다. 그리고 주차장의 출입구 동선에 맞춰 차량의 흐름과 각종 표시판은 잘 배치되어 있는지 봐둘 필요가 있다. 특히, 주차장은 안내 표지판이나 편의시설 등을 조금만 개선하면 임차인이나 방문객의 만족도를 크게 높일 수 있는 시설이기 때문에 서비스를 높일 수 있는 관점에서 살펴보도록 한다.

건물의 각종 설비와 편의시설들을 둘러보고 나면 로비와 건물의 기준층을 돌아보고 임대와 관련된 사항들을 점검해 본다. 우선 로비에 들어서면 전체적인 분위기를 살펴봐야 한다. 로비는 빌딩의 전체적인 이미지에 많은 영향을 주기 때문에 매입 후 리모델링할 경우 건물의 외관과 함께 가장 먼저 검토 대상에 포함된다. 실내의 조도나 인테리어나 바닥 상태 등을 살펴보고 로비 출입문 개수나 구조를 살펴본다. 특히, 로비는 넓은 공간으로 쾌적한 실내 환경을 유지하기 어려운 장소다. 여름과 겨울에는 냉난방으로 에너지 비용이 많이 들기 때문에 에너지 효율 측면에서 관리상 문제점이 없을지 살펴봐야 한다.

엘리베이터의 배열과 개수, 스피드게이트의 설치 유무 등을 확인하고 외부인들과 임차인들을 구분해 보안이 잘 되는지 확인한다. 특히, 건물 운영에 있어 엘리베이터는 굉장히 중요한 이동 수단이기 때문에 다른 어떤 시설보다 편리하고 안전하게 관리해야 임차인의 만족도를 높일 수 있다. 엘리베이터 카 내부 인테리어와 승차감은 직접 타보면서 확인한다.

출근시간 대에 빌딩 로비를 방문해보면 엘리베이터가 제대로 운영되고 있는지 또는 어떤 점이 문제인지 알 수 있다. 임차인들의 이동 동선과 혼잡 시간대의 문제점을 쉽게 확인할 수 있는 때이기 때문이다. 게다가 로비 데스크의 운영과 보안 및 안내 근무자들의 태도와 근무 방식도 이 시간에 함께 확인 할 수 있다.

기준 임대층을 확인할 때는 임대 면적을 확인하고 임대 시에 어떤 식으로 면적을 분할할 수 있을지 살펴본다. 내가 임차인이라면 사무 공간의 배치는 어떤 식이 효율적일지 생각해 본다.

또, 한 층을 분할 임대를 할 경우 어떤 기준으로 몇 개 구역으로 나눌지 확인한다. 각 층 내부 화장실의 좌변기 및 소변기 개수를 살펴보고 임대면적 대비 숫자가 적정한지도 살펴봐야 임대할 경우 이를 고려해서 적정 상주 인원을 계산해 볼 수 있다. 화장실 개수가 부족하면 건물 운영 시 지속적인 민원이 발생하고 이를 관리하는데 많은 비용과 어려움이 생긴다. 이외에도 비상계단과 방화셔터의 위치 등을 살펴본다.

마지막으로 각 층에 냉난방 공급방식을 확인하고, 창문의 마감이나 블라인드는 보수나 교체가 필요한지 육안으로 확인한다. 창문의 개방 유무나 환기 방식에 대해 확인하고 운영상 문제점이 있을 만한 점들을 생각해 본다. 최근에는 실내 공기 질에 대한 임차인의 요구가 높아졌고 좋은 환경을 제공하는 게 근무자들의 생산성을 향상시킬 수 있기 때문에 중요하게 살펴볼 필요가 있다.

위에 언급한 정도로 건물 현황을 점검하고 나면 매도자와 협상할 때 유리한 입장에 설 수 있을 것이다. 무엇보다도 하자나 결함이 있는 빌딩을 인수하게 되면 보수에 들어가는 비용이 생각보다 클 경우가 있기 때문에 매입 전 여러 가지 사항들을 꼼꼼하게 살펴보는 것 자체가 투자비용을 줄일 수 있는 가장 손쉬운 방법이다.

04 자산실사와 임대차계약 검토로 빌딩을 싸게 사는 방법

빌딩 매입 전에 가장 중요하게 검토해야 할 것이 2가지 있다. 첫째는 건물의 하드웨어인 구조물과 그 안에 설치된 각종 설비와 시설들이다. 그리고 두 번째는 건물에 입주해 있는 임차인의 현황이다. 위두 가지 사항만 면밀히 검토하면, 빌딩의 전반적인 상태와 대략적인 특징을 파악할 수 있을 뿐만 아니라 매입 협상 시 유리한 위치를 차지할 수 있다.

예를 들어 설비가 노후화 되어 내용연수가 거의 된 상태임에도 이런 현황이 매매대금에 반영되지 않았다면 빌딩 인수 후 매수인은 예상치 못했던 큰 비용을 지출해야 한다. 이런 설비나 구조물에 대해서 전문가에게 의뢰해 물리적 자산실사를 꼭 거쳐야 한다. 중고 자동차를 살 때 전문가의 검증을 받는 것과 마찬가지이다. 대개 건물 외관이나 주요 임대차 공간의 구조나 상태에 큰 관심을 갖는다. 주요 구조나 설비들은 눈에 잘 보이지 않는 곳에 있지만 향후 운영비용과 직결되는 문제가 발생할 수 있기 때문에 더욱 신중하게 살펴봐야 한다.

물리적 자산실사를 통해 건물의 주요 설비 상태와 법정 검사 및 정기 점검을 받았는지 확인해야 한다. 물리적 자산실사보고서는 건물 인수 후에도 빌딩운영에 참고 자료로 유용하게 활용된다. 따라서 처음부터 제대로 된 건물 실사를 하는 것이 장기적으로 봤을 때 빌딩운영에 여러 가지로 도움이 된다. 특히 빌딩의 중요한 이동 수단인 엘리베이터와 실내 환경에 큰 영향을 미치는 냉난방설비는 중점적으로 살펴봐야 한다.

또한 기존 건축물대장과 비교해 불법 증축이나 개축은 없었는지 여부와 임대 공간을 건물 용도에 맞게 사용하고 있는지 확인해야 한다. 이런 것들은 추후 세금 문제와 용도 변경을 위한 추가 비용문제를 발생시킬 수 있기 때문에 현장 확인 후 사실 여부를 꼭 확인해야한다. 서류만 확인하면 알 수 있는 내용들이기 때문에 놓치지 말아야 할 사항 중에 하나이다. 주로 불법 증축이나 개축을 하는 사례는 대개 지하 주차장에 칸막이를 쳐서 창고로 이용하거나 옥상 공간에 증축된 공간을 만드는 경우였다.

부동산 투자전문가들이 이렇게 세심하게 건물의 물리적인 현황을 살피는 데는 다 그만한 이유가 있다. 물론 물리적 자산실사를 토대로 매매대금 협상에서 유리한 위치를 차지할 수 있기 때문이기도 하지만 그보다 더 중요한 것은 매입 후 자금 계획을 수립하고 자산가치를 높일 수 있는 전략과 방법 에 대한 중요한 정보를 얻기 위함이다.

물리적 자산실사를 면밀하게 진행하는 동시에 임대차계약서도 검토한다. 임대차계약의 가장 기본적인 사항은 계약기간, 보증금, 임대료, 관리비 등이다. 임대차계약서는 빌딩을 사용하는 임차인이 얼마만큼 비용을 지불하고 빌딩을 사용하고 있고, 어떠한 권리가 있는지를 파악할 수 있는 중요한 법적 문서이다.

이와 같은 금전적인 사항 이외에 빌딩에서 눈여겨봐야 할 항목들이 몇 가지 있다. 그중 하나가 임대차계약의 중도해지 및 만기해지에 관한 계약 조항이다. 임대차계약에서 중도해지가 없는 계약서는 당연히 임대인에게 유리한 임대차계약서이다. 중도해지는 가능하더라도 입주시에 받았던 무상 임대기간 및 무상 인테리어 공사기간과 같은 혜택을 받았다면 그에 상응하는 위약금을 지불하게끔 되어있다. 임차인에 제공되었던 것들이 무효가 되어 반환하거나 심지어 중도해지에 관한 위약금 등이 포함되는 계약서도 있다. 그리고 임대인에게 중대한 문제가 발생했을 때 중도해지가 가능하도록 한 계약서도 있다.

임차인과의 계약이 중도해지가 어려울수록 투자자는 미래 현금흐름에 대한 예측을 쉽게 할 수 있다. 이런 계약이 많을수록 빌딩에서 발생 가능한 수익에 대한 예상이 보다 정확해진다. 이는 당연히 현금흐름을 안정화시켜 빌딩 가치를 높이는 요소가 될 수 있다.

이와 반대로 2~3개월 전에 중도해지 통보가 가능한 임대차계약서는 상대적으로 임차인에게 유리하다. 그러나 거꾸로 생각하면 임차인에게 입주시 제공된 혜택이 크게 없었을 것으로 예상할 수 있다. 이런 임대차계약의 해지와 관련된 조항들은 빌딩 매각 시 전략적으로 리모델링하거나 대형 임차인이 한꺼번에 입주해야 하는 상황이라면 중요한 요소로 작용되기 때문에 해지 및 만기 관련 조항을 자세하게 살펴보면서 투자전략을 생각해 볼 필요가 있다.

예를 들어 투자자가 매입 후 전체 빌딩을 다른 용도로 변경해 사용해야 하는데 임대차계약의 중도해지 조항이 없어 특정 임차인의 명도가 불가능 하다면 매매계약이 성사되지 못하거나 매매조건을 조정해야 한다. 아니면 리모델링 기간을 뒤로 미뤄야 하는데 이렇게 되면 운용계획에 차질이 생길 수 있다.

마지막으로 중요하게 살펴볼 부분은 원상복구에 대한 조항이다. 빌딩의 원상복구는 기본적으로 다른 임차인이 새로 입주할 때 시설물의 교체나 수선 공사 없이 바로 인테리어 공사에 들어갈 수 있을 정도의 상태가 되도록 만드는 것이다. 임차인이 들어올 때 추가로 설치했던 장비들이나 시설물들은 완전히 제거하고 벽면이나 천정 등의 마감도 원상태로 만들어 놓는 게 기본이다. 이런 원상복구 비용도 적지 않은 금액이 발생한다. 임대인은 당연히 보증금을 반환하는 조건에 원상복구가 완료되었음을 확인해야 한다는 조항을 임대차계약에 포함한다. 이런 원상복구에 대한 사항이 계약에 포함되어야 임차인의 명도 시 분쟁의 소지가 줄어들 수 있다.

앞에서 본 바와 같이 물질적 자산실사와 임대차계약서를 면밀히 검토하면 빌딩의 시설 현황과 재무적인 측면의 자료들을 충분히 확보할 수 있다. 이러한 실사 자료를 근거로 협상 테이블에 앉아야 투자자는 매도인과의 협상에 있어 유리한 위치를 확보할 수 있다.

만약 자산실사보고서를 통해 문제점을 발견하고 이 정보들을 가지고 협상한다면 빌딩 매매대금에 충분히 반영할 만큼의 소득을 얻을 수 있다. 매도인의 입장에서는 해당 빌딩을 계속 운영해왔기 때문에, 만약 투자자가 적정수준에서 협상을 제안한다면 웬만해서 좋은 방향으로 해결하고자 할 것이다. 왜냐하면 누구보다도 그 빌딩에 잘 알고 있는 것은 매도인이기 때문에 감추려고 했던 것들이 공개되어 논의된다면 심리적으로 위축되어 투자자에게 이를 보완할 대안을 제시할 가능성이 있다.

그런 조건이 매매가격의 조정으로 이어지면 자산실사의 큰 목적은 달성한 셈이다. 그리고 무엇보다도 이러한 실사들을 통해서 수집된 내용들은 빌딩 인수 후 운영계획을 수립하는 데 좋은 자료가 된다. 이처럼 빌딩의 투자 검토는 여러 가지 변수들이 존재하고 일반인이 쉽게 찾아낼 수 없는 요소들도 다수 존재하기 때문에 전문가들의 도움을 받는 것이 궁극적으로 비용을 아낄 수 있는 좋은 방법이다.

05 혼란 없이 빌딩을 인수하기 위해 챙겨야 할 것들

누가 봐도 좋은 위치에 있고 겉으로 봐서 멀쩡해 보이는 건물인데 입주하고 나면 만족스럽지 못한 빌딩이 있다. 대부분 이런 빌딩들은 운영하는 사람의 역량이 부족하거나 적정한 인력이 효율적으로 배치되지 못해 생기는 문제인 경우가 많다. 하드웨어가 아무리 좋아도 좋은 소프트웨어가 이를 받쳐주지 못하면 무용지물인 것과 같다.

따라서 투자할 빌딩을 선정하고 투자금액을 검토하는 것도 중요하지만 인수 후 어떻게 운영할지에 대한 명확한 계획도 함께 준비해야 한다. 특히, 기존 시설 운영 인력에 대한 인수도 굉장히 민감한 사안이 될 수 있다. 따라서 매매계약 체결 시 인력 인수에 대한 부분을 사전에 충분히 협의해야 한다.

빌딩에서 우량 임차인의 유무만큼이나 중요한 것이 임차인에게 서비스를 제공하는 인력들의 역량이다. 그렇기 때문에 빌딩을 운영하는 인력들도 빌딩 투자 시 검토사항에 포함해야 한다.

대부분 사옥으로 운영되는 빌딩은 일반적인 건물에 비해 많은 인력을 투입한다. 사옥의 특성상 회사 임원의 의전이나 부가적인 서비스를 위한 미화 및 보안 인력이 많이 투입된 결과다. 반대로 인력은 효율적으로 배치되었는데 인력구조가 비효율적이라 많은 비용이 발생되는 빌딩들도 있다.

이외에도 빌딩운영 회사에 노조가 있는 경우도 있고, 빌딩의 소유주나 특성에 따라 다양한 인력구조와 형태가 있을 수 있다. 하지만 이는 반드시 매매시점에 정리될 수 있도록 협의해야 한다. 인력을 조건부로 인수한다든지 아니면 고용기간을 일정기간만 보장하는 식의 구체적인 협약 사항을 반드시 매매계약서에 기재해야 추후 문제가 발생하더라도 해결이 가능하다.

빌딩이 매각되면 기존에 근무하던 인력들은 고용에 대한 불안을 느낄 수 밖에 없다. 무엇보다도 빌딩운영에 공백이 발생할 가능성이 있고, 그로 인한 피해가 임차인에게 전가될 수도 있다. 이런 문제를 해결하는 가장 좋은 방법은 기존 인력을 전부 인수하는 것이지만 여의치 않은 경우에는 효과적으로 인수할 수 있는 다른 대안을 준비해야 한다.

매매계약을 통해 인수인계가 시작되면 운영계획에 대해 신속하게 통보하고 최대한 짧은 시간 내에 인수 협상을 마무리 짓는 게 중요하다. 협의 시간이 길어지면 업무 공백은 길어지고 이 기간 내에 협상이 성사되지 않으면 마찰이 발생할 수 있기 때문이다. 만일 어쩔 수 없이 기존 운영 인력을 다 흡수하지 못한다고 해도 업무 직종 중에서 시설 인력들은 최대한 인원 변경이 없도록 해야 한다. 전기, 건축, 설비, 기계 등을 담당하는 시설팀의 인력 중에서도 빌딩에서 가장 오래 근무했던 핵심 인력들은 반드시 남아있을 수 있도록 하는 게 향후 운영을 위해서도 바람직하다.

미화나 보안, 안내 인력은 비교적 짧은 교육 후에 현장에 투입할 수 있지만, 시설팀은 업무에 숙련되는 데 다소 시간이 걸리기 때문이다. 뿐만 아니라 중요 설비가 제대로 운전되지 않아 발생할 수 있는 문제나 불편은 다른 팀에서 생기는 민원과는 비교되지 않을 정도로 큰 문제로 이어질 수 있다.

투자 형태의 빌딩은 대부분 부동산자산관리회사에 관리를 위탁하는데, 이런 경우 보통 매매종결 전 사전 조사를 하고 인수인계에 대한 상세한 일정을 잡고 빌딩 인수를 준비한다. 또한 건물 운영 인력들에 대한 개별 면담을 진행하기도 하고 인수 후 어떤 것을 중점적으로 대비해야 할지 검토한다. 건물 소유주가 변경되더라도 임차인이 그 사실을 모를 정도의 완벽한 서비스를 제공할 수 있도록 철저히 준비한다.

PART 3

빌딩을 기업처럼 경영하고 운영하라

PART 3 빌딩을 기업처럼 경영하고 운영하라

01 단순한 건물이 아니라 빌딩은 플랫폼이다

4차 산업시대에 플랫폼 경제가 각광을 받고 있다. 다양한 서비스의 온라인 중개자 역할을 하는 각종 플랫폼들이 여러 산업에서 성장 발전하고 있다. 부동산도 예외는 아니다. 직방이나 다방 같은 중개 플랫폼이 그 대표적인 예이다. 디지털 네트워크를 기반으로 수요자와 공급자를 이어주는 온라인 플랫폼처럼 오프라인의 활동을 지원하는 빌딩도 플랫폼과 많은 점에서 닮아 있다.

빌딩 속의 생태계를 들여다 보면 온라인 플랫폼처럼 수요자와 공급자의 활동이 끊임없이 일어나는 것을 알 수 있다. 임대인과 임차인, 임차인과 중개에이전트, 임대인과 시설관리회사 등 연관 산업들이 다양하게 연결되어 있다.

빌딩은 단순한 건물이 아니라 오프라인 플랫폼의 역할을 충실하게 해내고 있다. 그런 빌딩이 어떤 구성요소로 된 플랫폼인지 하나씩 살펴보자. 상업용 부동산 업계의 참여자들은 그 역할에 따라 크게 AM(Asset Management), PM(Property Management), LM(Leasing Management), FM(Facility Management)으로 나뉜다.

빌딩을 하나의 운영체제로 나눠보면 소프트웨어 관리자는 PM, 하드웨어 운영자는 FM 그리고 빌딩의 최종 사용자인 임차인으로 구성된다.

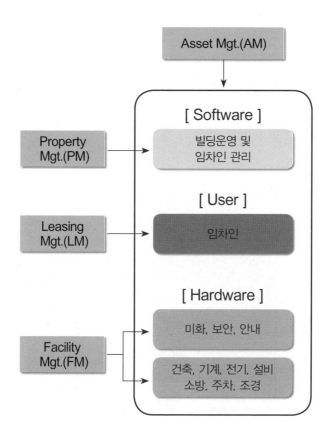

| 빌딩운영의 구성 요소 |

빌딩운영이 원활하려면 플랫폼 비즈니스가 성공하는 데 필요한 요소들을 갖추는 것과 같이 운영되어야 한다. 즉, 수요자와 공급자가 유기적으로 활발하게 움직여야 한다. 빌딩 생태계에 참여자가 많아지면 네트워크 효과가 발생하여 더 많은 가치를 생산해 낸다.

그런 점에서 부동산을 매개로 한 온, 오프라인 플랫폼이 유기적으로 작동하면 확장성과 가변성을 보여줄 수 있을 것이다. 실제로, 플랫폼 경제의 대표적인 회사인 WeWork, 스파크플러스, FastFive 같은 공유오피스 업체들이 빌딩에 스며들어 왔다. 공유오피스는 부동산을 매개로 전에 없던 새로운 비즈니스 형태를 만들기 위해 빌딩을 플랫폼으로 활용한 좋은 사례이다. 공유경제 모델을 통해 부동산 이용에서 발생했던 비효율을 개선하며 이익을 창출하는 모델로 성공적으로 자리잡았다.

| 해외 공유오피스 브랜드 WeWork |

| 국내 공유오피스 브랜드 SPARKPLUS |

출처 : WeWork 홈페이지, SPARKPLUS 홈페이지

그리고 일하는 방식과 세대의 변화에 따라 빌딩을 사용하는 방식에도 변화가 나타날 것이다. 코로나 이후 위험분산의 차원에서 거점 오피스로 여러 곳에 사무실을 두는 임차인들이 생겨났다. 그런 가운데 빌딩들을 연결하려는 시도들도 나타날 것이다. 위험 분산의 차원도 있지만 오프라인에 흩어진 부동산들을 연결하여 또 다른 플랫폼을 구축하는 것이다.

빌딩과 공간 플랫폼들 간의 경쟁도 갈수록 심화되어 갈 것이다. 스타벅스는 이제 커피를 파는 곳이 아니라 일도 하고 사람도 만나고 휴식도 취하는 곳으로 오피스를 위협하는 존재가 되었다. 실제로 공유오피스 운영 회사들은 스타벅스 같은 커피 프랜차이즈와도 경쟁을 하고 있다.

뿐만 아니라, 디지털 기술이 빌딩에 접목이 되면서 스마트 빌딩의 개념이 도입되고 스마트폰과 빌딩이 연결되어 빌딩 자체가 하나의 커뮤니티 또는 플랫폼으로 진화해 나가고 있다. 미국의 HqO라는 곳은 스마트폰 어플리케이션으로 빌딩의 출입증, 출입 등록, 회의실 예약, 교육, 홍보 마케팅, 주변 음식점 제휴 등의 서비스를 제공하면서 임차인의 경험을 더욱 풍부하게 만드는 솔루션을 제공하고 있다.

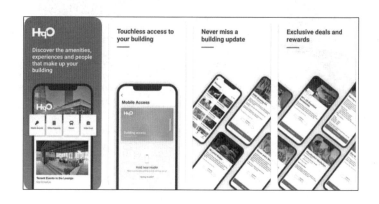

| 오피스앱 HqO |

빌딩은 공간을 매개로 다양한 참여자들이 만들어가는 생태계이다. 이제는 하나의 플랫폼으로 인식하고 빌딩을 개발하고 운영해야 경쟁에서 앞서 나갈 수 있을 것이다. 앞으로는 빌딩에 투자하고 운영을 하기만 하는 것으로는 쉽게 수익을 얻기가 어려워질 것이다. 이미 경쟁자들도 다 알고 있는 방식으로는 한계가 있고 더 나은 방법을 찾아야만 한다.

빌딩을 단순한 부동산이 아니라 건물중심의 살아있는 유기체처럼 바라본다면 그 안에서 새로운 기회를 발견하고 발전의 계기를 만들어 나갈 수 있을 것이다. 무엇보다 빌딩 안에서 많은 시간을 보내는 사용자가 무엇을 원하는지 알아내야 한다. 또 주로 일하는 세대들은 어떤 사고방식과 성향이 있는지 파악하는 것에서부터 산업트렌드의 변화 등 빌딩과 연관된 다양한 정보들을 잘 활용하는 것이 경쟁력이 될 것이다.

02 프랜차이즈에서 배우는 빌딩운영과 관리

성공하는 글로벌 기업들 중에는 프랜차이즈 회사들이 있다. 그중 가장 대표적인 회사가 맥도날드이다. 맥도날드는 방대한 업무매뉴얼을 가지고 있고 모든 직원들의 행동, 햄버거 재료, 서비스 방식 등 모든 것을 매뉴얼에 따라 일을 하는 것으로 유명하다. 이런 매뉴얼을 통해 전세계 어디에서도 동일한 서비스와 제품을 제공할 수 있는 것이다. 따라서 제품을 공급하는 사람은 미리 마련된 매뉴얼에 따라 준비를 하면 된다. 그러면 소비자도 일정 수준 이상의 품질을 믿고 구매를 할 수 있다.

프랜차이즈의 가장 큰 장점은 본사에서 제공하는 매뉴얼에 있다. 매뉴얼 대로 하기만 하면 균일한 품질을 낼 수 있기 때문에 특별한 기술이 없어도 누구나 매장을 쉽게 낼 수 있다. 이런 매뉴얼을 활용하여 업무 품질을 향상하는 방법은 빌딩에도 적용된다. 경쟁 빌딩보다 수익을 잘 내고 운영이 잘 되는 곳은 이런 업무매뉴얼들이 잘 갖춰져 있다.

맥도날드에 가서 햄버거를 주문한 뒤의 장면을 생각해 보자. 주문을 받는 직원, 음식을 준비하는 직원, 매장 내부를 정리하는 직원 등이 각자 맞은 역할에 따라 일을 처리한다. 동일한 루틴으로 맡은 바일을 처리하면 손님이 몰려도 일을 처리하는 데 큰 문제가 없다. 빌딩도 마찬가지다. 하루에 정해진 시간마다 해야 되는 업무나 근무패턴 등이 어느 정도 정해져 있다. 따라서 이런 일련의 과정들을 미리 정해진 매뉴얼로 정리를 해 놓으면 누구나 쉽게 정해진 방식에 따라 일을 처리할 수 있다.

그러면 빌딩에는 어떤 업무매뉴얼들이 있어야 할까? 이런 매뉴얼들은 크게 빌딩의 사용자인 임차인을 위한 것과 빌딩의 소유자를 대신해서 서비스를 제공하는 직원들을 위한 것으로 나눠 볼 수 있다.

임차인을 위해 필요한 가장 기본이 되는 매뉴얼은 빌딩운영규정이다. 빌딩은 사옥이 아닌 이상 다른 임차인들과 함께 공간을 사용한다. 여러 임차인들과 불편없이 잘 지내기 위해서는 나름대로 정해진 규칙과 기준이 있어야 한다. 또, 임대차계약서에서 전부 규정하지 못한 세부적인 내용들을 운영규정에 추가하기도 한다.

이와 함께 임차인들이 빌딩을 사용하면서 궁금해 할만한 것들을 미리 보완하여 작성하면 좋다. 예를 들어, 자주 찾는 전화번호라든지 빌딩관련 시설을 사용할 때 신청 방법이나 신청양식 등을 정리해 두는 것이다. 즉, 자주 묻는 질문처럼 빌딩을 운영하면서 그 동안 반복적으로 질문을 받았거나 설명을 했던 내용들을 준비해 놓으면 된다. 임차인은 운영규정을 찾아보면 웬만한 궁금증을 해결할 수 있어 빌딩의 담당자의 업무도 그 만큼 줄어드는 효과가 있다.

이렇게 빌딩에서 제공하는 서비스 범위와 운영하는 데 필요한 규칙 등의 내용을 정리해서 문서로 만들어 놓은 게 바로 빌딩운영규정이다. 그러면 빌딩운영규정에는 어떤 내용들이 들어가야 할까? 빌딩마다 조금씩 상이하겠지만 대략적으로 아래와 같은 항목들을 기본적으로 포함하면 좋을 것이다.

빌딩운영규정 목차 예시

- 빌딩운영 시간 및 출입절차 관련
- 임차인에게 제공되는 냉난방 및 청소 등의 기본 서비스 범위
- 입주 중 임차인의 공사 및 장비설치 등 공사 관련
- 빌딩에서 제공하는 추가 서비스와 관리비에 대한 세부 내용
- 보험서류 제출
- 재난 대비 행동 요령
  별첨) 각종 신청서 양식 (화물 엘리베이터 사용신청서, 인테리어 공사
  　　　신청서, 원상복구 공사신청서 등)

빌딩운영규정은 임대차계약서를 체결할 때 첨부하여 함께 날인하는 게 좋다. 그리고 임대차계약서에도 별첨된 빌딩운영기준이 효력이 있다는 내용을 조항으로 명시해 두어야 한다. 그래야 나중에 빌딩운영 중에 관련내용을 근거로 업무에 활용할 수가 있다. 또, 임대차계약은 한 번 체결하고 나면 변경계약을 하기가 어렵다. 따라서 빌딩운영규정을 통해 실무적으로 필요한 것들은 주기적으로 변경하거나 때에 따라 수정할 수 있다는 내용들을 담아 둬야 유연하게 빌딩을 운영할 수 있다.

이런 빌딩운영규정 이외에 주차장 규모가 크다면 주차장운영규정을 따로 만들 필요가 있다. 빌딩의 부속시설로 주차장을 운영하는 것도 나름대로의 규칙이 필요하다. 주차장이 빌딩의 편의시설이지만 도심 내에서 충분한 주차면수를 가진 곳은 거의 없다. 따라서 누구나 공평하고 편리하게 사용하기 위한 준비가 되어 있지 않으면 민원이 자주 발생한다. 예를 들어, 주차장 사용가능 대수나 위치 또는 신

청순서에 대한 기준 등이 제대로 마련되어 있지 않으면 불필요한 잡음이 생기게 된다. 또, 사고나 관리책임에 대한 것들에 정확한 기준을 사용자들에게 미리 고지를 해놔야 한다. 이렇게 주차장 사용에 대한 내용과 요금체계 등을 규정하여 매뉴얼로 비치를 해두었다가 주차장을 이용하려는 임차인들에게 배포하기만 하면 된다.

다음으로 빌딩에서 서비스를 제공하는 직원들을 위한 매뉴얼에는 어떤 것들이 필요한지 살펴보자. 기본적으로 부동산운영을 위한 각 직무별 업무매뉴얼이 필요하다. 부동산을 운영하는 데 필요한 서비스를 직무별로 구분하면 크게 시설운영과 서비스운영으로 나눠볼 수 있다.

> 시설운영 – 건축, 기계, 소방, 전기
> 서비스운영 – 미화, 보안, 안내, 주차

이렇게 직무별로 나뉜 팀에서 시설운영은 빌딩의 물리적인 시설을 관리하는 일을 담당한다. 이들이 담당하는 직무를 위한 매뉴얼이 필요하다. 예를 들어, 각종 시설물을 보수하는 방법, 냉난방 장치를 켜고 끄는 순서, 소방설비를 사용하는 법, 전기시설물을 점검하는 방법 등 직무별 운영 매뉴얼이 필요하다. 왜냐하면 빌딩마다 설치된 설비나 장비들이 제각각이기 때문이다. 근속기간이 오래된 직원들은 숙련이 되어 있겠지만 인력이 바뀌거나 내부에서 업무가 변경되었을 때 이를 알려줘야 할 때가 많다. 이럴 때 기본 업무매뉴얼을 토대로 직무교육을 하면 훨씬 수월하게 업무의 인수인계나 교육이 가능하다.

서비스 운영팀도 마찬가지로 직무별 업무매뉴얼이 있으면 효율적인 업무가 가능하다. 미화팀에게는 담당한 구역이나 화장실 점검 시 사용하는 약품이나 자재 등을 알려주는 매뉴얼이 필요하다. 로비에서 업무를 하는 안내팀에게는 방문객이 왔을 때 어떤 순서로 일을 처리해야 하는지 등의 업무순서가 정해져 있을 것이다. 이런 직무별 매뉴얼을 구비해 놓으면 빌딩에서도 동일한 서비스 품질을 임차인들에게 제공해 줄 수 가 있다.

직무매뉴얼은 업무 중 발생하는 사고예방 기능도 있다. 실제로 미화업무를 하는 직원이 약품을 일반 생수병에 담아놨다가 이를 마시는 사고가 발생하기도 했다. 또, 세정용 화학약품을 종이가 있는 곳에 버려 화재로 이어지는 일도 있었다. 매뉴얼에 따라 정해진 용기에 약품을 보관하고 절차에 따라 버리기만 해도 이런 사고는 충분히 미리 예방이 가능하다.

특히, 이런 매뉴얼 중에서 가장 중요한 것은 위기대응 매뉴얼이다. 빌딩에서 일어날 수 있는 각종 사고에 대처하기 위해 사전 준비사항을 정리한 것이다. 아무리 준비가 잘 되어 있더라도 실제 사고가 나면 사람은 당황할 수밖에 없다. 그때 위기대응 매뉴얼이 있으면 준비되어 있는 그대로 실행하면 되기 때문에 침착하게 사고에 대응할 수 있다. 빌딩에서 가장 큰 사고는 화재나 정전 또는 침수 피해 같은 것들이다. 이런 위기대응 매뉴얼에는 화재 시 대피방법이나 소화기구 사용법, 정전 시 전력을 복구 하는 절차, 침수 피해를 예방하기 위해 사전에 점검해야 하는 것 등을 미리 빌딩 사정에 맞게 준비해 놓으면 된다.

이런 매뉴얼이 준비되어 있어 큰 화를 면한 사례가 있다. 필자가 운영하던 빌딩의 전기실에서 설비와 장비를 점검하다가 비상 발전기가 가동되는 열기로 인해 스프링클러가 오작동하는 사고가 발생했던 적이 있다. 빌딩의 전력을 공급하는 전기실 내부가 스프링클러에서 나온 물로 침수 되는 대형사고가 일어난 것이었다. 이런 갑작스러운 사고가 발생하자 담당팀장은 처음엔 당황한 기색이 역력했다. 전기실에 침수 사고는 한 번도 경험해 보지 못한 대형사고였던 것이다. 스프링클러에서 나온 물로 기계장비가 있는 바닥이 물로 가득 차고 있었다.

이후 스프링클러 작동을 매뉴얼에 따라 멈추게 하고 나서 침수된 곳을 정비했다. 어느 정도 정리가 되고 전기설비의 작동 매뉴얼과 사전에 준비된 시나리오에 따라서 전기를 다시 복전시키는 데 성공했다. 밤새도록 노력을 한 덕분인지 다행히 전기설비들이 손상된 곳이 없어서 정상적으로 작동했다. 만약 사전에 각종 장비의 설비의 작동법과 사용법에 대한 매뉴얼이 없었다면 아마도 복구하는 데 더 많은 시간이 걸렸을 수도 있다. 게다가 당황한 나머지 실수가 생겼다면 더 큰 사고로 이어졌을 수도 있다. 평소 매뉴얼을 가지고 여러 차례 모의 훈련도 하면서 빌딩설비에 대한 지식을 가지고 있어서 다른 직원들과 함께 위기 상황을 잘 넘길 수 있었던 사례였다.

이렇게 빌딩에 매뉴얼을 준비해 놓으면 어떤 장점과 효용이 있을까? 매뉴얼이 준비되어 있으면 반복적으로 발생하는 일들을 교육하거나 알려줘야 할 때 효과적이다. 만약, 임차인들이 입주를 하면 빌딩운영규정을 읽어보면 기본적인 궁금증이 해소되어 관련 담당자를 찾는 일이 줄어들 수 있다. 빌딩에 새로운 직원이 들어와도 매뉴얼을 통해 교육을 하면 체계적으로 업무를 알려줄 수 있다. 또, 해당 직원도 매뉴얼을 찾아보면서 업무 적응을 쉽게 할 수 있는 장점이 있다.

그때그때 말로 전해주거나 사람마다 다른 경험치에 의한 교육 방식보다는 훨씬 균일한 품질의 교육이 가능하다.

물론 이런 매뉴얼을 만드는 데 어느 정도 시간과 노력이 필요하고 때에 따라 매뉴얼을 벗어난 상황들도 일어난다. 하지만 반복적인 일을 처리하는 데 있어서는 짧은 시간에 숙련도를 높여 업무 효율성을 향상시키는 장점이 있다. 맥도날드처럼 모든 업무를 매뉴얼화 하지는 않더라도 부동산 운영을 하는 데 필요한 핵심적인 업무들에 대한 매뉴얼을 만들어 놓는다면 빌딩의 경쟁력을 높일 수 있다.

03 빌딩의 가격 경쟁력을 평가하고 비교하라

단위는 어떤 대상을 비교할 때 유용하다. 아파트는 면적이라는 단위로 크기를 비교하고 그 가치는 면적당 단가를 통해 비교해 볼 수 있다. 서울 어떤 지역에 있는 아파트가 평당 3,000만원인데 다른 지역은 평당 2,000만원이라는 식으로 단위를 통해 비교를 한다면 매우 편리하다.

그렇다면 빌딩은 어떻게 비교를 하는 게 좋을까? 빌딩은 일반 주택과는 달리 정형화된 면적이 있거나 설계가 동일한 곳이 거의 없다. 게다가 위치도 다르고 모양이 다르기 때문에 여러 빌딩을 같은 잣대를 놓고 비교하기가 어렵다.

이렇게 각기 다른 빌딩을 비교하기 위해서 NOC(Net Occupancy Cost) 순점유비용이라는 개념을 사용한다. 이 용어의 뜻은 빌딩을 사용하기 위해서 필요한 비용을 뜻한다. 여기에 Net라는 용어가 사용된 것은 빌딩마다 임차인이 사용할 수 있는 전용공간이 다르기 때문에 이를 반영한 것이다.

이 용어를 이해하기 위해서는 빌딩 임대면적에 적용되는 전용률의 개념을 이해해야 한다. 전용률은 다른 임차인과 공용으로 사용되는 공간인 로비, 엘리베이터홀, 기계실, 계단실, 복도 등을 제외하고 임차인이 실제로 사용할 수 있는 면적을 비율로 나타낸 것이다. 만약, 전용률이 50%인 빌딩의 임대면적이 200평이라면 실제 임차인이 사용할 수 있는 면적은 100평이 되는 것이다. 이런 기준을 적용한다면 같은 비용을 지출하는 것이면 전용률이 높은 빌딩이 임차인에게는 더 경제적으로 유리한 것이다.

순점유비용은 임차인의 입장에서 전용률을 감안한 실제 사용면적에 대한 비용을 계산하는 식으로 아래와 같이 정의가 된다.

$$NOC = [(임대차\ 보증금 \times 보증금\ 운용이율) / 12 + 월\ 임대료 + 월\ 관리비]$$
$$/ (임대면적 \times 전용률)$$

어떤 임차인이 빌딩을 임차를 한다고 가정했을 때 비용을 계산해 보자. 보증금을 납부를 하고 매월 임대료와 관리비를 내야 한다. 그러면 월간 비용계산은 임대인에게 지급한 보증금을 은행에 예치해 두었을 때 받을 수 있는 월 이자 금액과 매월 지급해야 할 임대료 및 관리비로 계산할 수 있다.

$$(임대차\ 보증금 \times 보증금\ 운용이율) / 12 + 월\ 임대료 + 월\ 관리비$$

이렇게 나온 비용을 임대면적으로 나누게 되면 빌딩을 사용하게 되었을 때 임차인이 지급해야 하는 임대면적당 비용 계산이 가능하다.

$$[(임대차\ 보증금 \times 보증금\ 운용이율) / 12 + 월\ 임대료 + 월\ 관리비] / 임대면적$$

이렇게 단위 임대면적당 비용을 계산해서 비교해 볼 수 있는데 이는 빌딩마다 제각기 다른 전용률이 다른 것을 고려하지 못한다. 그래서 위의 계산 식에 빌딩의 전용률을 임대면적에 곱해서 전용면적으로 환산한 뒤 나누어 주면 빌딩을 동일한 면적 기준에서 비교할 수 있다.

$$NOC = [(임대차\ 보증금 \times 보증금\ 운용이율) / 12 + 월\ 임대료 + 월\ 관리비]$$
$$/ (임대면적 \times 전용률)$$

임대면적 (A)	전용율 (B)	월 임대료 (C)	월 관리비 (D)	순점유비용 (NOC)	비고
100 평	50%	1,000,000	500,000	3,000,000	NOC= (C)+(D) / (B)
100 평	60%	1,000,000	500,000	2,500,000	

| NOC 계산 비교 |

요즘에는 빌딩에 임차인을 유치하기 위해서 임대료를 면제해 주는 무상임대를 제공하는 게 일반적이다. 그래서 기준이 되는 월 임대료에서 임차인이 실제로 부담해야 하는 비용은 이보다 낮아진다. 그래서 무상임대 같은 임차인이 제공 받은 혜택을 반영한 임대료인 실질임대료라는 용어를 사용한다.

예를 들어, 임대면적 100평을 평당 5만원에 임대를 하고 있는데 연간 무상임대를 3개월을 주었다고 하면 임차인이 납부해야 할 월간 임대료는 50,000원에서 37,500원으로 떨어진다. 이렇게 무상임대료가 적용된 임대료를 실질임대료라고 한다.

임대면적	평당 표면 임대료	월 임대료	무상임대	평당 실질 임대료	연간 임대료
100 평	50,000	5,000,000	없음	50,000	60,000,000
100 평	50,000	5,000,000	3개월	37,500	45,000,000

| 무상임대 3개월 적용 시 실질임대료 |

이렇게 기준 임대료에 무상임대 기간을 적용하여 계산한 NOC를

실질 NOC라고 한다. 무상임대가 적용이 되면 임차인 입장에서는 전체적인 비용이 감소하는 것이기 때문에 이런 혜택들을 적용하여 최종 비용을 경쟁빌딩들과 비교 계산해 보는 것이 필요하다.

부동산을 둘러싼 환경은 끊임없이 변한다. 그래서 주변의 빌딩들과 가격 경쟁력을 주기적으로 비교하는 일이 필요하다. 근본적으로 입지에 따른 부동산의 경쟁력은 자체적으로 극복하기가 사실상 불가능하다. 그렇다면 부동산의 특성을 반영한 가격 경쟁력을 통해서 경기변동에 따라 유연하게 임대료 정책을 펼친다면 다른 빌딩들과의 경쟁에서 한발 앞서 나갈 수 있다.

빌딩 임대 시장도 경기 순환 사이클과 수요와 공급에 따라서 임대인 주도 시장과 임차인 주도 시장으로 변한다. 내 빌딩의 임대기준은 한 번 수립하면 끝까지 고수하는 게 아니라 시장 상황에 맞는 가격 정책을 펼칠 수 있어야 한다. 앞서 살펴본 순점유비용을 계산하여 주변 빌딩들과의 가격 경쟁력이 어느 정도 수준인지 수시로 파악을 해야 변화하는 시장에 대처가 가능하다.

04 기업처럼 관리하는 빌딩예산 작성하기

부동산의 생애주기에서 어떤 시기에 가장 많은 비용이 들어갈까? 보통 부동산은 개발하고 건설할 때 큰 비용이 들어간다. 그래서 일반적으로 생각할 때 건설비용이 큰 비중을 차지할 것처럼 보인다. 하지만 실제로 빌딩의 생애주기를 따져봤을 때 대부분의 비용은 운영과 관리를 위한 유지관리비용이 차지한다.

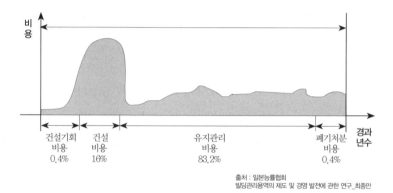

출처 : 일본능률협회
빌딩관리용역의 제도 및 경영 발전에 관한 연구_최종만

| 빌딩의 생애주기와 비용 관계 |

빌딩 유지관리비용에 가장 많은 돈이 들어간다면 빌딩을 잘 관리하는 것이 장기적인 측면에서 비용 절감이 되어 이득을 가져다 줄 수 있다는 의미이기도 하다. 그러려면 주먹구구식으로 그때그때 비용을 투입하는 게 아니라 빌딩을 하나의 기업처럼 인식하고 체계적인 수입관리와 비용집행을 위한 운영예산을 수립하는 것에서부터 시작해야 한다.

빌딩은 임차인이라는 사용자를 위해 서비스를 공급하는 하나의 기업이다. 이렇게 빌딩운영을 기업의 관점에서 바라보고 운영예산을 세우면 달성해야 할 목표가 확실해 진다. 운영예산이 숫자로 표현이 되기 때문에 지나간 과거 결과와 비교도 가능하고 향후 달성하고자 하는 목표가 구체적인 숫자로 표현이 가능하기 때문이다.

보통 빌딩운영 예산수립 시기는 하반기 내에 검토를 완료할 수 있도록 늦어도 9월부터 시작하여 11월까지는 정리가 되는 게 좋다. 그래야 연말에는 해당 연도 실적을 정리하고 결산을 마무리해서 내년도 운영준비를 시작할 수 있기 때문이다.

그러면 빌딩의 운영예산은 어떤 항목들로 구성될까? 먼저 대형 오피스빌딩의 운영예산 항목들을 살펴보면 기준을 수립하기가 수월하다. 이것을 토대로 내가 운영하는 빌딩의 규모나 현황에 맞춰 필요한 것들만 골라서 필요한 예산목록을 만들어 볼 수 있다.

81페이지에 있는 빌딩운영 예산 항목을 보면 알 수 있는 것처럼 빌딩에서 벌어들이는 총수입과 운영과 관리를 위해 사용되는 총비용을 순서대로 정리한 빌딩의 손익계산서라고 할 수 있다. 다른 기업들과 마찬가지로 부동산이라는 재화를 가지고 사업을 운영하는 것이다. 그래서 결국 빌딩의 운영은 회사의 운영방식과 매우 유사하다는 것을 알 수 있다.

운영예산이라는 하나의 지도를 완성하고 나면 어떤 전략으로 빌딩을 운영할지 계획을 세운 것이나 마찬가지다. 보통 예산을 통해 계획을 수립할 때는 단기적으로 내년도 연간 예산을 수립하는 것은 물론 장기적으로 3~5개년도 예산을 수립하는 경우도 있다. 물론 장기 예산을 수립하는 것은 정확성이 다소 떨어질 수 있다. 그렇지만 향후 변동 가능한 빌딩의 임대계약들이나 지출내역들을 예상해 볼 수 있는 좋은 기회가 된다. 계약서나 문서만으로 되어 있는 것들을 숫자로 표현해 보고 어떻게 대비를 해야 할지 살펴볼 수 있다.

어느 정도 수익과 비용을 예상하면 장기적인 투자계획도 세울 수 있다. 빌딩의 운영의 모든 것을 숫자로 표현해 놓은 예산을 보면서 임대수익을 높일 수 있는 투자계획을 세울 수 있다. 예를 들어, 임대료 수입을 높일 수 있도록 빌딩의 리노베이션 계획을 세워볼 수도 있다. 더 나은 환경을 제공하고 임대료를 상승시켰을 때 비용을 감당할 수 있는지 여부나 임대료 수입으로 재원이 충당될 수 있는지 판단해 볼 수도 있다.

이와는 반대로 비용을 절감하는 투자계획도 수립이 가능하다. 에너지 비용을 살펴보면서 임대율에 비해 에너지 사용효율이 떨어지고 있다면 장비교체나 효율을 높일 수 있는 수선계획을 잡을 수 있다. 예를 들어, 에너지 요금이 지속적으로 올라갈 것으로 예상이 되는데 현재 설치된 냉난방 장비가 노후 되었다면 이에 대한 교체시점이나 수선시점을 미리 계획해 보는 것이다.

이렇게 빌딩의 운영예산을 수립할 때는 그 근거를 마련해야 한다. 보통 임대료와 관리비는 어떤 근거로 인상을 하는지 수치적인 근거를 조사하고 이를 바탕으로 예산을 수립하고 작성한다. 또, 비용으로 지출해야 할 항목들이 어느 정도 수준으로 인상될 것이지도 꼼꼼하게 챙긴다. 보통 내년도의 비용 증가에 대한 근거는 각종 경제연구소에서 발표하는 성장률에 관한 보고서나 통계청에서 발표하는 소비자물가지수, 임금인상의 기준으로 활용하기 위한 최저임금 기준 등 다양한 자료를 조사해서 이를 활용한다. 이렇게 근거를 마련해서 예산을 작성해야 준비된 예산에 대해 충분히 설명이 가능하고 제대로 예산이 작성되었는지 확인도 가능하다.

또, 빌딩은 예산을 기준으로 운영하는 것이기 때문에 나중에 임차인들과 협의를 할 때도 활용할 수 있다. 임대차계약서에 의해서 임대료가 인상되는 경우도 있지만 보통 관리비는 경제상황에 따라 변경하기도 하는데 이럴 때 근거자료로 예산작성 기준을 활용할 수 있다. 임차인과 관리비 인상을 협의하고 내부 보고를 하기 위해서는 충분한 설명과 합의가 있어야 하는데 그럴 때 예산수립에 대한 근거 수치나 자료들을 제공하면 업무 협의도 한층 수월해 지기 때문이다.

이렇게 연간 예산을 정리하고 나면 빌딩의 수익이 정확하게 숫자로 표현된다. 이를 바탕으로 빌딩의 자산가치도 판단해 볼 수 있다. 감정평가의 3방식 중에서 수익환원법은 빌딩에서 발생하는 순운영이익을 바탕으로 빌딩의 가치를 판단해 보는 방법이다. 빌딩도 하나의 투자 상품이라고 보면 빌딩의 투자 수익률은 순운영이익/빌딩의 가치라고 말할 수 있다. 이런 방식으로 빌딩에 대한 예상 투자 수익률을 빌딩예산에서 구한 순운영이익으로 나누게 되면 빌딩의 가치를 예상해 볼 수 있다. (감정평가방식 중 직접 환원법)

그리고 조금 어려운 개념이지만 빌딩에서 발생하는 미래 수익을 현재가치로 할인해서 빌딩의 가치를 구하기도 하는데 이때 미리 작성된 예산이 있으면 이를 손쉽게 계산해 볼 수 있다. (감정평가방식 중 DCF(Discounted Cash Flow) 할인현금흐름법)

연간 예산은 한 해 동안 잘 따라가야 하는 지도나 마찬가지이다. 그 안에는 어떤 목표를 달성하려는지 구체적인 수치가 담겨 있어야 한다. 그리고 운영기간 중 월별 그리고 분기별로 목표 대비 성과를 비교해 보아야 한다. 그러면서 계획대로 잘 진행된 것인지 또는 미흡했던 것은 무엇인지 결과를 분석해 보면서 조금씩 방향을 맞춰 가야 한다.

무엇보다도 빌딩을 운영하는 데 최선을 다했더라도 투자 목적으로 보유하고 있는 자산에서 수익을 내지 못했다면 좋은 평가를 받을 수 없다. 따라서, 연간 운영예산과 실적의 평가를 통해서 결과를 분석해 보고 원인을 파악하는 일도 중요하다. 너무 무리한 예산 목표를 설정했는지 아니면 실적에서 통제하지 못했던 요인들이 있었는지를 확인해야 한다. 그리고 다음 번 운영예산을 작성할 때 그런 부분들을 감안하여 실현 가능하고 현실적인 기준을 세워야 할 것이다.

| 빌딩운영 예산 항목 1 |

NO	구분	항목	2025-01-01	2025-02-01	2025-03-01	2025-04-01	2025-05-01	2025-06-01	2025-07-01	2025-08-01	2025-09-01	2025-10-01	2025-11-01	2025-12-01	합계
1	총수입		2,466,973,007	2,583,003,566	2,585,172,751	2,580,188,684	2,581,461,561	2,466,499,136	2,476,381,005	2,511,080,682	2,565,468,563	2,564,427,253	2,565,908,244	2,499,375,726	30,444,347,178
2	임대수입		1,603,053,528	1,712,995,297	1,713,312,642	1,719,312,644	1,720,652,331	1,596,141,084	1,602,603,422	1,650,125,889	1,700,483,101	1,701,756,541	1,703,803,192	1,658,661,557	20,082,901,228
3		임대료 수입 (사무실)	1,568,450,790	1,682,276,283	1,682,593,628	1,682,593,628	1,683,772,876	1,559,261,629	1,565,723,966	1,613,246,433	1,663,603,646	1,664,877,085	1,666,923,736	1,621,782,101	19,655,105,800
4		임대료 수입 (아케이드)	34,602,738	30,719,014	30,719,014	36,719,017	36,879,456	36,879,456	36,879,456	36,879,456	36,879,456	36,879,456	36,879,456	36,879,456	427,795,428
5	관리수입		766,479,051	766,479,051	766,479,051	766,479,051	766,479,051	767,914,934	754,690,685	754,690,685	762,136,964	762,136,964	762,136,964	740,478,001	9,136,580,454
6		관리비 수입 (사무실)	742,609,877	742,609,877	742,609,877	742,609,877	742,609,877	744,045,760	729,830,752	729,830,752	737,277,031	737,277,031	737,277,031	715,618,068	8,844,205,812
7		관리비 수입 (아케이드)	23,869,174	23,869,174	23,869,174	23,869,174	23,869,174	23,869,174	24,859,933	24,859,933	24,859,933	24,859,933	24,859,933	24,859,933	292,374,641
8	주차수입		65,500,000	65,500,000	65,500,000	65,500,000	65,500,000	65,500,000	65,500,000	65,500,000	65,500,000	65,500,000	65,500,000	65,500,000	786,000,000
9		월정기 주차 수입	45,000,000	45,000,000	45,000,000	45,000,000	45,000,000	45,000,000	45,000,000	45,000,000	45,000,000	45,000,000	45,000,000	45,000,000	540,000,000
10		선불 주차 수입	8,000,000	8,000,000	8,000,000	8,000,000	8,000,000	8,000,000	8,000,000	8,000,000	8,000,000	8,000,000	8,000,000	8,000,000	96,000,000
11		기타 주차 수입	12,500,000	12,500,000	12,500,000	12,500,000	12,500,000	12,500,000	12,500,000	12,500,000	12,500,000	12,500,000	12,500,000	12,500,000	150,000,000
12	기타수입		31,940,428	38,026,218	39,881,058	28,896,988	28,830,178	35,353,118	53,586,898	40,764,108	37,348,498	35,033,748	34,468,088	34,736,168	438,865,496
13		기타 임대료 수입	9,207,698	9,207,698	9,357,698	9,207,698	9,207,698	9,357,698	24,957,248	9,207,698	9,357,698	9,207,698	9,207,698	9,357,698	126,841,926
14		추가 관리비 수입	22,732,730	28,818,520	30,523,360	19,689,290	19,622,480	25,995,420	28,629,650	31,556,410	27,990,800	25,826,050	25,260,390	25,378,470	312,023,570
15		기타수입	0	0	0	0	0	0	0	0	0	0	0	0	0
16	총비용		518,548,628	422,090,343	457,967,830	507,752,362	411,760,868	416,498,842	631,296,439	481,343,143	741,494,742	457,435,015	412,992,680	414,595,867	5,873,776,758
17	PM Fee		11,951,000	12,164,903	12,164,903	12,300,000	12,300,000	12,300,000	12,300,000	12,300,000	12,300,000	12,300,000	12,300,000	12,300,000	147,115,903
18		자산관리 수수료 (PM Fee)	11,951,000	12,164,903	12,164,903	12,300,000	12,300,000	12,300,000	12,300,000	12,300,000	12,300,000	12,300,000	12,300,000	12,300,000	147,115,903
19	FM Fee		123,507,000	122,124,484	122,085,000	122,085,000	122,085,000	122,085,000	122,085,000	122,085,000	122,085,000	122,085,000	122,085,000	122,085,000	1,466,481,484
20		시설관리 용역비	52,939,000	53,416,645	54,552,000	54,552,000	54,552,000	54,552,000	54,552,000	54,552,000	54,552,000	54,552,000	54,552,000	54,552,000	651,875,645
21		미화관리 용역비	45,757,839	47,791,839	49,077,000	49,077,000	49,077,000	49,077,000	49,077,000	49,077,000	49,077,000	49,077,000	49,077,000	49,077,000	584,318,839
22		주차 및 보안관리 용역비	24,811,000	20,916,000	18,456,000	18,456,000	18,456,000	18,456,000	18,456,000	18,456,000	18,456,000	18,456,000	18,456,000	18,456,000	230,287,000
23		위수탁용역비	63,070,000	8,570,000	5,550,000	2,825,000	5,530,000	12,050,000	5,827,500	6,427,500	16,217,500	11,652,500	11,077,500	7,259,500	156,057,000
24	관리비	엘리베이터 유지보수	0	0	0	0	0	0	0	0	0	0	0	0	0
25		건물관리 유지보수	0	0	0	0	0	0	0	0	0	0	0	0	0
26		자동제어 유지보수	1,000,000	1,000,000	1,000,000	1,000,000	1,000,000	1,000,000	1,050,000	1,050,000	1,050,000	1,050,000	1,050,000	1,050,000	12,300,000
27		기계경비 유지보수	1,400,000	1,400,000	1,400,000	1,400,000	1,400,000	1,400,000	1,470,000	1,470,000	1,470,000	1,470,000	1,470,000	1,470,000	17,220,000
28		주차설비 유지보수	520,000	520,000											1,040,000
29		조경 유지보수	1,500,000	1,500,000	1,500,000	1,500,000	1,500,000	1,500,000	1,575,000	1,575,000	1,575,000	1,575,000	1,575,000	1,575,000	18,450,000
30		냉난방기 청소									7,000,000				7,000,000
31		보일러 청소	0	0	0	0	0	0	0	0	0	0	0	0	0
32		외벽 청소				5,700,000							5,250,000		10,950,000
33		카페트 청소	0	0	0	0	0	0	0	0	0	0	0	0	0
34		저수조 청소				1,275,000									1,275,000
35		정화조 청소	4,000,000					4,000,000				4,725,000			12,725,000
36		청소조 청소	450,000	450,000	450,000	450,000	450,000	450,000	472,500	472,500	472,500	472,500	472,500	472,500	5,535,000
37		엘리베이터안전점검		2,200,000											2,200,000
38		예비전원 점검	0	0	0	0	0	0	0	0	0	0	0	0	0
39		전기안전점검	0	0	0	0	0	0	0	0	0	0	0	0	0
40		전기안전점검						1,900,000							1,900,000
41		건축물안전점검	0	0	0	0	0	0	0	0	0	0	0	0	0
42		건축물안전진단	53,000,000								1,890,000				54,890,000
43		정밀안전진단									1,500,000				1,500,000
44		유류저장시설검사												420,000	420,000
45		특정소방시설검사	0	0	0	0	0	0	0	0	0	0	0	0	0
46		승강기안전검사												412,000	412,000
47		전기정전비용	0	0	0	0	0	0	0	0	0	0	0	0	0
48		산업폐기물													
49		산업폐기물	580,000	580,000	580,000	280,000	280,000	580,000	609,000	609,000	609,000	609,000	609,000	609,000	6,234,000
50		음식물쓰레기	620,000	600,000	580,000	600,000	620,000	600,000	600,000	600,000	600,000	600,000	600,000	600,000	3,600,000
51		석재관리	620,000	620,000	620,000	620,000	620,000	620,000	651,000	651,000	651,000	651,000	651,000	651,000	7,626,000
52		방역소독				280,000						500,000			780,000

NO	과목	2025-01-01	2025-02-01	2025-03-01	2025-04-01	2025-05-01	2025-06-01	2025-07-01	2025-08-01	2025-09-01	2025-10-01	2025-11-01	2025-12-01	합계
53	소모품	13,785,000	14,479,000	13,479,000	15,352,000	23,003,000	17,139,000	14,694,000	15,411,000	15,682,000	15,821,000	27,291,000	17,653,000	203,789,000
54	미화용품	8,090,000	7,653,000	8,217,000	7,985,000	9,100,000	9,475,000	8,713,000	8,838,000	7,592,000	8,352,000	9,352,000	9,051,000	102,418,000
55	전기/공구	2,775,000	2,181,000	2,668,000	4,207,000	2,627,000	1,877,000	2,691,000	3,040,000	3,778,000	3,529,000	3,722,000	3,602,000	36,697,000
56	기계/소방용품	2,920,000	4,645,000	2,594,000	3,160,000	2,246,000	5,787,000	3,290,000	3,533,000	4,312,000	3,940,000	4,887,000	5,000,000	46,314,000
57	주차용품	0	0	0	0	0	0	0	0	0	0	0	0	0
58	필터교체	0	0	0	0	0	0	0	0	0	0	0	0	0
59	기타(보안 및 안내 등)	0	0	0	0	9,030,000	0	0	0	0	0	9,330,000	0	18,360,000
60	수도광열비	130,217,200	188,238,490	184,102,480	116,016,300	105,391,030	146,312,110	219,797,570	245,761,920	155,081,210	146,978,640	141,579,750	113,734,750	1,893,211,450
61	전기료	110,338,930	166,440,360	162,066,920	97,055,740	84,411,950	97,985,350	110,032,310	110,672,790	91,781,850	87,137,310	108,938,780	94,801,650	1,321,663,940
62	수도료	19,818,270	21,738,130	21,975,560	17,760,560	17,510,360	16,747,010	19,839,460	20,815,070	15,835,870	17,591,810	20,741,170	18,646,450	229,019,720
63	가스료	60,000	60,000	60,000	1,200,000	3,468,720	31,579,750	89,925,800	114,274,060	47,463,490	42,249,520	11,899,800	286,650	342,527,790
64	기타	0	0	0	0	0	0	0	0	0	0	0	0	0
65	수선비	103,500,000	8,000,000	26,000,000	40,500,000	77,000,000	8,000,000	8,000,000	8,000,000	8,000,000	68,000,000	8,000,000	68,000,000	431,000,000
66	수선유지비	95,500,000		18,000,000	32,500,000	69,000,000				60,000,000	60,000,000		60,000,000	335,000,000
67	자본적지출	8,000,000	8,000,000	8,000,000	8,000,000	8,000,000	8,000,000	8,000,000	8,000,000	8,000,000	8,000,000	8,000,000	8,000,000	96,000,000
68	보험료	4,308,725	4,433,172	4,366,230	4,511,770	4,366,230	4,511,770	4,511,770	4,220,689	4,511,770	4,366,230	4,511,770	4,366,230	52,986,356
69	보험료(재산, 화재, 영업배상)	4,308,725	4,433,172	4,366,230	4,511,770	4,366,230	4,511,770	4,511,770	4,220,689	4,511,770	4,366,230	4,511,770	4,366,230	52,986,356
70	재산세	0	0	0	0	0	0	177,936,000	0	0	0	0	0	177,936,000
71	건물분	0	0	0	0	0	0	0	0	0	0	0	0	0
72	토지분	0	0	0	0	0	0	0	0	0	0	0	0	0
73	종합부동산세	0	0	0	0	0	0	0	0	268,313,530	0	0	0	268,313,530
74	기타세금	5,930,411	5,963,441	30,772,037	121,045,438	5,772,525	6,084,109	6,194,412	5,794,387	54,553,545	6,185,228	6,397,474	6,050,970	260,743,976
75	교통유발부담금				115,000,000									115,000,000
76	환경개선부담금			25,000,000						26,406,253				51,406,253
77	도로점용료									21,758,000				21,758,000
78	기타 제세공과금	5,930,411	5,963,441	5,772,037	5,964,438	5,772,525	5,976,109	6,176,412	5,794,387	6,389,292	6,185,228	6,397,474	6,050,970	72,372,723
79	기타				81,000		108,000	18,000						207,000
80	관리위탁 수수료	55,916,853	55,916,853	54,113,084	55,916,853	54,113,084	55,916,853	55,916,853	52,309,314	52,513,661	54,113,084	55,916,853	54,113,084	660,179,620
81	AMC Fee	52,513,661	52,513,661	50,819,672	52,513,661	50,819,672	52,513,661	52,513,661	49,125,683	52,513,661	50,819,672	52,513,661	50,819,672	620,000,000
82	자산운용 수수료	2,100,546	2,100,546	2,032,787	2,100,546	2,032,787	2,100,546	2,100,546	1,965,027	2,100,546	2,032,787	2,100,546	2,032,787	24,800,000
83	사무수탁 수수료	1,302,645	1,302,645	1,260,625	1,302,645	1,260,625	1,302,645	1,302,645	1,218,604	1,302,645	1,260,625	1,302,645	1,260,625	15,379,620
84	기타 수수료	0	0	0	0	0	0	0	0	0	0	0	0	0
85	일반관리비	1,050,000	1,200,000	1,200,000	1,200,000	1,200,000	23,100,000	1,200,000	1,200,000	1,200,000	8,100,000	1,200,000	1,200,000	43,050,000
86	우편 및 서류발송비		50,000	50,000	50,000	50,000	50,000	50,000	50,000	50,000	50,000	50,000	50,000	550,000
87	전자세금계산서	120,000	120,000	120,000	120,000	120,000	120,000	120,000	120,000	120,000	120,000	120,000	120,000	1,440,000
88	교통비	0	0	0	0	0	0	0	0	0	0	0	0	0
89	은행수수료	30,000	30,000	30,000	30,000	30,000	30,000	30,000	30,000	30,000	30,000	30,000	30,000	360,000
90	임차인(입주민) 관계 비용	900,000	1,000,000	1,000,000	1,000,000	1,000,000	22,900,000	1,000,000	1,000,000	1,000,000	7,900,000	1,000,000	1,000,000	40,700,000
91	기타비용	0	0	0	0	0	0	0	0	0	0	0	0	0
92	기타 수수료	5,312,439	1,000,000	4,000,000	6,000,000	1,000,000	9,000,000	2,833,333	7,833,333	27,633,333	7,833,333	22,633,333	7,833,333	102,912,439
93	법률자문비	4,312,439		3,000,000	5,000,000		3,000,000							14,312,439
94	회계감사 수수료		1,000,000					1,000,000	1,000,000	5,000,000	1,000,000	1,000,000	1,000,000	12,000,000
95	회계자문 수수료	0	0	0	0	0	0	0	0	0	0	0	0	0
96	세무자문 수수료						5,000,000	833,333	833,333	833,333	833,333	833,333	833,333	10,000,000
97	중개보수	1,000,000	1,000,000	1,000,000	1,000,000	1,000,000	1,000,000	1,000,000	6,000,000	20,800,000	6,000,000	20,800,000	6,000,000	66,600,000

| 빌딩운영 예산 항목 2 |

No	과목	2025-01-01	2025-02-01	2025-03-01	2025-04-01	2025-05-01	2025-06-01	2025-07-01	2025-08-01	2025-09-01	2025-10-01	2025-11-01	2025-12-01	합계
98	영업이익(익(장기차입 공제전)	1,948,424,380	2,160,910,223	2,127,204,921	2,072,436,322	2,169,700,693	2,048,410,294	1,845,084,565	2,029,737,538	1,823,973,822	2,106,992,238	2,152,915,564	2,084,779,859	24,570,570,419
99	감가상각비	267,110,045	267,453,299	268,638,384	268,638,374	269,500,236	269,801,441	272,472,136	274,532,742	274,532,742	274,532,742	274,532,742	274,532,742	3,256,277,625
100	영업이익(익(장기상각비 공제後)	1,681,314,335	1,893,456,924	1,858,566,537	1,803,797,948	1,900,200,457	1,778,608,853	1,572,612,429	1,755,204,796	1,549,441,080	1,832,459,496	1,878,382,822	1,810,247,117	21,314,292,794
101	영업외 수익	36,137,430	23,697,217	18,318,414	22,891,359	28,058,808	34,562,313	38,707,161	11,050,527	10,387,804	17,424,748	24,590,026	31,776,692	297,602,499
102	영 이자수익	36,137,430	23,697,217	18,318,414	22,891,359	28,058,808	34,562,313	38,707,161	11,050,527	10,387,804	17,424,748	24,590,026	31,776,692	297,602,499
103	업 연체이자	0	0	0	0	0	0	0	0	0	0	0	0	0
104	외 잡수익	0	0	0	0	0	0	0	0	0	0	0	0	0
105	수 영업외 비용	0	0	0	0	0	0	0	0	0	0	0	0	0
106	익 이자비용(장기차입금)	0	0	0	0	0	0	0	0	0	0	0	0	0
107	이자비용(단기차입금)	0	0	0	0	0	0	0	0	0	0	0	0	0
108	비 잡손실	0	0	0	0	0	0	0	0	0	0	0	0	0
109	용 기타 비용	0	0	0	0	0	0	0	0	0	0	0	0	0
110	매각성과수수료	0	0	0	0	0	0	0	0	0	0	0	0	0
111		0	0	0	0	0	0	0	0	0	0	0	0	0
112	당기순이익	1,717,451,765	1,917,154,141	1,876,884,951	1,826,689,307	1,928,259,264	1,813,171,166	1,611,319,590	1,766,255,324	1,559,828,883	1,849,884,244	1,902,972,848	1,842,023,809	21,611,895,293
113	자본적지출	342,400,600	122,750,000	573,200,000	304,500,000	6,314,000	353,600,000	468,613,600	313,000,000	0	0	49,000,000	0	2,533,378,200
114	자 건축	321,395,000	33,750,000	265,200,000	17,500,000	0	353,600,000	13,613,600	0	0	0	0	0	1,005,058,600
115	전기	21,005,600	0	0	0	0	0	0	0	0	0	0	0	21,005,600
116	적 기계	0	0	0	287,000,000	6,314,000	0	455,000,000	88,000,000	0	0	49,000,000	0	885,314,000
117	지 소방	0	89,000,000	0	0	0	0	0	0	0	0	0	0	89,000,000
118	출 보안	0	0	308,000,000	0	0	0	0	225,000,000	0	0	0	0	533,000,000
119	기타	0	0	0	0	0	0	0	0	0	0	0	0	0

| 빌딩운영 예산 항목 3 |

05 빌딩현황을 한눈에 모아 보는 대시보드

대시보드는 자동차의 계기판을 말한다. 자동차를 운전하려면 여러 가지 상황을 한 눈에 파악을 하고 조정을 해야 하는데 대시보드가 중앙 통제소의 역할을 해준다. 그런 의미에서 대시보드는 어떤 운영체제의 모든 정보를 관리할 수 있는 인터페이스를 가리키기도 한다.

빌딩에도 다양한 정보들이 존재하고 시시각각 변한다. 그래서 빌딩에도 운영과 관리를 위한 대시보드가 필요하다. 빌딩을 운영하는 동안 가장 중요한 정보는 임차인의 입주와 계약 현황이다. 임차인의 숫자가 그렇게 많지 않다면 관리하는 데 큰 문제는 없을 것이다. 그렇지만 빌딩에 입주한 임차인의 숫자가 늘어나면 챙겨야 할 것들이 많아진다.

임차인별로 계약기간도 제각기 다르기도 하고 만약 임대료가 인상되는 조항이 있었다면 사전에 통지하고 인상을 위한 재계약도 해야한다. 이런 세부적인 사항들을 모두 기억하기는 어렵다. 또, 그때마다 임차인들의 임대차계약서를 다 뒤져보는 일도 번거롭고 힘든 일이다.

임차인과의 계약을 제대로 관리하지 못해 문제가 되는 일도 종종 발생한다. 실제로 임대차계약서에 의해서 임대기간이 만료되는데 이때 재계약 협의에 대한 통지를 정해진 날짜에 하지 못해 계약이 자동 연장되는 일도 빈번하게 발생한다. 임대인 입장에서는 임대료를 인상할 계획을 가지고 있었는데 통지를 제대로 하지 못해 동결된 금액으로 1년 더 연장이 돼버린 것이다.

빌딩에 입주한 임차인의 현황과 중요한 임대차계약의 정보를 정리하여 한 눈에 볼 수 있도록 정리한 대시보드가 있으면 효과적인 관리가 가능하다. 운영 중에 발생 가능한 업무상 실수를 줄일 수 있고 계약에 대한 관리를 쉽게 할 수 있다. 무엇보다 현재 현황을 통해 앞으로 계획을 세우는 기초 자료로도 활용할 수가 있다. 그러면 빌딩운영을 위한 대시보드로 어떤 것들이 있는지 살펴보자.

먼저, 빌딩 임차인의 층별 입주현황과 공실을 표 형태로 정리하는 것을 Stacking Plan이라고 한다. 각 층별로 입주한 임차인명과 면적 그리고 임대가 되지 않은 공실을 표기하여 빌딩 전체의 임대차현황을 한눈에 쉽게 알아볼 수 있다.

오피스빌딩 STACKING PLAN

(단위 : 평, 원)

층	임대가능면적(평)	임대면적(평)	공실면적(평)	임차인 (임대면적)
9	482.75	482.75	-	임차인 1 (482.75)
8	482.75	482.75	-	임차인 1 (482.75)
7	641.29	641.29	-	임차인 2 (340.00), 임차인 3 (301.29)
6	641.29	641.29	-	임차인 4 (456.16), 임차인 5 (92.55), 임차인 6 (92.58)
5	693.38	450.55	242.83	공실 (242.83), 임차인 7 (327.34), 임차인 8 (123.21)
4	693.38	249.44	443.94	임차인 9 (126.23), 공실 (201.11), 임차인 10 (123.21), 공실 (204.13), 공실 (38.70)
3	772.65	772.65	-	임차인 11 (515.13), 임차인 12 (257.52)
2	397.05	397.05	-	임차인 13 (397.05)
1	241.99	241.99	-	커피프랜차이즈 1 (12.84), 편의점 (80.98), 패스트푸드점 (229.15)
B1	194.43	194.43	-	꽃집 (39.44), 커피프랜차이즈 2 (74.01)
B2				주차장
B3				주차장
B4				주차장
B5				주차장
B6				기계실
합계	5,240.96	4,554.19	686.77	
%	100.0%	86.9%	13.1%	

| 오피스빌딩 Stacking Plan 예시 |

다음으로 임차인과 체결한 임대차계약서의 주요 정보들만을 정리하여 표로 정리한 것을 Rent Roll이라고 한다. Rent Roll은 임차인명, 계약기간, 보증금 및 임대료, 관리비 현황, 인상률, 중도해지 등 계약상 중요 내용들을 임차인 별로 정리해 놓은 것이다. Rent Roll을 잘 정리해 놓으면 임대차계약서를 따로 살펴볼 필요가 없어서 편리하다.

오피스빌딩 RENT ROLL

[2025년 1월 기준] (단위: 평, 원)

층	임차인	임대면적(평)	보증금 /평	보증금	월임대료 /평	월임대료	월관리비 /평	월관리비	월주차료 대수	최근	입주	종료	임대료인상 날짜	임대료인상 인상률	관리비인상 날짜	관리비인상 인상률	명도예고 기간	비고 종류
9	임차인 1	482.75	450,000	217,235,700	45,000	21,723,570	25,000	12,068,650	15	2024-06-30	2024-07-12	2029-07-11	매년 통 1월 1일	협의	매년 통 1월 1일	협의	3개월전	불가
8	임차인 2	482.75	450,000	217,235,700	45,000	21,723,570	25,000	12,068,650	6	2024-07-26	2024-08-20	2027-08-19	매년 통 1월 1일	4%	매년 통 1월 1일	4%	3개월전	불가
7	임차인 3	340.00	450,000	152,999,550	45,000	15,299,955	25,000	8,499,975	5	2023-09-10	2023-10-01	2028-09-30					2개월전	가능
7	임차인 4	301.29	450,000	135,580,500	45,000	13,558,050	25,000	7,532,250	8	2024-06-28	2024-07-01	2029-06-30					2개월전	가능
6	임차인 5	456.16	430,000	196,148,370	43,000	19,614,837	25,000	11,403,975	2	2024-04-27	2024-05-06	2029-05-05					2개월전	가능
6	임차인 6	92.55	430,000	39,798,220	43,000	3,979,822	25,000	2,313,850	2	2024-07-31	2024-08-01	2027-07-31					2개월전	가능
6	임차인 7	92.58	430,000	39,807,680	43,000	3,980,768	25,000	2,314,400	6	2024-04-20	2024-05-01	2027-04-30					2개월전	가능
5	임차인 8	327.34	430,000	140,755,340	43,000	14,075,534	25,000	8,183,450	3	2022-06-21	2022-07-01	2027-06-30	매년 통 1월 1일		매년 통 1월 1일		3개월전	불가
5	경비	242.83																
	임차인 9	123.21	430,000	52,980,730	43,000	5,298,073	25,000	3,080,275		2024-04-20	2024-05-01	2027-04-30	매 1년마다	협의	매 1년마다	협의	3개월전	가능
	임차인 10	126.23	400,000	50,491,320	40,000	5,049,132	25,000	3,155,708	2	2024-10-26	2024-11-01	2029-10-31	매 1년마다	MAX(5%,CPI)	매 1년마다	MAX(5%,CPI)	3개월전	가능
	경비	201.11																
4	임차인 11	123.21	400,000	49,284,400	40,000	4,928,440	25,000	3,080,275	3	2023-09-01	2023-09-01	2029-10-31	매 1년마다	MAX(5%,CPI)	매 1년마다	MAX(5%,CPI)	3개월전	가능
	경비	204.13																
	경비	38.70																
3	임차인 12	515.13	400,000	206,052,000	40,000	20,605,200	25,000	12,878,250	9	2023-09-01	2023-09-01	2028-08-31	매 2년마다	협의	매 2년마다	협의	2개월전	불가
3	임차인 13	257.52	400,000	103,008,400	40,000	10,300,840	25,000	6,438,025	4	2024-04-28	2024-04-28	2029-04-27	매 1년마다	4%	매 1년마다	4%	3개월전	불가
2	임차인 14	397.05	400,000	158,818,000	40,000	15,881,800	25,000	9,926,125	11	2023-12-17	2024-03-10	2027-03-09					3개월전	가능
1	커피숍 1	229.15	700,000	160,406,400	70,000	16,040,640	25,000	5,728,800	1	2024-04-19	2024-05-01	2029-04-30	매 1년마다	4%	매 1년마다	4%	3개월전	가능
1	편의점	12.84	700,000	8,985,900	70,000	898,590	25,000	320,925	1	2024-04-19	2024-05-01	2029-04-30	매 1년마다	4%	매 1년마다	4%	3개월전	가능
B1-1	꽃집	80.98	300,000	24,294,600	30,000	2,429,460	25,000	2,024,550	1	2024-12-01	2024-12-01	2027-11-30	매 1년마다	MAX(4%,CPI)	매 1년마다	MAX(4%,CPI)	3개월전	불가
B1-2	커피숍 2	39.44	300,000	11,830,500	30,000	1,183,050	25,000	985,875	1	2022-08-01	2022-08-01	2025-07-31	매년 통 1월 1일		매년 통 1월 1일		3개월전	불가
B1-3	커피숍 2	74.01	300,000	22,202,400	30,000	2,220,240	25,000	1,850,200	1	2024-02-01	2024-02-01	2025-07-31	매년 통 1월 1일		매년 통 1월 1일		3개월전	불가
	KT 중계기	-				86,708				2024-02-01	2024-02-01	2029-02-01					2개월전	의
	LG 중계기	-				209,450				2024-01-01	2024-01-01	2029-12-31					2개월전	의
	SK 중계기	-				68,333				2023-12-01	2023-12-01	2028-11-30					2개월전	의
Total		5,240.93	379,306	1,987,915,710	38,000	199,156,062	21,724	113,854,208	78									

임대율 87%

| 오피스빌딩 Rent Roll 예시 |

앞서 설명한 Rent Roll보다 더 자세하게 임차인의 계약내용을 요약한 문서를 Lease Abstract라고 한다. 영어 해석 그대로 계약을 요약한 것으로 임대차계약서의 내용을 Rent Roll보다 더 자세하게 작성한 문서이다.

Lease Abstract는 보통 임대차계약 체결 전 임대차계약 검토 시에 미리 작성을 한다. 여기에 기재된 내용으로 임차인의 기본 정보는 물론 Rent Roll보다 더 상세하게 임대차계약서의 내용을 확인할 수 있다. Lease Abstract에는 임차인과 관련하여 협의를 진행했던 내용이나 업무상 필요한 모든 정보를 정리해 두는 것이다. 이렇게 한 곳에 모든 정보가 취합되어 있으면 이 서류를 바탕으로 자산관리, 회계처리, 계약변경 등 다양한 업무에 활용할 수 있다. 따라서 임차인과 관련된 중요 정보의 원본서류라고 생각하고 정확하고 완벽하게 기재를 해놓을 필요가 있다.

임대차계약 요약 및 분석

계약 체결일 : 2025.1.14　　　　　　　변경계약 체결일 : 1st
임대 종류 : 업무시설　　　　　　　　　　　　　　　　　　 2nd

□ 임대차 일반 정보

1. 임차인 정보

		임차인명 :	(주)국내일등지식운용
임대 계약 번호 :	4층 - 1호	임대면적 (평) :	500
임대 호실 정보 :	#0401	전용면적 (평) :	250
		전용율 (%) :	50%
		주소 :	서울특별시 영등포구 여의도동
담당자 이름 :	최담당		국내일등 빌딩 14층
전화 번호 :	02-1234-5678	우편번호 :	07326
휴대전화 번호 :	010-1234-56778	사업자등록번호 :	123-82-12345
E-MAIL :	CDD@numberoneamc.co.kr	업종 :	부동산개발업

2. 임대차기간 및 보증금

임대 개시일 :	2030-03-01	
임대 종료일 :	2035-02-28	
기간 (개월수) :	60	
임대차보증금 :		

구분	단가	임대차계약 개시일	비율	금액
보증금	일자		10%	50,000,000
임대료			90%	450,000,000
합계			100%	500,000,000

3. 임대차계약 추가 조건

손해 배상 조항
내용 : 계약 용도 해지시 계약 기간 동안 받은 무상 임대 금액의 반환과 함께 3개월 분 임대료 관리비를 위약벌로 함.

중도 조건
내용 : 갑은 중에 공실 발생 시 통지 후 30일 간 우선하여 임차할 수 있는 권한 부여.

재계약 조건
내용 : 재계약시 동일한 조건으로 추가 5년 계약 가능.

| 오피스빌딩 Lease Abstract 예시 1 |

090 빌딩 투자 시크릿

4. 기타 사항

무료 및 유료 주차
주요 내용 : 무료 주차는 임대면적 100평당 1대를 제공하여 총 5대 제공
유료 주차는 추가로 5대 허용

창고 및 기타 사항
주요 내용 : 지하 공용 창고 10평 무료 제공

5. 임대 관련 제반 비용

중개보수	지급 일자 :	금액(원) : 10,000,000
공사지원금	지원 조건 : 500,000원 / 전용면적	금액(원) : 125,000,000
이사지원금	지원 조건 : 없음	금액(원) :

□ 임대료 청구 정보

1. 임대료 청구

임대료 청구 금액 :　　　　임대 기간　2030-03-01 ~ 2035-02-28

월간 임대료(원) :

	기간 시작	기간 종료	월별 임대기준가 / 평	월간 임대료	연도별 인상률	무도 임대 개월수	무상임대 적용 금액	연간 실질 임대료
계약기간 1	2030-03-01	2031-02-28	70,000	35,000,000				315,000,000
계약기간 2	2031-03-01	2032-02-28	72,000	36,000,000	3.0%	3	105,000,000	324,000,000
계약기간 3	2032-03-01	2033-02-28	74,000	37,000,000	3.0%	3	108,000,000	333,000,000
계약기간 4	2033-03-01	2034-02-28	76,000	38,000,000	3.0%	3	111,000,000	456,000,000
계약기간 5	2034-03-01	2035-02-28	78,000	39,000,000	3.0%			468,000,000
계약기간 6								
계약기간 7								
계약기간 8								
계약기간 9								
계약기간 10								

관리비 청구 금액
관리비 기준가 (원 / 평) : 35,000　　　인상률　매년 3% 1월 1일자 인상
첫해 관리비 : 17,500,000

□ 기타 특약 및 조건

주요 내용 :

| 오피스빌딩 Lease Abstract 예시 2 |

이처럼 빌딩운영을 효과적으로 하기 위해서는 다양한 정보들을 체계적으로 관리해야 할 필요가 있다. 임차인이 입주해서 퇴거하는 라이프 사이클 안에서 필요한 것들을 정리하는 방식과 체계를 잘 갖춰놓으면 프로세스에 맞춰 업무처리를 할 수 있는 장점이 있다.

빌딩운영을 위해서는 위와 같은 임대차계약 정보들 외에도 대시보드 형태로 관리해야 할 사항들이 많이 있다. 다만, 빌딩에 따라 어떤 정보들을 취합할 것이고 다른 업무들에서 활용해야 하는 정보들은 무엇인지를 잘 정리해서 정형화된 템플릿을 만들어야 한다. 보통 대형 빌딩들은 자산관리를 위해 개발된 소프트웨어를 사용하고 있지만 빌딩의 규모가 크지 않다면 간단한 정보관리는 엑셀만으로 충분히 가능하다.

부동산 운영을 위한 요약된 정보를 잘 관리하면 회계 부문을 관리하는 담당자와 자산관리 업무를 하는 담당자간의 업무협조도 원활해진다. 예를 들어, 자산관리 담당자가 계약을 체결하고 나서 임대차계약 관련 정보를 정리할 때 회계부문에서도 필요한 정보들을 함께 취합해서 미리 정리해 두면 그것을 활용하여 회계 관련 업무를 처리할 수 있다.

그리고 Rent Roll이나 Stacking Plan이 잘 정리되어 있다면 빌딩운영예산을 작성할 때 요긴하게 활용할 수 있다. 임대차계약서를 정리해 놓은 것이기 때문에 빌딩을 운영하는 데 예상 가능한 수입내용이 잘 정리되어 있어 계약서를 일일이 펼쳐볼 필요가 없어진다. 이 데이터를 바탕으로 임대수익을 예측할 수 있기 때문이다.

이렇게 빌딩의 주요 정보들을 대시보드 형태로 정리하고 관리하면 임차인의 수가 늘어나도 효과적인 업무처리가 가능해진다. 또, 부동산 자산관리 소프트웨어가 없다 하더라도 이에 준하는 기능들은 엑셀을 통해 구현해 낼 수 있다. 임대차계약기간 만료나 임대차계약 변경 등 계약상 중요한 알림이 필요한 것들은 엑셀의 기능(날짜 변경을 표시하는 조건부 서식 기능)을 활용하면 용이하게 관리할 수 있다.

빌딩의 운영자는 다양하고 많은 업무들을 동시 다발적으로 챙겨야 하는 일이 많다. 그래서 필요한 정보를 언제든지 쉽게 찾아볼 수 있도록 평소 정리를 잘 해 놓을 필요가 있다. 어떤 정보가 어디에 있는지 아는 것도 중요하지만 빠르게 찾아서 효과적으로 활용할 수 있는 것도 자산관리자가 가져야 할 능력 중에 하나이다.

06 빌딩의 빅데이터, 사용자 피드백을 모아라

디지털 경제에서 원유라고 불리는 것이 빅데이터이다. 지금도 수 없이 많은 정보와 데이터들이 생산되고 있고 이것을 모으고 축적할 수 있는 기술도 함께 발전하고 있다. 이런 빅데이터를 분석해 그곳에 서 비즈니스가 될 만한 단서를 찾아내는 일이 디지털 경제에서는 매 우 중요하다. 소비자의 행동 하나하나를 분석해 그 안에서 비즈니스 모델을 더 강화할 수 있는 것을 찾아내는 일이 기업의 매출과도 연 관이 있기 때문이다.

그런 면에서 빌딩도 빅데이터를 생성해 내는 하나의 큰 플랫폼이 라고 할 수 있다. 임차인별 상주인원, 출퇴근 시간, 방문객들의 숫 자나 정보, 엘리베이터 사용량, 에너지의 사용량 등 빌딩에서 쏟아져 나오는 정보는 생각보다 다양하다. 이런 정보들을 활용하여 빌딩운 영을 효과적으로 할 수 있다면 빅데이터를 수집하는 의미가 있을 것 이다.

보통 온라인 쇼핑을 할 때 구매자들의 후기를 보고 물건을 구매하 는 경우가 많다. 실제 그 물건을 사용한 사람들의 평가를 보면 대략 그 제품에 대한 수준을 알 수 있기 때문이다. 이런 사용자 후기는 해 당 제품에 대한 소비자들의 평가가 담긴 빅데이터이다. 제품의 어떤 부분이 편리하고 유용했는지 반대로 아쉬운 점은 어떤 것들이었는지 사용자 후기를 통해 알 수 있다. 그렇게 모아진 정보는 더 나은 제품 을 만드는 데 중요한 단서가 된다.

그렇다면 이런 개념을 빌딩에 대입해 보도록 하자. 빌딩을 하나 의 상품이라고 보면 그 상품을 사용하는 사람들은 임차인이다. 빌딩 에서 제공하는 서비스에 대해서 고객인 임차인이 어떤 생각을 가지고 있는지 듣는 것은 온라인 쇼핑몰에서 고객들의 후기를 듣는 것이나 마찬가지다. 빌딩을 사용하는 임차인들로부터 의견을 듣는 것은 빌딩 빅데이터 수집에 있어 가장 기본인 것이다. 빌딩을 운영하는 과정에서 발생하는 데이터를 체계적으로 수집하면 그 속에서 효율적인 운영 방식과 개선점을 찾아내는 데 유용하다.

정기적으로 빌딩을 사용하는 임차인들로부터 의견을 듣는 임차인 만족도 조사 또는 설문 조사를 통해 사용자 피드백을 모으고 그 내용을 바탕으로 더 나은 빌딩 서비스를 제공할 수 있는 인사이트를 찾아내도록 하자. 보통, 임차인 만족도 조사는 이메일이나 온라인 접속이 가능한 형태로 만들어서 간략하게 설문을 작성할 수 있도록 만들어서 발송한다. 요즘은 구글이나 네이버에서 제공하는 설문 기능을 통해 손쉽게 만들고 그 링크를 공유할 수 있다. 반기 또는 1년에 한 번씩 정기적인 기간을 정해 빌딩 상황에 맞는 질문 리스트를 만들어 놓으면 좋다.

임차인 만족도 조사는 형식적으로 하면 의미가 없다. 무엇보다 빌딩운영에 대한 실질적인 피드백을 사용자로부터 받는 게 중요하다. 따라서 참여율을 높이기 위해 임차인의 담당자가 모든 임직원들에게 보낼 수 있도록 홍보하고 빌딩에서 활용할 수 있는 방법을 사용하여 공지사항 등으로 표출하는 게 좋다. 이벤트 참여자들에게는 기프티콘이나 모바일상품권 같은 경품을 지급하여 설문조사가 즐거운 일이 되도록 하는 것이 참여율을 높이고 더 상세한 정보를 얻을 수 있다.

서비스 수준이 높은 대형 빌딩 관리업체에서는 전문적인 콜센터를 운영하기도 한다. 빌딩을 사용하는 임차인들의 다양한 질문과 불편 사항들을 전화로 접수 받아 해당 업무를 처리할 부서에 전달하는 것이다. 콜센터 직원들은 빌딩과 관련된 기본적인 질문에 대한 답변이 가능한 수준으로 교육을 받는다. 이외에 유선상으로 처리가 불가능하거나 직접 답변하기 어려운 요청사항은 실무에 있는 각 담당자를 연결한다. 예를 들어, 빌딩주차에 관한 업무이면 주차를 담당하는 직원에게 전하고 임대차계약에 관한 것은 임대담당자를 연결시켜 준다.

이런 콜센터를 운영하는 것은 업무 효율성을 크게 높여준다. 임차인들도 질문이나 불만사항이 있으면 담당자를 찾을 필요 없이 한 곳에 연락을 하면 된다. 이렇게 임차인들로부터 접수되는 유형의 질문을 모아 분석하면 빌딩 서비스 개선에 활용이 가능하다. 누적된 질문을 분류하여 어떤 불편들이 가장 많이 접수되었는지 확인하고 반복되는 민원은 현장을 확인하는 것이다. 예를 들어, 실내 온도와 관련된 민원이 반복적으로 접수되는 곳의 시간과 위치를 파악해 두면 해당 직무의 담당자가 그 원인을 파악하여 그런 상황을 감안하여 실내 온도를 미리 조절할 수 있다.

실제로 필자가 운영하던 빌딩에서는 주차장 램프를 출입하는 차량들의 통행안전을 위해서 차선 역할을 하는 연석을 설치했는데 이로 인한 사고나 불편 민원이 지속적으로 발생하여 다른 대체품으로 교체를 하기도 했다.

보통 불편접수나 민원들을 빌딩 관리팀에서 처리하는데 이를 기록하기는 하지만 제대로 관리하여 분석하는 일까지 하는 경우는 많지 않다. 이런 상황들은 데이터를 축적하고 관리하지 않으면 당장 눈앞의 일만 처리하기에 급급하고 근본적인 원인을 찾지 못할 수 있다. 또, 빌딩에는 근무자들이 교대 근무를 하기도 하고 새로운 근무자들이 오기도 한다. 그럴 때 이런 분석 데이터를 잘 활용하면 효과적인 업무 처리는 물론 빌딩운영을 개선할 수 있는 문제나 원인을 찾아낼 수 있다.

중소형 빌딩 같은 경우는 콜센터 수준까지는 아니더라도 확인된 민원 내용을 시기별, 유형별, 직종별 등으로 분류하고 정기적으로 정리하는 정도만 해도 유용한 운영 관련 정보들을 찾아낼 수 있다. 이를 통해 미리 대비할 수 있는 업무들을 처리하고 만약 인원이 부족하거나 서비스가 미비한 곳이 발견되면 이를 개선해 나갈 수 있도록 준비할 수 있다.

최근에는 빅데이터를 활용하여 챗봇을 학습시켜 빌딩에서 자주 발생하는 민원에 대해서는 자동으로 답변을 할 수 있게 하는 솔루션들도 등장하고 있다. 다양한 서비스 영역에서 활용하고 있는 상담 채팅 등을 운영하는 방법도 고려해 볼 수 있다. 이를 활용하면 마치 빌딩에 콜센터를 보유한 것과 같은 효과를 내고 인력 운영도 효율적으로 할 수 있다. 무엇보다 사용자인 임차인과 실시간으로 커뮤니케이션을 하고 신속하게 대응할 수 있게 되어 빌딩의 운영 수준을 한 층 높일 수 있을 것이다.

빌딩을 운영하다 보면 불편 사항들이 발생할 수 있다. 이때 가장 중요한 것은 커뮤니케이션이다. 대부분의 경우 내가 제기한 불만이나 불편 사항에 대해 정확한 답을 듣고 싶어 한다. 대개 시간이 걸리는 일들도 많기 때문에 어떤 경과로 처리가 되고 있는지를 알려주기만 해도 사용자는 어느 정도 이해를 해준다. 하지만 현업에서는 사용자들에게 피드백이 제대로 이루어지지 않는 경우들도 종종 있다. 예를 들어, 고객의 불만이 접수 되고 나서 현장에서는 업무를 바로 처리하였다고 끝내는 경우가 대부분이다. 더 나은 서비스를 제공하는 빌딩에서는 민원의 처리 경과는 물론 처리가 완료되면 불만을 접수한 사람에게 알려준다. 이런 것은 사소한 것 같지만 임차인과의 커뮤니케이션을 통해서 빌딩의 문제점을 찾아내고 관계를 더 돈독하게 만드는 역할을 한다.

만약 어떤 임차인이 불편함을 개선해 달라는 요청이 있었지만 처리 결과에 대해 듣지 못했다고 하자. 아마도 사용자들은 불만이 있어도 앞으로 더 이상 말하지 않을 가능성이 높을 것이다. 심지어 어느 곳에 말해야 할지 몰라 그냥 넘어가는 일도 있을 것이다.

빌딩의 운영자는 임차인 만족도 조사나 불편접수 창구를 통해서 서비스를 제공하는 운영자와 임차인들 간의 커뮤니케이션을 할 수 있는 통로를 만들어 놓는다면 운영에 필요한 중요한 정보들을 축적할 수 있을 것이다. 빅데이터의 중요성은 앞으로 더 부각될 것이다. 그리고 빌딩에 IoT 기술이 접목되는 사례는 앞으로 더 늘어날 것이다. 꼭 최첨단 빌딩이어야만 빌딩의 빅데이터를 수집할 수 있는 게 아니고 소규모 빌딩이라도 데이터 활용을 하겠다는 생각의 전환이 중요하다. 앞으로 빌딩운영자들이 빌딩을 하나의 오프라인 플랫폼으로 생각하고 여기서 발생하는 빅데이터를 활용한다면 더 나은 공간을 만들 수 있을 것이다.

07 반복 업무는 스마트하게 처리하라

빌딩운영은 해당 시기별로 정해진 일들이 사이클처럼 돌아간다. 매월 반복해야 하는 일들 가운데 가장 중요한 게 임차인들에게 임대료와 관리비를 청구하는 일이다. 매월 정해진 시기에 청구하고 입금 확인을 하고 미수가 된 곳이 있으면 통지를 하는 일을 해야 한다. 빌딩 수익의 원천인 임대료와 관리비와 관련된 일이기 때문에 실수 없이 정확하게 해야 하는 것이다. 하지만 반복적으로 하다 보면 확인 절차가 미흡하여 간혹 실수가 발생하기도 한다. 이처럼 빌딩에서 반복되는 일들은 템플릿을 미리 만들어 놓고 여러 차례 확인하는 절차를 통해 업무 간소화와 정확성을 높여야 운영의 효율성을 높일 수 있다.

임대료 및 관리비 청구 공문 등은 통지하는 내용이 동일하고 임차인 이름과 청구하는 금액, 그리고 날짜만을 변경해서 보낸다. 만약 종이로 인쇄해서 공문을 보낸다면 엑셀 프로그램 등을 활용하여 변경이 필요한 사항들을 손쉽게 바꿀 수 있는 템플릿을 만들어 놓고 사용하면 편리하다. 엑셀의 함수수식을 활용하면 간단한 자동화가 가능하다. 그리고 엑셀에 기록된 청구 자료들을 누적해서 데이터로 관리할 수 있다. 이런 청구 자료들을 자산의 월간 보고서 작성을 할 때 그대로 사용할 수 있는 형태로 정리를 해놓으면 그 활용도가 높아진다.

무엇보다 임차인들에게 청구된 금액이 정확한 것인지 확인하는 절차가 필요하다. 매번 반복되는 업무이기 때문에 지난달과 동일하게 생각하고 처리하다 보면 실수가 발생할 수 있다. 특히, 임대료나 관리비가 인상되어야 하는 시기가 있는 임차인들도 있을 수 있어 이를 미리 확인하는 절차나 검토 방법을 통해 임차인에게 청구를 하기 전에 확인해야 한다. 그리고 청구된 금액이 지난달과 비교하여 달라진 것은 없는지 엑셀 시트 상에서 자동으로 검토할 수 있는 수식을 만들어 놓고 변경사항이 있는 임차인만 확인하면 업무에 실수를 줄일 수 있다.

필자도 신입사원 시절 임대료와 관리비를 잘못 청구하여 이에 대한 해명을 하고 다음달에 정산을 해서 청구를 했던 경험이 있다. 다행히 큰 금액이 아니어서 잘 처리가 되었지만 한 번 처리할 업무를 여러 번에 처리해야 했고 눈에 보이지 않은 시간과 에너지를 낭비했던 일이었다. 변경해야 할 내용들을 확인하는 절차만 만들어 놨어도 실수를 하지 않았을 것이다. 그 이후로 업무 처리를 하는 데 점검하는 절차에 더 신경을 쓰게 되었고 착오를 줄일 수 있는 검토 방식을 청구서식에 추가하는 등의 노력을 했던 기억이 있다.

그리고 매월 청구된 임대료와 관리비 내역들은 납부일에 맞춰 제대로 입금이 되었는지 통장 내역을 통해 확인한다. 은행의 입금 내역도 대부분 엑셀 파일로 제공하기 때문에 이를 잘 활용하면 업무 절차도 간소화 할 수 있다. 앞서 임대료와 관리비를 청구하면서 작성한 엑셀 파일이나 정리된 데이터를 활용하여 은행의 입금 내역이 맞는지 확인하는 절차도 매번 번거롭다. 일일이 눈으로 확인하면서 입금 여부를 확인할 수 있지만 이런 업무들도 간소화할 수 있도록 사전에 준비를 한다면 업무를 개선할 수 있다.

임대료와 관리비를 입금하는 통장이 같더라도 청구할 때부터 따로 분리해서 입금을 할 수 있게 하고, 청구 안내문에는 통장에 입금할 때 사업자등록증상의 법인명을 기재하도록 요청을 하는 것이다.

은행에서 제공하는 입금 내역에서 임차인의 명칭이 동일하다면 앞서 청구한 금액의 합계와 통장에 입금된 내역의 합계를 엑셀 수식을 통해 손쉽게 찾아낼 수 있다. 이런 식으로 입금 확인도 업무상 반복적인 일을 줄일 수 있는 템플릿을 만들어 활용한다면 어느 정도 효율적으로 처리할 수 있다.

이렇게 청구 후 입금 내역까지 검토를 하고 나면 미납 임차인들이 정리가 된다. 미납이 되었음을 알릴 때에도 업무를 효과적으로 하는 게 좋다. 미납에 대한 내용을 알리는 것을 이메일로 통지를 먼저 하고 난 뒤에 전화 안내를 하거나 응대하는 순서로 하면 된다. 이때에도 매번 이메일을 쓰는 게 아니라 연체 알림에 대한 이메일 내용을 템플릿으로 만들어 놓고 해당 내용에서 필요한 것들만 변경하면서 사용하면 편리하다. 보통 업무상 보내는 이메일은 형식을 갖추고 필요한 내용들만 담아서 보내는 일이 많다.

따라서 주기적으로 발생하는 일이 있다면 그런 내용들을 정형화 시킨 템플릿을 미리 만들어 놓는 것도 필요하다. 예전에는 공문 형태로 작성을 해서 문서로 보내는 일이 많았지만, 최근에는 이메일도 공문과 유사한 효력이 있어 이메일을 자주 활용한다. 예를 들어, 앞서 설명한 임대료와 관리비 청구에 대한 공문, 빌딩에서 진행되는 공사 관련 안내문, 각종 시설점검 관련 안내문, 연체통지 공문 등 반복적으로 일어나는 것들을 사전에 정리해 두고 이를 복사해서 활용하는 것도 효과적이다. 때로는 업무상 신속하게 내용을 전달해야 하는 일이 있는데 그때마다 이메일을 쓰려면 글도 잘 써지지 않고 발송 전에 확인을 하는 등의 절차로 시간이 많이 허비된다. 이런 때에 내부에서 정해진 양식으로 활용하는 템플릿을 사용하면 시간을 절약할 수 있다.

또, 임차인 업무담당자들의 이메일도 매번 검색해서 보낼 것이 아니라 그룹으로 묶어 놓고 한 번에 일괄 발송을 할 수 있도록 미리 이메일 발송자 명단도 정리하여 준비해 놓는 것도 좋은 방법이다. 업무를 하면서 반복되는 패턴의 수신자가 있다면 이와 같이 이메일 시스템을 활용하여 발송그룹을 지정해 놓으면 편리하다. 처음에는 이를 정리하는 게 시간이 걸리겠지만 한 번 정리를 해놓으면 불필요한 시간의 낭비를 줄일 수 있다.

이외에도 빌딩을 운영하다 보면 반복적이지 않거나 정기적이지 않은 업무이지만 놓치면 안 되는 중요한 일들도 있다. 예를 들어, 법적인 정기점검이나 임차인별 임대료의 조정 같은 업무들이다. 그런 일들이 몇 달 뒤에 있거나 확인해야 하는 기간이 다소 길다면 스케줄 입력을 할 수 있는 인터넷의 서비스 등에서 제공하는 캘린더를 사용하여 미리 알람 설정을 해놓으면 업무를 놓치지 않고 제때 잘 처리할 수 있다.

보통 부동산 전문가들이 운영하는 대형 빌딩들이나 기업들이 보유한 빌딩들을 운영하는 곳에서는 부동산 운영관리를 편리하게 할 수 있는 업무 시스템들이 잘 갖춰져 있다. 다만, 이런 업무툴을 구축하고 운영하려면 비용도 만만치 않게 들기 때문에 작은 규모의 빌딩에서는 효율성이 떨어진다. 게다가 이런 시스템을 운영하기 위해 사용법을 배워야 하는 단점도 있다. 단순히 업무 효율화의 목적을 얻기 위해서는 빌딩에서 발생하는 반복적인 업무가 무엇인지 확인하고 엑셀 같은 소프트웨어나 인터넷 캘린더의 알림 기능 등을 활용해도 충분할 것이다.

08 빌딩의 성적표, 운영보고서를 작성하라

대학교를 다니면 학기마다 학점으로 평가를 받는 것처럼 빌딩에도 운영에 대한 성적표가 있다. 빌딩운영자는 임차인으로부터 임대료와 관리비를 받고 공간 사용과 관련한 서비스를 제공한다. 그 과정에서 다양한 비용들을 지출하고 나면 운영수익이 얼마가 남았는지 여부를 숫자로 표시할 수 있다. 지금까지 빌딩을 어떻게 운영했고 앞으로 어떤 결과가 예상되는지 알 수 있는 빌딩의 성적표가 바로 운영보고서이다.

빌딩을 부동산 투자상품으로 운영할 때는 물론 단순히 사옥 용도로 사용하더라도 운영보고서는 반드시 작성해야 한다. 또, 아무리 작은 빌딩이더라도 수입과 지출 내역을 정확하게 파악하고 있어야 한다. 그래야 빌딩의 전반적인 재무상황을 쉽게 모니터링 할 수 있기 때문이다. 앞서 설명한 빌딩의 운영예산을 바탕으로 매월 발생한 실적을 정리하여 빌딩운영 보고서를 작성해 보도록 하자.

빌딩운영 보고서를 작성하면 매월 예산 대비 실적의 결과를 비교해 보며 각각의 계정별로 성과를 분석해 볼 수 있다. 매월 빌딩의 운영성적을 정리하면 어떤 일이 있었는지 쉽게 알 수 있다. 예를 들어, 어떤 항목이 예산을 초과하여 사용했는지, 계획했던 일들을 집행했는지 숫자를 통해 즉시 확인할 수 있다. 그리고 이를 바탕으로 앞으로 운영계획에는 문제가 없을지 예측을 해 볼 수 있다.

빌딩운영 보고서는 정해진 양식이나 규정이 있는 것은 아니어서 빌딩의 상황에 따라 필요한 항목으로 구성하면 된다. 그러면 빌딩운영 보고서를 작성할 때 어떤 내용들을 정리하면 좋은지 하나씩 항목을 살펴보도록 하자.

운영 실적요약

빌딩운영 보고서의 전체 내용을 간략하게 요약하는 페이지이다. 연초에 세워둔 월간 예산과 해당 월의 운영실적을 숫자로 정리하여 비교한 것을 한눈에 알아볼 수 있도록 작성한다. 운영실적에 대한 내용을 요약하고 분석한 후 간략하게 서술해 작성해 둔다. 이외에 임대현황 분석이나 해당 월에 주요한 일들이 있었다면 작성한다.

빌딩의 임대현황을 정리하거나 예산 대비 실적의 비교 결과와 실적을 분석한 내용 중 중요한 내용을 작성하여 해당 월의 보고서 내용을 함축할 수 있게 작성한다. 임대현황 등은 표로 작성하거나 예산 대비 실적 등의 결과를 그래프 등 시각적으로 보기 편하도록 작성하기도 한다.

재무요약

빌딩의 운영 결과를 숫자로 정리한 재무관련 내용을 요약한다. 빌딩의 손익계산서를 작성하여 빌딩의 수입과 지출 항목의 결과를 표로 작성한다. 표에 나타난 결과를 분석하고 관련 내용을 작성한다. 예를 들어, 임대료 수입은 예산 대비 증가했다면 예상한 것보다 임대가 더 잘 되었다거나, 그로 인해 수도광열비 등의 에너지 비용이 더 증가했다는 등의 재무분석 내용을 작성한다. 재무요약에는 해당 월에 빌딩운영에 큰 영향을 주었던 수입과 비용 중 핵심적인 내용들만 간단하게 작성한다.

예산 대비 실적 분석

앞서 작성한 재무요약보다 더 자세하게 운영실적을 작성한다. 예산을 작성했을 때 각 계정 항목별로 예산과 실적을 비교할 수 있도록 표로 정리한다. 예산 대비 운영실적을 보면 어떤 항목에서 증가와 감소가 나타났는지 알 수 있도록 정리한다. 계정 항목별로 나타난 결과의 세부적인 사항까지도 분석하여 작성해 놓는다. 이렇게 해당 월에 월간 실적을 비교한 것은 물론 매월 누적된 실적도 함께 볼 수 있도록 한다. 그러면 그 해 달성해야 할 목표가 현재 시점에서 어느 정도인지도 살펴볼 수 있다.

신규임대 및 재계약, 변경계약

빌딩수익에 가장 큰 영향을 끼치는 것은 임대차계약 관련 사항들이다. 이곳에는 그 달에 발생한 임대차계약에 관련된 내용을 정리한다. 당월에 체결된 신규계약, 재계약 및 변경계약 등을 정리하여 임대 관련 변동사항들을 한 번에 볼 수 있도록 작성한다.

임대계약 만료

그 달에 만료된 임대차계약의 목록과 향후 계약 만기가 도래하는 임차인의 목록을 정리한다. 계약만료 시를 대비하여 신규 마케팅 준비를 하거나 재계약의 협상 등을 사전에 준비할 수 있도록 관련 임차인에 대한 계약사항들도 간략히 표시한다.

당월에 계약 만료되는 사항뿐만 아니라 1~3개월 내에 만료되는 임대차계약 그리고 6개월 또는 1년 내에 만기가 도래하는 임차인 등으로 시기를 구분해서 정리해 놓으면 편리하다.

연체내역

임차인에게 청구한 임대료나 관리비가 납부되지 않은 당월 미수 현황을 정리한다. 연체 내역에는 단순하게 실수로 발생한 것인지 아니면 임차인에게 어떤 문제가 있는 것인지 그 내용을 간략하게 기재해 놓는다. 향후 지속적인 관리가 필요한지 여부를 판단할 수 있는 정보를 작성한다.

시장분석 및 마케팅

빌딩이 입지한 곳의 주변 경쟁 빌딩들을 분석하고 그 현황을 작성한다. 경쟁 빌딩의 임대율이나 임대료와 관리비를 분석한 순점유비용(NOC: Net Occupancy Cost) 등을 비교한다. 현재 임대료나 관리비는 적정한지를 파악하고 향후 임대 전략을 수립하는 정보로 활용한다.

에너지 분석

빌딩운영에 있어 인건비와 함께 비용에 있어 많은 부분을 차지하는 수도광열비 사용량을 분석하여 정리한다. 전기료, 수도료, 가스료 등의 각 항목을 예상했던 부분과 실제 사용량 등을 비교하여 정리한다. 예산과 큰 차이가 있었다면 그 원인과 내용을 작성한다.

수선 유지보수 및 공사

빌딩에서 발생한 주요 수선 유지보수 진행 상황을 정리한다. 또, 신규 임차인의 입주로 인한 인테리어 공사나 퇴거로 인한 원상복구 공사 등 계획된 공사들을 정리한다. 또, 현재 진행 중인 공사가 있다면 진행현황 등을 작성한다.

임대차현황(Rentroll과 Stacking Plan)

해당 월을 기준으로 임차인의 주요 계약사항이 정리된 Rent Roll
과 입주현황을 정리한 Stacking Plan을 작성한다.

이렇게 위에서 설명한 항목 등을 바탕으로 운영보고서를 구성해
보도록 하자. 매월 내용을 충실하게 잘 정리해 놓으면 빌딩의 전반
적인 상태를 일목요연하게 알 수 있다. 월간 실적을 누적하여 관리하
고 분기 또는 반기별로 중간 점검을 하면서 연간보고서까지 작성하
면 연초에 정해진 계획에 따라 자산을 관리할 수 있다.

운영보고서의 결과를 확인하면서 예산 작성 시에 세웠던 목표에
대한 달성률도 확인할 수 있다. 이렇게 정리된 정보를 활용하여 다
음 년도 예산 작성시 어떤 점들을 고려해야 할지 자연스럽게 알 수
있게 된다.

PART 4

우량 임차인이 핵심이다

PART 4 우량 임차인이 핵심이다

01 우량 임차인도 트렌드가 있다

우량 임차인의 정의는 무엇일까? 임대료와 관리비를 잘 납부하는 임차인, 장기계약으로 꾸준한 현금흐름을 확보해 주는 임차인, 넓은 면적을 사용하고 있는 임차인 등 관점에 따라 여러 가지로 정의할 수 있을 것이다. 보통 우량 임차인을 키 테넌트(Key Tenant), 앵커 테넌트(Anchor Tenant)라는 전문 용어를 사용하는데 말 그대로 빌딩에 있어서 열쇠나 배의 닻처럼 중요한 역할을 하는 임차인을 지칭한다.

사회 경제가 변하면서 빌딩에 대한 수요를 이끄는 우량 임차인도 계속 달라진다. 이런 변화는 빌딩 1층에 입주하는 리테일 임차인들의 변화나 사무실의 대형 면적을 사용하는 임차인들의 변화를 살펴보면 체감할 수 있다. 한때는 오피스빌딩 1층에 유명 은행들이 입점을 했던 시절이 있었다. 우량한 신용도와 함께 많은 면적을 사용하는 은행들은 빌딩에 유치하고 싶은 임차인이었다. 은행들은 대부분 보유 현금이 많아 월세보다는 전세 형태의 계약이 많았다. 그러나 오피스 빌딩도 수익형 부동산으로 각광 받으면서 계약의 형태를 점차 월세 형태로 변경하였다. 그리고 지속되는 저금리 현상으로 은행의 수익은 악화되고 인터넷 뱅킹이나 핀테크 등의 발달로 은행점포를 유지하는 게 큰 의미 없는 시대로 변해 갔다.

그렇게 1층을 차지하던 은행들의 빈자리를 커피를 판매하는 유명 프랜차이즈들이 채워나갔다. 커피를 즐기는 인구가 늘어나는 만큼 커피 프랜차이즈들의 점포들도 증가했다. 출퇴근 시간 또는 짧은 점심시간에도 매출이 발생하고 사람들과의 미팅장소로 선호하다 보니 1층 매장의 높은 임대료를 감당할 수 있는 우량 임차인으로 등극하였다. 게다가 빌딩에 유명 프랜차이즈의 점포가 입점을 하면 빌딩 인지도에도 도움이 된다. 사람들이 빌딩을 찾을 때 커피 프랜차이즈의 위치를 통해 확인하기도 하고 약속 장소로 자주 이용하다 보니 빌딩의 이름까지 자연스럽게 알려지게 된다. 게다가 점포 매출이 높다 보니 임대차계약도 지속될 가능성이 높고 안정적이어서 빌딩에서 선호하는 임차인이 되었다.

최근에는 주요 도심 빌딩의 대형공실을 채워주는 해결사가 된 공유오피스가 우량 임차인으로 등장했다. 공유경제의 성장과 함께 새로운 비즈니스 모델로 등장한 공유오피스는 스타트업 붐과 함께 주요 도심의 오피스빌딩을 중심으로 지점을 넓혀 가면서 각 빌딩의 앵커 테넌트로 자리 매김을 하기 시작했다. 기존·오피스빌딩보다 유연한 임대차계약과 자유롭고 개성 넘치는 공간 구조를 제공하면서 빌딩 임대시장에 새로운 강자로 등장했다. 물론 공유오피스의 비즈니스 모델은 전대차계약으로 돈을 버는 구조로 임대인과 경쟁하는 비즈니스라고 하기도 하지만 계속해서 진화해 가면서 발전하고 있다.

그리고 앞으로 빌딩에서 키 테넌트나 앵커 테넌트의 역할을 할 수 있는 임차인들이 많이 생길만한 분야는 아마도 성장하고 있는 스타트업들일 것이다. 창업 열풍과 함께 국내에서도 많은 기업들이 생겨나고 있고 그런 과정에서 글로벌 유니콘 기업들도 탄생하고 있다. 이런 신생 스타트업들은 전통적인 비즈니스를 하는 기업과는 달리 기술기반의 플랫폼 회사들로 그 성장 속도가 매우 빠르다.

또, 이런 기술기반의 플랫폼 기업들은 사람의 창의성에 기반한 아이디어가 중요하다. 그래서 임직원들을 위한 휴게 공간이나 편의시설 등에 대한 투자를 많이 하고 있어서 임대공간이 넓어지고 있다. 무엇보다 짧은 기간 안에 크게 성장하여 많은 면적을 필요로 한다는 점에서 우량 임차인이 될 가능성이 크다. 특히, 이런 IT 기반의 기업들이 선호하는 지역인 강남에는 공실이 없는 편이고, 판교나 분당의 대형 오피스들의 면적까지 흡수하는 업종이 스타트업이나 기술기반의 플랫폼 기업들이라는 것이 이를 증명해 주고 있다.

그렇다면 어떻게 변화하는 트렌드를 빨리 읽고 우량한 임차인들을 발굴할 수 있을까? 장기계약을 해서 오랫동안 빌딩에 있는다고 해서 꼭 좋은 임차인이라고 할 수 없다. 같은 공간이라고 해도 더 많은 가치를 창출할 수 있는 임차인이 더 높은 임대료를 낼 수 있다는 점에서 우량 임차인을 판단해야 한다. 지금 어떤 산업이 성장하고 있고 그 산업의 인력들은 어떤 입지를 선호하는지 그 트렌드를 읽고 우량 임차인을 내 빌딩에 끌어들일 계획을 세워야 한다.

우선 시장의 변화와 움직임을 앞서 감지해야 한다. 그러기 위해 전통적인 대기업들의 움직임도 중요하지만 몇 년 사이 크게 성장하는 신생기업이나 스타트업 등을 잘 살펴보는 것도 좋다. 특히, 스타트업 업계는 산업의 변화가 가장 빠르게 일어나는 곳이기도 하다. 쉽게 판단하기는 어렵겠지만 정부가 지원하는 사업분야나 벤처투자자들이 투자를 확대하는 회사들에 관심을 갖고 지켜보는 일도 중요하다. 그래서 어떤 산업 분야가 미래 성장 가능성이 있는지 파악하고 그런 회사들을 내가 운영하는 빌딩으로 유치할 수 있는 방법들을 고민해 봐야 할 것이다.

특히, 빌딩은 대부분 법인들의 수요가 많기 때문에 앞으로 사세가 확장이 될만한 회사들을 발굴하여 미래의 잠재고객으로 영업활동을 하는 것도 필요하다. 벤처투자자들이 앞으로의 성장성을 보고 투자를 하는 것처럼 기업의 성장은 임대공간의 확장이라는 측면으로 해석해 볼 필요도 있다.

실제로 이런 기업의 성장 기회들은 공유오피스 사업자들이 가장 잘 활용할 수 있는 환경이다. 초기 스타트업들이 입주를 많이 하고 있고 이런 기업들과의 오랜 관계 속에서 사세가 확장이 되면 공유오피스 내부의 공간을 더 많이 사용하게 된다. 공유오피스 사업자들은 성장하는 기업을 찾기 위해 씨앗을 뿌리듯이 여러 신생 기업들의 활동을 지켜보면서 발전할 수 있도록 지원하는 전략을 펴고 있다. 그렇게 수많은 기업 가운데 몇 개 회사만 성공한다고 해도 임대 공간에 대한 추가 수요가 늘어날 가능성은 더 높아지게 되는 것이다.

경쟁이 치열해지는 빌딩 임대차 시장에서 살아남기 위해서는 고객인 임차인의 동향을 파악하고 새로운 임차인을 발굴을 하는데 더 적극적으로 나서야 한다. 앞으로 성장하는 산업이 어떤 분야인지를 알아내고 해당 분야의 잠재고객을 유치하는 일에 중점을 둬야 할 것이다. 그래야 키 테넌트나 앵커 테넌트가 될만한 임차인을 내가 운영하는 빌딩으로 입주시킬 수 있을 것이다. 앞으로 빌딩운영자들은 임차인의 성장이 빌딩가치의 상승이라는 관점에서 크게 성장할 만한 우량 임차인을 찾는 데 힘써야 할 것이다.

02 임차인은 왜 빌딩을 떠나가는가

빌딩은 사옥으로 사용하는 것이 아닌 이상 임차인은 언젠가는 빌딩을 떠나게 된다. 그렇다면 빌딩의 최종 사용자인 임차인들은 왜 다른 곳으로 가는 것일까? 어떤 이유 때문에 새로운 빌딩으로 이전하려는지 그 이유를 알 수 있다면 그것을 바탕으로 임차인들이 오래 머물 수 있는 더 나은 빌딩 서비스를 제공할 수 있을 것이다.

그리고 빌딩운영자는 임차인들이 빌딩을 떠나는 원인과 이유를 분석한 정보를 통해 새로운 임차인 마케팅에 이를 활용하면 좋을 것이다. 그러면 임차인들이 왜 빌딩을 이전하는지 그 이유를 하나씩 살펴보도록 하자.

임차인이 사무실을 이전하는 이유

1) 임차면적의 증평이나 감평, 분산된 조직통합

임차인들이 사무실을 이전하는 가장 큰 이유 중에 하나는 공간의 규모 때문이다. 예를 들어, 임직원이 갑자기 늘어나서 더 큰 공간이 필요한데 건물 내에 여유가 없을 경우에 새로운 곳으로 이전을 검토하게 된다. 반대로 업황이 좋지 못해 사용공간을 줄여야 하는 경우에 불필요한 공간에 대한 비용을 절감하기 위해 다른 곳으로 이동하기도 한다. 또, 기업들은 사업전략에 따라 분산된 조직을 통합하기도 하는데 이에 따라 면적을 늘리거나 줄여가면서 새로운 곳으로 이전을 검토하기도 한다.

2) 필요한 장비나 건축설비의 부족

은행, 보험, 증권사 등 금융관련 업종들은 건물에서 제공하는 설비나 전력 등에 민감한 임차인들이다. 왜냐하면 실시간으로 금융거래를 하기도 하고 이를 위한 컴퓨터 서버를 24시간 365일 운영해야 하기 때문이다. 그래서 건물에 문제가 생기거나 사고가 발생하더라도 정전이 되지 않도록 전력설비를 2중화 하거나 비상 발전기 등의 보완설비가 필요하다. 만약 빌딩이 노후화 되어 잦은 고장이 생긴다거나 임차인이 필요로 하는 장비나 건축설비들의 요건들을 맞추지 못한다면 임차인은 더 나은 빌딩을 찾아 이전하기도 한다.

3) 보안 문제나 서비스 불만족

빌딩을 사용하는 임차인들은 대부분 기업들이다. 기본적으로 업무를 하는 곳이고 때로는 업무상 기밀을 유지해야 할 필요성이 있는 곳들도 있어, 이런 회사들은 보안이 갖춰진 곳을 선호한다. 외부 사람들이 쉽게 빌딩에 들어올 수 있는 곳은 도난이나 사고 등에 취약할 수밖에 없다. 따라서 이런 보안 서비스가 잘 갖춰진 빌딩을 찾아 이전을 하기도 한다. 예를 들어, 빌딩 내부로 들어가기 위해서 안내데스크에서 출입증을 교환하고 로비에 있는 스피드 게이트를 통과해야 하는 것만으로도 큰 보안 효과를 얻을 수 있다. 이런 업무를 위한 인력이 필요 없기 때문에 임차인은 그만큼 비용절감도 되고 안전한 공간을 확보할 수도 있다.

또, 빌딩에서 제공하는 냉난방 온도나 미화 서비스의 품질 등에 대한 불만족으로 더 나은 서비스를 찾아 빌딩을 이전하기도 한다. 회사는 임직원들이 쾌적한 근무환경에서 일할 수 있도록 해줘야 한다. 더 나은 환경제공을 통해 업무 생산성을 높여 회사가 성장할 수도 있고, 근무환경이 좋으면 직원채용에도 유리하기 때문이다.

4) 사무실의 환경 개선

보통 회사가 처음 빌딩에 입주하면 내부 인테리어 공사를 하고 사무가구들도 새롭게 꾸미고 최적의 업무환경을 만든다. 그렇지만 시간이 흐르면 빌딩도 노후화되어 내부공간도 낡고 사무실의 환경도 입주할 때만큼 쾌적하지 못하게 된다. 일정 시간이 흘러 적정 시점이 되면 임차인은 사무실 환경 개선을 위한 계획을 세우게 된다. 이때에 신축 건물이나 지금보다 더 나은 곳으로 이전을 검토하는 경우도 있다. 건물의 생애주기가 끝나가면 재건축이나 리모델링을 하듯이 임차인들도 시간이 지남에 따라 더 나은 업무환경을 위해 이동을 하는 것이다.

5) 회사 내부의 정책 및 전략 변경

회사는 이윤을 추구하는 곳이기 때문에 영업전략의 변경이나 사업계획의 변화에 따라 새로운 장소로 이동을 해야 하는 일이 생기기도 한다. 예를 들어, 업무상 협력하고 의존해야 하는 관계회사가 다른 지역으로 이전해서 이를 따라 이전해야 하기도 한다. 기업들과 협력사 관계인 회사들이 그런 대표적인 예라고 할 수 있다. 협력하는 회사와 가까운 곳에 있어야 하거나 필요로 하는 지역에 위치해야 하기 때문에 이전을 한다.

또, 새롭게 개발된 업무지구의 성장으로 인해 영업전략상 지점이나 분점을 이전해야 하는 일도 생긴다. 보험사 같은 영업대리점 형태의 사무실을 운영하는 경우가 이에 해당한다.

6) 회사의 인지도 및 이미지 개선

회사의 홍보마케팅 차원에서 인지도를 높이기 위해 이전을 하는 사례도 있다. 이름이 없는 작은 빌딩에 있다가 주요 도심의 프라임급 빌딩으로 이전하는 것이다. 회사를 이전하면서 홍보마케팅을 하고 누구나 알만한 곳에 입주를 했다는 것만으로 회사의 인지도를 높일 수 있기 때문이다. 또, 이런 빌딩에 입주를 했다는 것은 회사가 재무적인 능력도 갖췄다는 것을 간접적으로 보여줄 수 있다.

또, 같은 업종이 많이 입주해 있는 빌딩으로 이전해서 업무의 시너지를 내고 이미지를 개선하기 위한 목적으로 이전을 한다. 예를 들어, 신생 자산운용사가 금융권 회사들이 많은 여의도 권역의 프라임 빌딩에 입주해서 회사가 견실하게 성장하고 있음을 간접적으로 보여주기도 한다.

이와 반대로 임차인들이 빌딩을 선택할 때 어떤 요소들을 주로 살피는지 알 필요가 있다. 빌딩 이전 시에 검토하는 다양한 이유가 있겠지만 각 회사별로 중점을 두는 게 다를 것이다. 따라서 빌딩의 운영자는 현재 상태에서 임차인들이 선호하거나 검토요소로 살피는 것들을 파악하고 있어야 한다. 그 중 제공 가능한 것들이 있다면 임차 가능성을 더욱 극대화할 수 있게 관리하고 마케팅을 하는 것도 좋은 전략이 될 수 있다.

임차인들이 이전 시 검토하는 것들

1) 입지 및 교통

임차인들이 이전을 검토할 때 가장 중요하게 보는 요소는 무엇보다 입지이다. 어느 곳에 위치하느냐에 따라 업무동선은 물론 임직원들의 출퇴근 등에 영향을 줄 수 있기 때문이다. 회사 특성에 따라 선호하는 교통수단이 제대로 갖춰져 있는지 여부도 중요한 결정 요인이 된다. 영업용 차량을 많이 사용하는 경우에는 빌딩내에서 제공하는 주차대수까지 검토하기도 한다.

- 직원들의 출퇴근 : 직원들이 사무실에 출퇴근하는 방법, 소요시간 및 거리
- 대중교통 : 고객 및 직원들을 위한 주변 대중교통 현황, 주요 정체 시간대
- 공항교통 : 해외 출장 및 해외 고객사 방문시 공항으로의 접근성
- 배송업체 : 업무 관련 배송 서비스 업체들이 주변이 있는지 여부
- 고객방문 : 고객들이 회사를 찾기 좋은 위치인가
- 고객접대 : 고객들이 방문했을 때 대기하거나 안내할 만한 곳이 있는지 여부

2) 주변 시설

회사 주변에 직원들이 식사를 할 수 있는 음식점들이 고루 분포하고 있는지 확인해야 한다. 식사를 위해 먼 거리를 이동해야 하거나 선택할 만한 식당들이 많이 부족하다면 구내식당 등을 계획하는 것도 생각해야 하기 때문이다. 출장 방문객들이 많은 회사라면 머물 수 있는 호텔과 같은 숙박시설들이 있는지 여부도 중요하다. 이와 함께 주변에 편의시설들도 충분히 있는지 확인해야 한다.

- 음식 : 주변에 식사를 하거나 점심을 먹을 곳들이 적정하게 있는지 여부
- 호텔 : 출장 방문객을 위한 숙박시설이 가까이 있는지 여부
- 주변 편의시설 : 은행, 약국, 쇼핑몰 등 편의시설이 있는지 여부

3) 평판과 채용

회사에 따라서 해당 지역의 이미지나 명성을 고려하기도 한다. IT나 스타트업들이 모여있는 지역이라든지 공공기관들이 모여 있는 곳 등이 바로 그런 예라고 할 수 있다. 또, 같은 건물이나 주변에 입주해 있는 임차인들의 구성도 검토를 해서 이전지역을 결정하기도 한다.

- 지역의 이미지나 명성 : 좋은 평판을 가지고 있는 곳인가
- 관련 업체: 업무상 관련이나 협력이 필요한 회사들과의 인접성 이나 위치를 고려
- 주변 임차인 : 경쟁업체이거나 혹은 문제를 일으킬 수 있는 임차 인인지 여부
- 고용 및 인력 수급 : 직원채용을 위한 적정한 위치인가

4) 기타 사항

이밖에 업종에 따라 소방서나 병원 같은 위급한 상황에 대처 가능한 시설이 있는 곳을 찾기도 한다. 또한, 지금은 아니더라도 향후 장기간 공사 등으로 소음이나 교통에 불편을 겪을 만한 것들이 주변에 없는지를 살펴 이전할 곳을 선정해야 한다. 예를 들어, 지하철 공사가 예정이 되어 있는지, 인근 건물에서 신축 공사가 진행되는지 여부도 살펴보아야 한다.

- 응급치료 : 위급한 상황에 대처할 가까운 병원 등이 있는지 여부
- 공사 : 주변에 공사 현장이 있는지 여부

빌딩운영자는 임차인들이 왜 떠나는지를 파악하고 또 임차인이 새로운 빌딩을 찾을 때 어떤 점들을 눈 여겨 보는지를 알고 있어야 한

다. 그래야 편향되지 않고 객관적으로 빌딩의 경쟁력을 갖추려면 어떤 점이 필요한지 알 수 있다. 이런 정보들을 바탕으로 임대 에이전트들과 소통을 하면서 공실 해소를 위해 어떤 성향의 임차인들을 타겟으로 마케팅을 하면 좋은지를 알려주는 것도 필요하다. 또, 빌딩에 부족한 요소를 강화하기 위해 향후 예산을 잡거나 수선계획을 수립할 때 이를 반영해야 한다.

O3 우량 임차인이 좋아하는 빌딩의 요소들

빌딩은 누가 건축하고 어떻게 운영할지 그 계획에 따라 구성요소가 크게 달라진다. 외관상으로는 크게 다를 게 없어 보이기도 하지만 빌딩의 각 구성요소에 따라 어떤 임차인은 아예 입주를 할 수가 없는 경우도 있다. 외국계 임차인들 중에는 입주가 가능한 빌딩에 대한 내부 가이드라인이 이미 정해져 있어 관련 내용들을 다 충족해야만 입주할 수 있는 경우도 있다.

만약, 빌딩이 임차인들이 선호하는 요소들을 잘 갖추고 있다면 치열한 임대시장에서 다른 빌딩보다 경쟁에서 우위를 점할 수 있을 것이다. 그러면 우량 임차인들이 좋아하는 빌딩의 요소들이 어떤 것인지 알아보도록 하자. 이를 통해 현재 운영하는 빌딩과 비교해 보면서 어떤 점들을 보완해야 할지 생각해 보는 것도 좋을 것이다.

1) 설비나 시설의 스펙

겉으로 드러나지는 않지만 빌딩 구성요소 중 중요한 것은 그 내부에 설치된 각종 설비들의 용량과 기능이다. 예를 들어, 전기 사용량이 많은 임차인이라면 빌딩에서 제공할 수 있는 전력량이 충분해야 할 것이다. 또, 비상시에도 안정적인 전기 공급이 가능하도록 비상발전설비들도 잘 갖춰져 있다면 더 좋을 것이다.

2) 임차인의 구성과 유형

빌딩에 입주한 임차인들과 시너지 효과를 낼 수 있다거나 직접 또는 간접적으로 도움이 될 만한 임차인으로 구성되어 있는 것도 중요하다. 금융 관련 임차인이 모여 있어서 업무상 협업하는데 도움이 된다거나 연관된 회사들이 이미 입주해 있는 경우이다. 이런 회사들이 입주해 있다는 것은 해당 빌딩이 회사의 입지로서 장점이 있다고 해석할 수 있는 것이다. 기존 회사들도 여러 가지 사항들을 고려하여 입주결정을 했을 것이기 때문이다.

3) 엘리베이터

건축 기술이 발달하면서 많은 인원을 수용할 수 있고 더 좋은 전망을 가진 고층빌딩들이 많아졌다. 그에 따라 임차인들의 층간 수직이동을 위해 꼭 필요한 것이 엘리베이터이다. 빌딩에서 엘리베이터 사용이 불편하면 임차인들의 불만이 크게 증가한다. 사용자들이 불편을 겪지 않을 정도의 적정한 엘리베이터 수를 보유하고 있어야 하고, 층별 상주인원도 적정하여 쾌적한 사용이 가능하다면 임차인들의 선호도는 올라간다.

4) 냉난방과 화장실

업무공간으로 사용하는 빌딩은 하루 중 잠자는 시간을 제외하고 가장 오래 머무는 공간이다. 사람이 활동하는데 가장 편안한 환경을 제공해 주고 생리현상을 불편 없이 해결해 줄 수 있어야 한다. 냉방과 난방 온도를 계절 변화에 맞게 제공해 주거나 그런 설비들을 문제없이 설치할 수 있어야 한다. 또, 화장실은 상주 인원들의 사용량을 감안하여 적절한 수량의 좌변기, 소변기, 세면대 등이 설치되어 있어야 한다.

5) 공용공간과 편의시설

최근에는 임차인들의 내부 공간구성을 보완해 주는 회의실이나 라운지 같은 공용공간을 갖춘 빌딩들도 생겨나고 있다. 예를 들어, 빌딩에서 소형 미팅룸과 대형 회의실을 만들어서 제공하고 임차인들에게 무료로 제공하거나 할인된 가격으로 사용할 수 있도록 하는 것이다. 또, 외부 손님들이 방문했을 때 미팅을 할 수 있는 라운지 등을 구성하여 임차인들의 편의성을 높이는 시설을 제공하기도 한다.

임차인들은 회사의 상황에 맞춰 위와 같이 제공하는 서비스 요소들 외에도 빌딩을 임차할 때 더 많은 것들을 꼼꼼하게 살펴본다. 다음은 빌딩을 선택할 때 세부적으로 살펴보는 것들을 카테고리별로 묶어 정리를 한 것이다. 임차인들의 시각에서 어떤 것들을 눈여겨 보는지 살펴보자. 이런 항목들은 빌딩운영자가 더 주의를 기울이고 관리해야 하는 부분이다.

임차인 입주시 빌딩현황 검토항목

1) 빌딩 개요

- 임대인 : 현재 소유자는 누구이고 어떤 목적으로 보유하고 향후 빌딩 매각계획 등을 확인
- 빌딩관리자 : 빌딩을 운영 관리하는 회사는 어떤 회사이고 어떤 수준의 서비스를 제공하는가
- 건축연도 : 최근 수선이나 리모델링 등을 진행했는지 확인
- 빌딩규정 : 빌딩운영규정에 따라 추가로 필요한 비용이나 제약사항이 있는지 검토
- 빌딩보안 : 빌딩의 보안 시스템 구성과 보안 수준 등을 확인

- 야간과 주말 출입 : 24시간 보안 가능 여부와 야간 및 주말 출입 방법
- 장애인 출입 : 장애인이 빌딩 이용에 문제가 없는지 확인

2) 위험 요소

- 홍수의 위험 : 홍수나 침수의 위험 여부를 확인하고 이를 대비한 보험 가입 여부 확인

  빌딩이 침수되면 빌딩 지하의 기계, 전기실에 있는 장비들에 손상이나 문제가 발생하고 이로 인해 건물 운영이 중단될 수밖에 없다. 물론 이런 경우 원상회복을 하는 데 많은 시간과 비용이 발생한다. 따라서 만에 하나 발생할 수 있는 침수나 물로 인해 일어날 수 있는 위험들이 있는지 확인을 해야 한다.

- 유해물질 : 석면, 유해화학물질 등 건강에 악영향을 주는 유해물질이 있는지 확인

  오래된 건물들의 경우 천정 텍스 등의 자재가 석면을 함유하고 있는 경우도 있다. 최근에는 건강에 대한 관심이 높아지면서 친환경 자재를 사용하고 사용자들의 안전에 대한 관심도 높아지고 있다.

- 공해 : 도로주변 소음, 공장 주변의 유해 공기, 항공기 소음 등 공해 발생 요소가 있는지 확인

  사무 공간의 경우 집중할 수 있는 업무 분위기를 만드는 게 매우 중요하다. 특히, 소음이나 유해 공기가 있는지 살피려면 방문 시간대를 달리해서 요일이나 시간대별로 문제가 발생할 수 있는지를 확인하는 절차가 필요하다. 특히, 주변에 공사가 장기간

진행될 것 같은 지역이 있는지도 면밀하게 살펴야 한다.

- 재난대비 : 정전을 대비한 비상발전기 보유여부, 대피용 비상계단, 피난시설 등의 상태 점검

빌딩은 많은 사람들이 모여 있는 곳으로 비상 시 대피를 할 수 있도록 기본적으로 지켜야 할 법적 요소들이 있다. 대형 빌딩의 경우 정전 시 대피를 위한 최소 전력을 유지하기 위해 비상발전기가 있어야 한다. 또, 법규에 맞게 설치된 비상계단은 어느 곳에 위치해 있고 문제가 발생할 경우 상주 인원들이 문제없이 대피할 수 있도록 관리되고 있는지 확인해야 한다.

- 화재대피 : 화재시 대피계획과 설비가 잘 갖춰져 있는지 확인

화재가 발생할 경우 빌딩 안에서 탈출할 수 있는 경로는 매우 제한적이다. 빌딩을 운영하는 주체가 화재 대피 훈련을 주기적으로 하고 있는지 또는 관련 설비들도 문제없이 점검을 하고 있는지 꼭 확인해야 한다.

3) 건축 및 기계 설비

- 기계와 전기 설비 : 기계와 전기 설비들이 최신 사양인지 확인

빌딩은 겉으로 보이는 것보다는 내부의 요소들이 중요하다. 냉난방 방식은 어떻게 이루어 지는지 또는 전기 기계 설비들의 용량들은 임차를 했을 때 충분한지 확인해야 한다. 이를 위해서 건물 운영자에게 전체적인 건물의 스펙이 정리된 정보를 받아 사전에 검토를 해야 한다. 그 다음으로 전체 스펙도 중요하지만 임차인이 사용하는 층에 배분 가능하거나 사용이 가능한 용량이 어느 정도 되는지 확인해야 한다.

- 주방 : 빌딩 내 주방 설치 가능 여부

  최근에는 임차인들이 편의시설로 간단한 주방시설이나 캔틴 등의 휴게공간을 설치하기도 한다. 인테리어를 할 때 그런 공간을 내부에 설치 가능한지도 사전에 살펴야 공간 레이아웃을 구성할 때 반영할 수 있다.

- 배수 : 주방이나 추가 화장실을 설치 시 사용 가능한 배수관이 있는지 확인

  앞서 설명한 주방을 설치하기도 하지만 경우에 따라서는 추가 화장실을 설치하는 임차인들도 있다. 이때 사용이 가능한 배관은 있는지 또는 용량은 충분한지 사전에 확인할 필요가 있다.

- OA Floor : 케이블 설치를 위한 OA Floor가 구성되어 있는지 확인

  OA Floor는 Office Automation Floor로 Access Floor라고 부르기도 하는데 건물의 바닥에 설치되어 그 안으로 복잡한 통신 선로나 전기 선로들이 지나갈 수 있도록 만든 바닥재를 말한다. OA Floor가 설치되어 있으면 사무실 레이아웃을 할 때 사무가구들을 편리하고 깔끔하게 배치할 수 있다.

- 엘리베이터 : 엘리베이터 대수 확인

  빌딩에 엘리베이터 대수는 상주 인원을 고려하여 확인을 해야 한다. 고층 빌딩에 엘리베이터가 부족하다면 빌딩의 사용자인 임차인의 만족도가 떨어진다. 따라서 적정 인원이 상주를 하고 있는지 사전에 확인을 하고 엘리베이터 대기 시간은 괜찮은지 꼭 확인을 해야 한다. 이를 확인하기 위해서는 출근 및 퇴근 시간, 점심 시간대 직접 엘리베이터 사용량을 관찰하면 어떤 상태인지 쉽게 파악을 할 수가 있다.

- 자전거 주차시설 및 샤워실 : 자전거 주차장 보유 여부와 샤워 시설 유무 확인

  요즘은 자전거로 출퇴근을 하는 직장인들이 많아졌다. 빌딩에 편의시설로 자전거 주차장이 충분히 있는지 더불어 샤워시설이 있다면 만족도가 더 높아질 수 있다.

4) 면적과 레이아웃

- 사용층 : 저층, 중층, 고층에 따른 경관, 소음 등의 차이 및 이동 시간이나 임대료 등의 요건 고려

  사용하고자 하는 층을 선택할 때는 높이에 따라 사용자의 환경이 달라지고 그에 비례하여 임대료도 높게 책정된다. 또, 이런 경관 조망은 주변에 새로운 건축물들이 들어설 가능성이 있는지도 확인하는 게 좋다. 고층부의 장점은 빼어난 조망이 있지만 반대로 이동하는데 시간이 걸릴 수 있다는 단점도 있다.

- 면적크기 : 임직원들이 사용할 수 있는 공간이 여유가 있는지 확인

  사무 공간의 쾌적성을 유지하기 위해서는 임대면적이 여유가 있는지 확인해야 한다. 최근에는 회의 공간과 휴게 공간을 넓게 배치하다 보니 정작 업무 공간은 협소해 지는 경우도 종종 발생한다. 따라서 임대면적을 충분히 확보하여 임직원들이 사용하는데 충분한 것인지 검토해야 한다.

- 증평 : 사세확장 및 업무인원 증가 시 추가면적 사용 가능성

  사무실을 사용하다 보면 회사가 성장하여 더 많은 인력을 채용해야 할 때가 있다. 그럴 때 당연히 더 넓은 공간에 대한 수요가 생기게 된다. 이를 대비해서 빌딩 내 추가 임대를 할 공간을 확

보할 필요도 있다. 빌딩에 여유가 있다면 괜찮겠지만 그렇지 못하다면 같은 층에 있는 다른 임차인들의 임대 잔여기간을 고려해야 한다. 추가 면적에 대한 사용을 고려하여 사전에 추가 임대 조건 등을 계약서에 기재하기도 한다.

- 평면의 모양 : 한 개 층 또는 여러 층을 사용 할 것인지, 바닥 평면은 직사각형인지 또는 다른 모양인지 확인

    임대를 할 수 있는 공간의 모양도 매우 중요하다. 임대 가능한 평면의 모양이나 배열에 따라서 사무실의 레이아웃이 크게 영향을 받기 때문이다. 이외에도 빌딩 내부 기둥의 위치나 크기, 엘리베이터 홀 등의 방향에 따라서 임대 공간의 활용도는 크게 달라진다.

- 창고 : 건물 내 창고로 사용 가능한 공간유무 확인, 또는 주변에 공간이 있는지 확인

    임차인은 사무 공간 외에도 업무 상 필요한 물품을 보관해야 하는 공간이 필요한 경우도 많다. 예를 들어, 중요한 서류나 문서들을 가까운 곳에 보관을 해야 하거나 부피가 많이 차지하는 물품이나 판매용 샘플 등을 보관해야 하는 일도 있다.

5) 공사 및 법적사항

- 허가사항 : 인테리어 또는 입주 중 공사 시에 허가를 받아야 하는 사항과 주체 확인
- 리모델링 : 공용공간 또는 설비의 리모델링 계획이 있는지 여부
- 법적규제 : 각종 법적규제가 적용되는 빌딩 여부
- 친환경 : 친환경 빌딩 인증 여부

6) 주변 환경

- 외부소음 : 도로 주변이나 철도, 공항 등의 소음 발생 여부
- 내부소리 : 실내 소음도 및 내부 울림 여부와 인접 임차인과의 경계벽 사이 차음 확인
- 빌딩외관 : 빌딩 디자인이 회사 이미지와 어울리는지 확인
- 외부환경 : 자연 채광, 주변 공원이나 녹지 등 자연 환경과 유해한 환경 확인
- 창문 : 외벽 유리창 상태에 따라 온도나 채광, 프라이버시 보호 등의 요소 확인

7) 기타

- 주차 : 제공 가능한 주차 대수, 주차 공간은 여유 있는지 또는 주변에 추가 확보 가능한 주차 공간이 있는지 여부
- 우편함 : 공용 우편함의 위치와 크기 확인
- 서비스 : 추가 냉난방, 기타 미화 서비스 등 추가 서비스 제공 여부

04 거절하지 못할만한 임대조건 제안하는 법

임대인이 수많은 경쟁 빌딩을 뒤로하고 찾아온 가망 임차인과 협의를 시작했다면 효과적으로 임차인과 계약협상을 마무리 해야 한다. 이를 위해서 먼저 임차인의 현재 상황을 파악하는 일부터 시작하는 게 좋다. 특히 이전하는 사유를 파악하고 재무적인 상태 등을 확인하여 임차인이 거절하기 어려운 제안을 하는 게 중요하다. 임대협상을 할 때 상대방이 원하는 요소를 중심으로 협의를 해야 임대차계약을 체결할 수 있는 확률을 높일 수 있다.

빌딩에 입주하는 임차인은 사업을 영위하는 법인들이 대부분이기 때문에 비용에 민감할 수밖에 없다. 대개 계획된 면적과 예산범위가 있을 것이기 때문에 기존에 입주하고 있던 빌딩에 대한 임대현황을 에이전트나 관계자를 통해서 미리 알아 두면 좋다. 그런 정보를 바탕으로 임차인에게 적절한 제안을 한다면 협상을 잘 이끌고 마무리할 수 있을 것이다.

관계자를 통해 의사 결정자는 누구이고 무엇을 원하고 있는지 확인하고 그에 맞는 제안을 할 수 있어야 한다. 즉, 임차인의 경제적 현황이나 이전을 하는데 필요하다고 생각되는 요소들을 사전에 파악해야 임차인이 거절하지 못할만한 좋은 임대제안을 할 수 있다.

보통 빌딩 임대차 시장에서는 임차인을 유치하기 위해 다양한 제안을 한다. 그런 것들 중에 가장 많이 활용하는 마케팅 기법들에 대해 살펴보고 어떻게 하면 이런 제안들을 효과적으로 사용할 수 있는지 알아보자.

1) 렌트프리 (Rent Free : 무상임대)

렌트프리는 영어 의미처럼 임대료를 면제해 주는 무상임대를 말한다. 보통 월 단위로 임대료를 내는데 계약서에 정한 해당 월에 임대료를 면제해 주는 방식이다. 임차인에게 제안할 수 있는 강력한 혜택 중에 하나이다. 보통 계약조건이나 기간에 따라 제공하는 무상임대 기간이 달라진다. 무상임대를 제공하는 방식도 다양하다. 예를 들어, 3년 동안 임대차계약을 체결 후 첫해에 2개월 그리고 다음 해에 2개월 무상임대 기간을 제공하기도 하고, 협의하에 분기별로 적용하기도 한다.

임대인이 이렇게 임대료 할인을 해주는 것은 임차인은 한번 입주를 하고 나면 장기간 머물 확률이 높기 때문이다. 왜냐하면 임차인도 입주 시에 인테리어를 하고 들어오고 이전하는데 큰 비용이 들기 때문이다. 따라서 입주 시 할인 혜택을 제공하더라도 장기적으로 임대인에게 더 큰 이득이 되는 것이다.

2) 핏아웃 얼라우언스 (Fit-out Allowance : 인테리어 공사대금 지원)

임차인은 새로 입주하는 사무실을 꾸미기 위해 인테리어 공사를 하게 된다. 각자 원하는 형태의 사무 공간이 다르기 때문에 기존에 있는 기본시설을 그대로 사용하는 일은 드물다. 결국 빌딩에서 갖추고 있는 기본 인테리어를 철거하고 임차인이 원하는 취향으로 새롭게 구성을 하는 일이 많다. 이렇게 되면 임대인은 애써 돈을 들여 설치한 바닥재나 벽면의 인테리어가 쓸모가 없게 된다. 또, 임차인의 입장에서는 추가비용을 지출하는 꼴이 된다.

그래서 이렇게 인테리어 공사를 진행하면서 발생하는 비용 낭비를 최소화하고자 임대인은 건물을 지을 때부터 나중에 임차인이 입주를 하고 나면 원하는 방식으로 사무실을 꾸밀 수 있도록 최소한의 공사만을 하고 시공사로부터 건물을 인수 받는다. 그렇게 하여 남은 재원을 활용하여 임차인이 입주할 때 인테리어 공사비용으로 지원을 해주는 것이다. 이런 공사 지원금을 영어로 Fit-out Allowance라고 한다. 인테리어 공사를 영어로 Fit-out이라고 하는데 임대인이 해야 하는 공사를 나중에 임차인이 대신하고 이를 지원해 주면 임대인과 임차인에게 더 큰 효용을 가져다 주는 것이다.

이와 같은 방식이 원래 인테리어 공사대금 지원 방식의 원래 목적인데, 최근에는 임차인 유치를 위해서 임대인이 인테리어 공사 대금 재원을 마련해 놓고 지원하는 빌딩들도 늘어나고 있다. 무상임대와 같은 취지로 임차인 유치를 위한 재정적인 지원을 하는 방식으로 활용하는 것이다.

3) 공사기간 임대료와 관리비 지원 혜택

임차인은 인테리어 공사가 마무리가 되면 입주를 한다. 보통 임대차계약서에는 인테리어 공사기간의 시작 시점부터 종료 시점까지 명확하게 명시를 한다. 그리고 해당 공사기간 동안에는 실질적으로 공간을 사용하는 것이 아니기 때문에 임대료를 부과하지 않고 관리비만 부과하기도 한다.

이런 계약조항을 활용하여 임차인을 지원하는 방식으로도 활용한다. 예를 들어, 인테리어 공사가 계약에 명시된 일정보다 조기에 완료되어 임차인이 입주하더라도 공사 기간에 해당 하는 동안은 임대료와 관리비를 면제해 주기도 한다. 보통은 인테리어가 끝나 입주를 하게 되면 실제로 공간을 점유하여 사용하는 것이기 때문에 임대료와 관리비가 발생하고 이를 부과하는 게 맞다. 그런데 이를 면제해 줘서 임차인에게 무상임대 기간을 더 늘려주는 효과가 생기는 것이다.

위와 같이 임대차 마케팅을 통해 임차인에게 제공하는 혜택들은 대부분 경제적인 보상이다. 부동산 시장 상황에 따라 임차인 우위의 시장에서는 이런 혜택들을 더 과감하고 공격적으로 제공하는 전략도 필요하다. 또, 반대로 상황이 바뀌어 임대인 우위의 시장이 되면 우량하고 신뢰도가 높은 임차인들을 선별할 수도 있다. 결국 임차인이 거절하지 못할 만한 제안은 임대시장의 현황과 임차인의 상황 등 다양한 측면을 고려하여 임차인에게 가장 큰 편익을 줄 수 있는 방안이어야 한다.

05 빌딩 임대를 위한 마케팅 도구 만들기

일반적으로 아파트, 주택, 빌라 등을 임대하고 싶으면 가까운 공인중개사 사무소에 연락을 한다. 그러면 공인중개사들이 이 물건들을 주요 포털 사이트나 직방이나 다방 같은 부동산 마케팅 플랫폼 등을 활용하여 마케팅을 하면서 고객을 유치하려고 노력한다.

그렇다면 만약 빌딩에 공실이 생겼다면 어떻게 해야 할까? 내가 운영하는 빌딩의 임대를 하고 싶다면 상업용 부동산을 전문으로 하는 중개법인이나 에이전트를 찾아야 한다. 물론 직접 현수막 등을 걸어 홍보를 하기도 하고 주변 공인중개사에게 내놓을 수도 있다. 그렇지만 빌딩 임대시장을 전문적으로 다루는 전문가들을 통해 임대를 하는 게 효과적이다.

그렇다면 이런 임대 전문가들은 어떤 방식으로 마케팅을 하고 있을까?

빌딩의 임대차 마케팅을 할 때는 보통 임대 안내문이라는 것을 만들어서 홍보를 한다. 이 임대 안내문에는 빌딩의 주요 현황이 일목요연 하게 정리되어 있고, 임대 가능한 층과 임대기준이 등을 한 눈에 볼 수 있다.

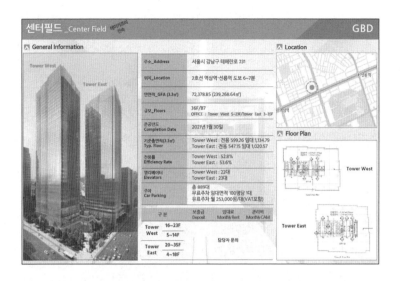

| 오피스빌딩 임대 안내문 : 에이커트리 |

　임대 안내문은 빌딩을 소개하는 자료로 2~3장 내외로 간단하게 만든다. 대형 빌딩의 경우에는 빌딩 임대 마케팅을 대신해 주는 임대 대행사를 선정하고 임대 안내문을 만들어서 마케팅을 한다. 보통 부동산자산관리회사의 임대팀이나 중개법인들이 이런 업무를 주로 한다. 각 회사들이 보유하고 있는 임대대행 빌딩별로 공실들을 정리하여 임대 안내문을 만든다. 이런 홍보자료를 만들고 기존에 보유하고 있는 고객사들에게 정기적으로 이메일을 보내거나 요청이 있는 곳에 정보를 보내고 공실을 채우는 역할을 하는 것이다.

　이런 임대 안내문은 임대대행 전속권을 가지고 있는 자산관리회사나 중개법인에서 직접 만든다. 고객사를 위해 나름대로 최신의 정보와 자료들을 활용하겠지만 빌딩 소유자나 운영자쪽에서 관련 정보를 신속하게 제공해서 빌딩을 매력적으로 돋보이게 만들 수 있도록 해야 한다. 임대대행사에게 업무를 일임했지만 신규 임차인이 빌딩의 임차 검토를 하는데 관심을 가질 수 있게 노력을 해야 한다.

임대 안내문의 템플릿이나 디자인이 보기 좋고 그 속에 들어있는 사진이나 소개 자료들이 깔끔해야 임차인도 마케팅 정보를 보고 빌딩에 한 번쯤 방문하고자 하는 욕구가 생길 것이다. 그래서 빌딩 소유자나 운영자가 보유하고 있는 최근의 사진이나 업데이트 된 시설 정보들이나 공실 현황 등이 있으면 임대 마케팅 담당자에게 적극적으로 전달하는 게 좋다. 왜냐하면 임대 에이전트들은 동시에 여러 빌딩의 임대를 담당하다 보니 그런 정보나 소식들을 일일이 다 업데이트하기 어려울 수도 있기 때문이다.

위와 같은 내부 고객들을 활용하는 방법도 있지만 온라인 마케팅도 최근에는 활성화 되고 있다. 상업용 부동산 정보만을 전문적으로 다루는 온라인 플랫폼들도 많이 생겨났다. 부동산 플래닛, 디스코, 밸류맵 등 상업용 부동산 플랫폼들은 자사의 온라인 네트워크를 활용하여 빌딩에 대한 기본 정보나 공실 정보 등을 제공하고 있다. 이런 부동산 플랫폼들을 이용하게 되면 임대 안내문보다 더 상세한 정보를 온라인상에서 실시간으로 볼 수 있는 장점이 있다.

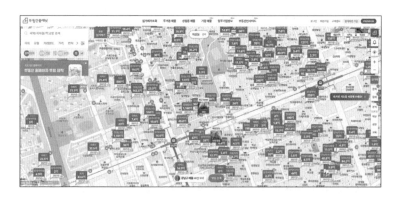

| 플랫폼 사이트 - 부동산 플래닛 |

| 플랫폼 사이트 – 디스코 |

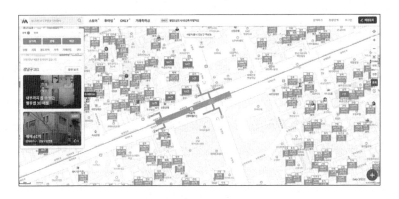

| 플랫폼 사이트 – 밸류맵 |

이외에도 규모가 있는 빌딩들은 자체 홈페이지를 구축하여 빌딩에 대한 정보는 물론 임차인의 현황, 임대기준 등 다양한 정보들을 제공하기도 한다. 빌딩의 홈페이지를 구축하면 외부 홍보 용도로 활용할 수도 있고 임차인들에게 공지사항이나 필요한 정보를 제공하는 게시판이나 각종 신청서 접수를 하는 통로로도 활용할 수 있다.

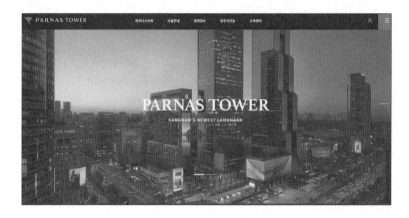

| 빌딩 홈페이지 : 파르나스 타워 |

　이처럼 빌딩을 마케팅하는 방법과 경로는 매우 다양하다. 도심에 있는 수많은 빌딩 중에서 건축규모나 외형으로 인해 그 곳을 대표하는 곳을 랜드마크 빌딩이라고 한다. 이런 랜드마크 빌딩들은 자연스럽게 누구나 다 알게 되고 임대 마케팅에도 이점이 생긴다. 아무래도 인지도를 통해 임대 마케팅까지도 잘 되는 선순환이 일어난다.

　랜드마크가 아닌 빌딩들이라면 인지도를 높일 수 있는 마케팅 활동에 노력을 기울여야 한다. 전속 임대 에이전트를 통해 알리는 작업은 기본이고 빌딩을 알릴 수 있는 다른 방법들을 활용해 볼 수 있다. 예를 들어, 빌딩이 방송에 노출이 될 수 있도록 영화나 드라마의 촬영 장소로 적극적으로 협조를 할 수도 있다.

　최근에 건축되는 빌딩들은 야간에 빌딩이 돋보일 수 있도록 경관조명에 많은 신경을 쓴다. 밤이 되어도 어떤 빌딩인지 알 수 있도록 하는 것이다. 빌딩 구조물을 활용하여 홍보 마케팅을 할 수 있는 방법인 것이다. 이런 것들이 SNS를 통해 공유가 되면서 자연스럽게 빌딩의 이름이 저절로 홍보가 되기도 한다.

| 서울스퀘어 경관조명 : 홈페이지 사진 |

　빌딩 임대 마케팅의 시작은 내 빌딩이 있다는 것을 고객에게 알리는 것에서부터이고, 꾸준하게 실행할 수 있는 다양한 마케팅 방법들을 적극적으로 찾아보려는 노력이 필요하다.

06 임차인 대신 중개인을 마케팅하라

빌딩의 임대 마케팅 시장에서는 중개인의 역할이 큰 비중을 차지한다. 공실에 대한 정보는 물론 공간을 찾는 임차인에 대한 정보를 가장 많이 가지고 있기 때문이다. 길을 지나다 보면 임대인이 직접 빌딩을 임대한다는 문구가 적힌 빌딩을 보게 된다. 물론 그렇게 임차인을 직접 찾아서 중개보수를 아끼는 것도 좋다. 하지만 계약과정에서 발생할 수 있는 다양한 업무나 위험 등을 고려하면 임차인을 찾기 위해 직접 홍보하는 것보다 중개인을 통한 마케팅을 활용하는 게 효과적이다.

빌딩의 임대차 시장은 주택 임대차와는 엄연히 다른 시장이다. 이 시장에는 빌딩을 전문적으로 하는 공인중개사를 제외하고는 대부분 법인형태의 중개법인이나 부동산자산관리회사에서 빌딩 마케팅을 주로 하는 임대차전문가들이 활동하고 있다. 규모가 작고 정형화된 아파트나 주택의 임대차 중개보다 빌딩의 임대차는 그 과정이 복잡하고 계약을 체결하는데 검토해야 하는 것들이 많은 특성이 있기 때문이다.

대부분이 법인 형태이고 요구 사항이 다양한 임차인들에게 제각기 다른 빌딩의 임대 조건들을 찾아서 조율하고 제안하는 일은 정형화된 주택을 중개하는 것보다 난도가 높은 편이다. 빌딩의 임대는 단순하게 중간에서 연결하여 계약을 하는 것에서 끝나는 게 아니라 공간 구성에 대한 조언, 임대료와 관리비 협의, 이전시기의 조율 등 관리해야 하는 일들이 많다. 그래서 그 과정에서 벌어지는 복잡하고 전문적인 일을 해주는 전문가에게 맡기는 게 오히려 더 효율적이다.

따라서 이런 빌딩 임대차 시장에서 활동하고 있는 전문가를 타겟으로 먼저 빌딩 마케팅을 하는 게 내가 운영하는 빌딩의 임대율을 높일 수 있는 좋은 전략이 된다. 빌딩의 수요자인 임차인과의 접점이 더 많고 다양한 중개인들에게 먼저 빌딩을 알리는 일을 시작한 뒤에 개별적인 홍보를 할 수 있는 다른 방법들을 찾는 게 효과적이다.

보통 빌딩 임대차 시장에서 중개인의 역할은 크게 임대대행(Landlord Representative)과 임차대행(Tenant Representative)으로 나눌 수 있다. 임대대행은 임대인을 대신해서 빌딩의 공실 마케팅을 대행하는 일을 한다. 주요 도심의 대형 빌딩의 경우 임대대행 전속을 하는 회사를 1~2개 사를 선정하여 빌딩의 마케팅을 하기도 한다. 임대대행사는 신규 임차인과의 협상을 진행하고 계약 전까지 빌딩을 소개하는 사이트 투어나 신규 임차인 홍보 마케팅 등의 업무를 한다.

또, 임대대행과는 반대로 임차인의 의뢰를 받아 임대공간을 찾아주는 임차대행이 있다. 예를 들어, 새로 사무실을 열어야 하거나 다른 빌딩으로 이전을 하고자 하는 경우에 임차대행사를 선정한다. 임차인이 찾고 있는 지역에 공실이 나와 있는 빌딩들을 물색하고 적합한 임대조건 등을 고려하여 임차인에게 물건을 제공하는 역할을 한다. 임차대행사를 활용하면 직접 제각기 조건과 상황이 다른 빌딩을 일일이 찾거나 돌아다니지 않아도 되는 것이다. 또, 임차대행사는 중간에서 임차인을 대신하여 임차조건을 협상하여 최적의 계약 조건을 맞추는 역할을 한다.

임차인의 빌딩 이전을 진행하는 총무 담당자는 부동산 시장에 대한 정보도 부족하고 네트워크도 없기 때문에 신속한 업무추진을 위해 임차대행사를 선정하는 게 효과적이다. 어떤 빌딩이 경쟁력이 있고 가격적인 측면에서는 어느 곳이 나은지에 대한 전문적인 제안을 받을 수 있고 중간에서 임대차계약 협상을 하는 창구 역할을 해주기 때문에 최선의 임대차계약 조건을 도출해 내는 역할도 담당한다.

이렇게 빌딩 임대차 시장이 형성되는 구조와 상황을 알고 나면 임대인이나 임차인 모두 중개인을 잘 활용해야 한다는 것을 알 수 있다. 특히, 빌딩의 소유자 입장에서는 임대대행사나 중개인이 내 빌딩을 얼마나 홍보를 해주고 다른 사람들에게 소개하느냐에 따라 빌딩의 임대성과가 달라질 수 있다는 것을 알아야 한다. 그래서 임대대행사에 대한 마케팅에 신경을 쓰는 것도 좋은 전략이 될 수 있다. 당연히 전속계약을 통해 마케팅에 대한 비용을 지급하고 임대를 성공했을 때 보수를 지급하는 게 가장 강력한 방법일 것이다. 이외에 전속계약이 없는 회사라도 내 빌딩에 관심을 가질 수 있도록 지속적으로 알리는 노력이 필요하다.

대형 오피스빌딩의 경우 신축을 하게 되면 공실에 대한 임대마케팅을 위해 임대대행사나 중개법인 소속의 임대차 전문가들을 불러서 빌딩에 대한 홍보 마케팅 행사를 기획하기도 한다. 이런 행사를 기획하면서 임대 마케팅 전문가들에게 빌딩을 알리는 것이다. 빌딩에 대한 소개도 하고 참석한 분들에게 식사나 음식을 제공하면서 임대전문가들이 더욱 관심을 가질 수 있도록 독려를 하는 것이다. 그런 행사를 하고 나면 자연스럽게 전문가들의 네트워크를 통해 빌딩에 대한 정보가 퍼져나가 홍보의 효과를 기대할 수 있다. 아무래도 신축한 건물은 인지도가 떨어지는데 누군가에 입에 오르내릴 수 있는 이벤트를 마련하여 시장에 새로운 빌딩이 공급되었음을 알리는 것이다.

또, 신축빌딩이 아니어도 정기적으로 임대차전문가들을 위한 비슷한 네트워크 모임을 여는 곳도 있다. 운영하고 있는 빌딩에 신규임대성과를 많이 낸 임대대행사나 중개법인의 에이전트들에게 시상을 하는 행사를 열기도 한다. 임대계약을 성공시켰을 때 중개보수를 받는 것은 물론 더불어 성과에 대한 시상까지 하는 것은 임대 에이전트들이 빌딩에 관심을 갖게 만드는데 충분히 매력적인 요소라고 할 수 있다. 이런 행사에 참석한 임대 에이전트들은 최근 시장의 동향이나 업계 뉴스 등의 정보를 교환하면서 행사를 주관한 빌딩에 대해서도 이야기를 하게 되어 자연스럽게 홍보를 할 수 있다.

물론, 규모가 크지 않은 빌딩을 운영하면서 이런 행사를 할 수 있는 여유나 여력이 없을 수도 있다. 다만, 일반 대중을 상대로 하는 마케팅도 있겠지만 전문가 집단을 활용하여 효율적인 마케팅을 하는 것이 효과적이라는 것을 빌딩운영자는 알고 있어야 한다.

빌딩의 임대차 마케팅을 담당하는 전문가들은 시장에 대한 정보를 누구보다 많이 가지고 있다. 현재 입주하고 있는 빌딩에 그대로 머물려고 하는 임차인이라도 시장에 대한 정보를 활용하여 더 나은 빌딩으로 이전을 하는 게 더 이득이 되는 상황을 만들어 임차인을 유치하려는 영업 전략을 펼치기도 한다.

예를 들어, 새롭게 임대 마케팅을 하는 빌딩에서 공격적으로 무상 임대 기간을 제공하고 이전 시에 인테리어 비용을 지원해 준다면 임차인의 입장에서는 적은 비용으로 더 나은 공간을 찾을 수 있게 되는 것이다. 실제로 이런 임차인 지원 혜택을 지렛대 삼아 움직일 생각이 없던 임차인을 다른 빌딩으로 유치하여 실적을 만들기도 한다. 이렇게 임차인들을 움직일 수 있는 정보력과 설득 능력을 가지고 있기 때문에 임대전문가들에 대한 마케팅이 중요하다.

빌딩에 대한 임대율은 물론 입지가 큰 영향을 미친다. 그런 것을 제외하고 본다면 임대 마케팅을 대행하는 임대 에이전트들이 어떻게 빌딩을 홍보해 주느냐가 중요하다. 다른 빌딩들의 정보와 함께 임대 안내문을 내보내더라도 고객을 만났을 때 어떤 빌딩을 먼저 홍보하느냐는 임대 에이전트의 선택에 따라 달라진다. 그래서 그들이 원하는 것이 무엇인지 정확하게 알고 더 많이 홍보될 수 있게 하는 노력도 필요하다.

임대 에이전트들에게 가장 큰 동기부여가 되는 것은 무엇보다 중개보수다. 따라서 임대 마케팅을 활성화하는 전략 중에는 중개보수에 대한 인센티브를 지급하는 것은 큰 효과를 볼 수 있다. 실제로, 부동산 임대시장이 좋지 않은 상황에서 인근에 대형 건물의 준공이 다가오자 파격적으로 중개보수 인센티브 지급을 통해 마케팅에 성공해서 임대율을 끌어올린 프로젝트도 있다. 예를 들어, 같은 면적을 임대하더라도 A 빌딩에 가면 2개월분의 임대료가 중개보수인데, B 빌딩으로 입주시키면 3개월분의 임대료를 받을 수 있다면 B 빌딩에 먼저 제안을 할 가능성이 높다. 아무래도 같은 일을 하는데 더 많은 중개보수를 받을 수 있다면 임대 마케팅 담당자들이 더 많은 관심을 갖게 되고 그에 따라 임대율도 올라간다면 빌딩의 운영수익을 증가시킬 수 있을 것이다.

시장에는 수많은 에이전트들이 존재한다. 그 가운데서 역량 있는 임대 에이전트를 찾는 일도 중요하다. 유능한 에이전트는 단발성 임대를 지양하고 빌딩현황에 대한 솔직한 조언이나 경쟁빌딩과 비교할 수 있는 분석 능력을 겸비하고 있다. 단순하게 임대에 대한 제안뿐만 아니라 임차인의 이전 스케줄에 대한 조언, 회사 이전 시에 필요한 사항들에 대한 점검과 최근 임대시장에 대한 현황까지도 잘 설명해 줄 수 있어야 한다. 그런 가운데 임차인 뿐만 아니라 임대인과도 지속적인 유대관계를 만들 수 있는 좋은 에이전트는 빌딩공실 해소에 큰 역할을 할 수 있다.

빌딩을 운영하는 담당자라면 이런 역량을 가진 임대차 마케팅 담당자들과 교류하면서 시장의 상황을 주기적으로 확인해야 한다. 그리고 그런 전문가들이 홍보 마케팅을 하는데 도움이 되거나 지원을 해줄 만한 일들이 어떤 것들이 있을까를 항상 고민해야 할 것이다. 물론 성과에 대한 보수를 대가로 일을 하는 것이지만 나의 상품을 시장에 가서 세일즈하는 사람들을 위해 지원을 아끼지 않아야 빌딩의 임대율도 높아질 수 있다. 빌딩의 임대차 시장에 공실이 많아져 임차인 위주의 시장으로 변했을 때는 왜 임대 에이전트들과 좋은 관계를 유지해야 하는지 알게 될 것이다.

07 완벽한 사이트 투어를 기획하라

새로운 임차인을 발굴하여 빌딩의 임대차가 진행되는 과정은 여러 단계를 거쳐야 마무리가 된다. 먼저 가망 임차인은 임대 안내문이나 에이전트를 통해서 빌딩관련 정보를 받는다. 후보군에 올라온 여러 빌딩들의 정보를 비교하고 적정한 공실이 있는 빌딩을 선택한다. 그 다음으로는 그 중에서 조건에 부합하는 빌딩들의 현장을 직접 방문해서 현황이 어떤지 직접 살펴본다. 그런 다음 마음에 드는 빌딩을 결정하고 협상을 시작하는 순서로 임대차 과정이 진행된다.

이런 과정에서 가장 중요한 시점은 임차인이 빌딩을 직접 방문하는 때이다. 보통 현업에서는 사이트 투어(Site Tour)라는 용어를 사용한다. 말 그대로 현장을 돌아보는 것을 말한다. 대개 빌딩의 임대계약 검토를 하기 위해서는 여러 지역의 공실들을 살펴보기도 한다. 또, 같은 지역이라도 몇 개의 빌딩을 보려면 생각보다 시간이 많이 소요된다. 따라서 가망 임차인이 직접 현장을 보러 온다는 것은 그만큼 관심도가 높다는 증거이다. 현장에서 어떤 곳을 보여주고 어떻게 설명하느냐에 따라 의사결정을 할 수 있는 확률도 그만큼 달라질 수 있다. 그래서 고객이 방문하는 사이트 투어를 진행한다면 빌딩의 소개를 완벽하게 할 수 있도록 준비해야 한다.

만약 전세를 살고 있는데 새로운 곳으로 이사를 하기 위해 집을 내놓았다면 집을 구경하러 온 사람에게 깔끔한 내부를 보여 주는 것이 가장 기본적으로 해야 할 일이다. 이 집에 살고 싶다는 인상을 방문한 사람에게 줄 수 있어야 계약이 성사 될 것이다.

빌딩의 공실도 마찬가지이다. 임차인에게 완벽한 첫인상을 심어주고 이 빌딩에 꼭 입주하고 싶은 마음이 들도록 준비를 한다면 임대

가능성이 당연히 높아진다. 그렇기 때문에 사이트 투어를 나름대로 기획하여 가망 임차인이 방문했을 때부터 시나리오를 구성하여 빈틈 없이 빌딩에 대한 브리핑을 할 수 있어야 한다. 빌딩은 보여줘야 할 곳이 많고 이에 부연해서 설명해야 할 것들이 많기 때문이다. 그러면 사이트 투어에서 어떤 것들을 준비해야 하는지 살펴보도록 하자.

사이트 투어는 보통 임차인을 대행하는 에이전트가 임차인과 함께 빌딩에 방문을 하게 된다. 그 뒤에 빌딩을 임대 마케팅하는 에이전트나 빌딩을 운영하는 담당자가 주도적으로 빌딩에 대한 안내와 설명을 하게 된다. 따라서 사전에 시나리오를 만들어 놓으면 그런 계획에 따라 빌딩의 마케팅을 진행할 수 있다. 미리 짜여진 각본처럼 주어진 시간 동안에 임차인에게 내가 임대하려는 공간에 대한 제안을 하고 구매하도록 설득하는 피칭이라고 생각하면 좋다.

우선 외부에서 방문하게 될 가망 임차인은 아마도 차량으로 주차장에게 들어올 것이다. 대부분 주차장은 지하에 있어 크게 신경을 쓰지 않을 것 같지만 낯선 빌딩에 도착했을 때 첫인상을 줄 수 있는 중요한 곳이다. 또, 회사 대표자나 임원들의 차량이 많거나 법인 차량을 많이 사용하는 회사들은 주차장의 상태도 중요하게 여기기 때문에 사전에 관리상 미비한 것은 없는지 확인해야 한다. 특히, 조명이 너무 어둡다면 미리 조정하거나 주차장 내에 위험요소들이 없는지 확인하고 준비하는 게 좋다.

가장 기본적인 사항이지만 공실은 임대가 바로 진행될 수 있을 정도로 항상 깨끗하고 정돈되어 있는 상태여야 한다. 사람들이 자주 방문하지 않는다고 하더라도 정기적으로 청소하고 관리해야 한다. 그리고 미리 냉난방 상태를 확인하고 방문 시간에 맞춰 적정한 온도를 유지할 수 있도록 한다.

빈 공간이라고 냉난방을 하지 않은 상태에서 임차인이 방문한다면 좋은 인상을 심어주기 어렵다. 더운 여름 날 양복을 입고 방문한 가망 임차인에게 쾌적한 실내 공간을 보여준다면 계약 확률을 더 높일 수 있다.

또, 공실에 따라 상황에 맞는 설명도 잘 해야 한다. 예를 들어, 전에 있던 임차인이 사업이 잘 되지 못해 원상복구를 하지 않고 인테리어를 그대로 남기고 나간 공간이 있을 수 있다. 임차인에 따라 이전 임차인의 사업이 실패한 자리는 선택하지 않는 것을 원칙으로 하기도 하고, 풍수지리 등에 영향을 받는 임차인들이 있다. 따라서 불필요한 오해를 살만한 설명보다는 객관적인 태도를 유지하면서 설명하는 게 좋다. 앞의 상황 같은 경우도 임차인의 인테리어가 잘 되어 있어서 이를 활용할 임차인이 있을 것을 예상해서 원상복구 공사를 하지 않았다고 설명을 해도 충분하다. 임차인의 사정에 대한 이야기는 굳이 할 필요가 없는 것이다.

그리고 가망 임차인은 사이트 투어 진행 중에 빌딩에 관해 궁금한 점을 질문하게 된다. 보통 임차인쪽의 에이전트는 빌딩에 대해 기본적인 것만 알고 있는 경우가 많다. 빌딩의 시설이나 설비 등에 대한 전문적인 질문에 답을 해야 하는 일도 있기 때문에 사전에 충분히 설명할 만큼 지식을 쌓고 있어야 신뢰감을 주는 답변을 할 수 있다. 만약 그런 능력이 부족하다면 이런 질문에 대신 대답을 해줄 수 있는 빌딩운영팀의 엔지니어나 전문 인력과 시간을 맞춰 사이트 투어를 함께 하는 것이 가망 고객에게 신뢰도를 높일 수 있는 방법이다.

임대차계약을 위한 의사 결정을 하기 전에 실시하는 사이트 투어가 1회성으로 끝나는 일도 많지만 이후 추가 방문을 요청하는 일도 종종 있다. 이때는 중요 의사 결정자와 함께 현장을 방문하러 오는 경우일 가능성이 있다. 한번 더 현장을 본다는 것은 조금 더 봐야 할 것이 있다거나 의사 결정을 내리기 전에 한번 더 확인하는 경우이기 때문이다. 빌딩의 운영자는 지난 번 현장 방문 때와 동일한 질문이 나오더라도 더 상세하고 돋보일 수 있게 설명을 한다면 임대차계약으로 이어질 가능성이 더 높아질 것이다.

일반적으로 사이트 투어를 하는 가망 임차인은 아마도 여러 경쟁 빌딩들을 미리 보고 왔거나 보러 갈 것이다. 이런 점을 생각하여 경쟁 빌딩들보다 어떤 점에서 더 나은지를 잘 어필할 수 있도록 사이트 투어를 계획하고 준비할 필요가 있다.

그런 점에서 사이트 투어의 동선도 잘 생각해야 한다. 현재 빌딩에 있는 공실 중에서 임차인에게 가장 적합한 면적과 가능한 예산의 범위를 충족하는 공간에 대한 설명 순서도 고려하는 게 좋다. 예를 들어, 처음에는 빌딩에서 가장 전망이 좋은 층을 보여주면서 빌딩에 대한 장점을 설명하고, 다음으로 공실 중에서 가장 나쁜 곳을 보여준 뒤에 마지막으로 가망 임차인이 사용할 만한 공간을 보여주는 순서로 공간을 소개할 수도 있다. 또, 이동을 하는 중에는 중요한 손님이라는 인상을 줄 수 있도록 근무자들에게 문을 열어 주도록 준비하거나 전용 엘리베이터를 잡아서 지체 없이 빠르고 신속하게 움직일 수 있도록 미리 준비하는 것도 좋은 인상을 심어줄 수 있다.

빌딩운영자는 사이트 투어가 임대차계약을 체결하기 전에 가망 임차인이 마지막 의사 결정을 하는데 중요한 영향을 줄 수 있는 프레젠테이션이라고 생각하고 좋은 결과를 이끌어 낼 수 있도록 세심하게 준비해야 한다.

08 불황에는 분할 임대를 미리 계획하라

부동산 임대시장도 사이클이 있다. 어떤 시장이든 좋은 시기가 있으면 그렇지 않은 시기도 있는 법이다. 전반적으로 경기가 불황일 때에는 임차인들도 임대공간 사용에 대한 수요가 줄어든다. 따라서 임대인은 어려운 시기를 잘 넘기기 위해서 이런 시기에는 공간에 대한 분할임대를 고려할 필요가 있다. 미리 계획을 세워놓은 임대면적에 대한 기준이 있겠지만 일정 규모 이상의 신규 임대가 되지 않는다면 현금흐름에 문제가 생길 수 있다. 이를 대비해서 작은 면적으로도 임대가 가능하도록 유연한 면적분할 계획을 만들어 대비할 필요도 있다.

경기가 어려울 때에는 새로운 공간을 사용하고자 하는 임차인도 평소보다는 보수적으로 접근을 할 수밖에 없다. 따라서 그런 상황에 맞게 컴팩트한 임대면적이라도 사용을 할 수 있게 하는 전략이 필요하다. 그러다 시간이 지나 경기가 회복되면서 임차인들의 업황이 좋아지면 증평에 대한 수요를 기대해 볼 수 있을 것이다.

보통 빌딩의 임대계획을 수립하면서 공간분할을 할 때에는 가장 좋은 시나리오에서부터 나쁜 경우의 수까지 고려해야 한다. 한 층을 임대하는 경우에 모든 면적을 하나의 임차인이 사용하는 것이 임대인 입장에서는 가장 좋은 상황이다. 그 다음에는 한 층에 2개 이상의 임차인이 들어올 경우를 가정하고 가장 효과적으로 2~4개 공간 등으로 구획하고 예상 가능한 도면을 만들어 분할해 놓는다. 그리고 임대 마케팅 시에도 미리 정해놓은 분할 기준에 따라 설명하고 특별한 경우라면 협의에 따라 이를 변경하는 것이 좋다. 이렇게 미리 정해놓은 계획 없이 무작위로 임대를 하다 보면 선호하지 않는 공간만 남거나 임대가 되지 않는 모호한 면적이 남아 결국 잔여 공간이 공실로 남을 수도 있다.

이렇게 빌딩의 공간을 분할하여 임대계획을 수립할 때에는 몇 가지 고려해야 할 것들이 있다. 우선 면적을 분할하여 임대를 하려면 공용공간인 복도를 만들어야 한다. 공용 복도가 필요한 이유는 엘리베이터나 비상계단 그리고 화장실 등 임차인들이 공용으로 사용하는 곳으로 접근할 수 있는 통로가 필요하기 때문이다. 공용복도의 구획은 건물의 공용공간 설계에 따라 조금씩 다르겠지만 대부분 건물의 중심부 주위로 만들게 된다.

어떤 건물이든 공간분할로 공용복도 공간이 생길 수가 있기 때문에 건축 설계 때부터 복도가 설치되었을 경우 천정 조명의 간섭이 없도록 설계에 반영이 되어야 한다. 예를 들어, 복도 설치를 위해서 칸막이를 세웠는데 복도공간 내에 조명이 없게 되거나 벽이 조명을 가로질러 가면 조명을 이설하는 공사를 해야 하기 때문이다.

다음으로 입주가 되었을 때 임차인별 공간을 구분하는 칸막이 공사를 해야 한다. 이때 면적을 분할할 때는 비상시 소화장비인 스프링클러나 화재시 위험을 줄이기 위한 방화설비 등의 위치를 고려해야 한다. 예를 들어, 공간분할로 인해 스프링클러의 동작이 방해를 받지는 않는지 또는 법적 설치 요건 등을 충족하는지 살펴야 한다. 이 외에 방화셔터가 내려올 때 간섭이 되거나 방화 구획에는 문제가 없는지 확인해야 한다. 이런 내용을 잘 알고 있어야 임차인과 협의를 할 때 사전에 설명을 하고 추후 인테리어 공사나 원상복구 공사를 할 때 추가로 이설이나 설치비용이 들 수 있다는 것을 미리 알려야 한다. 그렇지 않으면 비용 부담에 대한 분쟁이 발생할 수 있다.

또, 복도 구획으로 인혜 생기는 벽면이나 비닥은 공용면적으로 임대인이 관리를 해야 한다. 그곳에 사용되는 자재들도 모든 공간에 통일감을 줄 수 있는 소재와 디자인으로 선택하는 게 좋다. 그래야 나중에 보수나 관리시에 불편함이 없도록 제품의 물량이나 자재들을 보유하면서 관리할 수 있기 때문이다. 무엇보다, 사람들이 많이 지나는 공용공간은 파손이나 오염이 잘 되기 때문에 주기적인 관리가 필요한 공간이다. 이런 여러 가지 사항들을 고려하여 공용공간을 적절하게 배분해야 한다. 결국 한 층을 1개 임차인이 전체 사용할 때보다 분할임대 시에는 그만큼 임대인 입장에서는 더 많은 비용이 들어간다.

또, 한 층에 임차인이 많아지면 임차인 간 경계벽을 통한 소음이나 대화 소리가 차단이 잘 되지 않아 민원으로 이어지는 경우도 흔히 발생한다. 따라서 이런 임차인간 공간을 구획할 때에는 기본 파티션에 추가 보강을 하거나 천정이나 하부 바닥 등에도 흡음이나 차음을 할 수 있도록 보완을 해야 한다. 이런 사항들을 임차인이 인테리어 공사를 하기 전이나 도면 검토를 할 때에 사전에 고지해야 한다. 실제로 이런 보강을 하더라도 완벽한 차단 효과를 기대하기는 어렵다. 따라서 레이아웃을 구성할 때 중요한 대화가 이루어지는 대표이사실이나 회의실은 다른 임차인과 맞닿은 공간에 위치하지 않게 배치하지 않게 권고하는 것이 좋다.

그리고 임대공간을 나누어서 구획을 하지만 추후 임차인들이 면적을 확장할 경우도 생각하여 레이아웃을 구성하는 게 좋다. 임차인들의 사업이 잘 되거나 경기가 상승국면으로 전환되었을 때 증평을 손쉽게 할 수 있을만한 상황도 생각해 두는 게 좋다. 추가 공간이 필요한 임차인은 같은 층에 인접한 곳으로 확장하는 것을 원할 것이다. 최소한 같은 층에라도 있는 게 효과적이다. 만약 어쩔 수 없이 다른 층에 증평을 해야 하거나 증평 결정을 내리기가 애매하다면 차라리 다른 빌딩으로 이전하는 게 더 나을 수 있다. 그래서 임대인은 항상 증평하는 임차인에 대한 수요를 확인하고 인센티브나 다른 혜택을 제공해서라도 더 오래 머물게 하는 전략을 가져야 한다.

빌딩의 분할계획을 위한 레이아웃을 완료했다면 그다음은 임대 마케팅에 대해서도 생각해야 한다. 같은 층이어도 유독 잘 팔리는 공간이 있고 임차인들이 선호하는 곳이 있게 마련이다. 따라서 마케팅 계획을 수립할 때 층이나 조망 등에 따라 차등화된 임대료를 설정하여 전체 층이 고루 잘 팔릴 수 있도록 해야 한다. 보통 고층 빌딩에는 저층부, 중층부, 고층부 등으로 나누어서 임대료를 상층으로 올라갈 수록 높게 책정한다.

예를 들어, 임차인의 명판이나 출입문이 잘 보일 수 있어 시인성이 좋은 곳인 엘리베이터 홀 주변이나 내부공간에서의 뷰가 좋은 위치 등은 임차인이 선호하는 공간이다. 따라서 쉽게 팔리는 곳부터 마케팅을 하면 잔여 공간은 누구도 선호하지 않는 곳이 되어 마케팅이 힘들어 질 수 있다는 점을 염두에 두어야 한다. 그렇지 않으면 전략적으로 한 층에서도 임대료를 차등화해서 잘 팔리는 곳과 그렇지 않은 곳을 구분하는 것도 생각해 볼 수 있다. 선호하는 곳의 임대료는 높이고 선호도가 떨어지는 곳의 임대료를 낮춰서 임대가 잘 될 수 있게 만들어 원하는 평균금액에 달성할 수 있도록 만드는 가격전략을 세워 보는 것이다.

마지막으로 공용공간에는 임차인들의 회사명을 표시하는 임차인 디렉토리의 설치도 검토 해야 한다. 한층에 여러 임차인이 있다면 각

회사명을 기재할 수 있는 공간을 마련해야 한다. 또, 운영을 하는 측면에서 임차인들이 입주나 퇴거를 할 때마다 쉽게 교체할 수 있도록 디자인을 하는 것이 좋다. 그리고 임차인 이름을 표기하는 가이드라인 가지고 있으면 깔끔하고 정돈된 임차인 간판을 유지할 수 있다. 예를 들어, 임차인 명을 표기할 때 로고나 폰트를 빌딩에서 정한 기준으로만 표기를 하도록 정하는 것이다. 개별적인 임차인의 요구에 따라 디렉토리를 설치하면 어수선하고 지저분한 간판이 되어 버린다. 따라서 디렉토리의 기능인 어떤 임차인이 어느 곳에 있는지를 알 수 있는 최소한의 정보를 깔끔한 디자인으로 설치하는 것이 가장 좋다.

이렇게 빌딩의 임대공간을 분할하는 데에도 고려해야 할 사항들이 여러 가지가 있다. 임대인에게는 분할임대가 비용적인 측면에서 불리하다고 생각할 수 있지만 반대로 다양한 임차인들이 입주를 하여 자연스럽게 임대 포트폴리오가 만들어지고 공실도 줄일 수 있다면 불황에는 현명한 전략이 될 수 있다.

빌딩도 경기 변동에 맞춰 유연하게 공간을 제공할 수 있어야 어려운 상황을 잘 극복할 수 있다. 그러기 위해서는 분할임대를 위한 전략을 세우고 어떻게 효과적으로 비용을 통제할 것인지 계획을 세우는 일부터 시작해야 할 것이다.

09 우량한 빌딩에 우량한 임차인이 온다

임대인도 우량한 임차인을 원하는 것처럼 임차인도 우량한 빌딩에 입주하기를 원한다. 임대인에게는 많은 면적을 사용하면서 제때 임대료를 납부하는 임차인을 우량 임차인이라고 말할 수 있을 것이다.

그렇다면 반대로 임차인 입장에서 우량한 임대인이나 빌딩이 되려면 어떤 요소들이 필요한지 한 번 생각해 볼 필요가 있다. 다른 검토 사항들도 많겠지만 아마도 임차인이 빌딩의 우량함을 판단하는 데 가장 중요한 것은 빌딩에 대한 신뢰도와 임대차계약 종료 시 납부한 보증금 반환이 가능한지 일 것이다.

빌딩이 우량하다는 것은 소유자에 대한 신뢰도가 높거나 빌딩 자체가 인지도가 있는 것으로 돌려 말할 수도 있을 것이다. 예를 들어, 해당 빌딩을 유명한 기업이 보유하고 있거나 해당지역의 랜드마크 빌딩이라면 대체적으로 안전하다고 판단할 수 있을 것이다. 빌딩의 신용도는 당연히 임대결정에도 영향을 준다.

임차인들은 빌딩의 신뢰도나 인지도를 활용하기 위해 전략적으로 좋은 빌딩에 입주를 하기도 한다. 예를 들어, 신생 회사들은 유사한 업종의 우량 임차인이 이미 입주해 있는 빌딩에 들어가려고 한다. 금융권 업종들이 많이 모여 있는 여의도에 대표적인 대형 빌딩에 신생 자산운용사들이 입주하는 것이 그런 사례라고 할 수 있다. 우량한 임차인들이 입주해 있는 빌딩에 함께 있는 것만으로도 신뢰도가 올라가는 효과가 있다. 또, 고객이 방문할 때 회사의 위치를 길게 설명할 필요가 없다는 것도 장점이 된다.

이와 비슷한 방식으로 초기 공유오피스 산업이 성장할 때도 일부 공유오피스 사업자들은 프리미엄 서비스를 제공하기 위해 랜드마크

오피스빌딩에 입주하기도 했다. 공유오피스 사업자들이 도심에 있는 주요 프라임급 빌딩에 임차를 하고 빌딩의 신용도를 활용하여 전차인을 모집하는 방법을 사용했다. 그런 전략을 활용해 공실을 해소하고 빠르게 성장을 했다. 우량한 빌딩의 신용도를 활용한 사례라고 할 수 있다.

신용도가 낮고 아직 성장하고 있는 스타트업들이나 소규모 기업들은 이런 랜드마크 빌딩에 입주하기에는 불가능하지만 공유오피스를 활용하여 입주를 할 수 있게 된 것이다. 유연한 계약기간 동안 소규모 공간을 사용할 수 있고 인테리어 비용이나 집기 구매 비용들이 필요 없는 장점으로 오피스 공실을 해소할 수 있는 새로운 사업모델이 되었다. 공유오피스 사용자들은 경제적인 비용으로 프라임급 빌딩의 여러 장점들을 활용할 수 있는 점이 큰 매력이었다.

빌딩의 신뢰도와 인지도를 높이는 데는 임대인의 노력도 필요하다. 임대가 잘 되지 않는다고 해서 무조건 공실을 채우기 위해 아무 임차인이나 받는 게 아니고 빌딩의 콘셉트나 주변 입지 환경에 적합한 임차인으로 구성하는 노력이 필요하다.

명확한 임대기준이나 가이드라인이 없이 임대를 하다 불법을 저지르거나 불순한 목적의 사업을 하는 임차인을 입주시켜 빌딩의 이미지가 훼손되거나 다른 임차인들에게 불편을 초래하는 사례가 종종 일어나곤 한다. 실제로 필자가 운영하던 빌딩에 임대가 잘 되지 않아 불법 금융 다단계업체로 의심되는 회사를 할 수 없이 입주시킨 적이 있다. 입주하고 나서 얼마 정도는 잘 운영되나 싶더니 결국 문제가 생겼다. 불법적인 방법으로 회사를 운영하다가 결국 탈이 나서 매일같이 민원인들이 빌딩으로 찾아오고 집회를 열기도 했다. 이후 임대료 연체도 발생해서 명도를 하게 되었고 결국 계약기간을 다 채우지 못하고 중도에 계약이 해지되었다.

입주하는 동안에 임대료를 받아서 좋은 게 아니냐고 생각할 수 있지만 임대인에게는 눈에 보이지 않는 손실이 더 많이 발생했다. 우선 빌딩 주변에서 집회를 하고 로비에서 소란을 피우는 일이 잦아지면서 다른 임차인들의 불만도 늘어났다. 게다가 명도를 위해 협의하는 과정에서 불필요한 시간을 소요하고 결국 원상복구공사도 면제를 시키면서까지 빨리 내보낼 수밖에 없었다. 또, 언론에까지 보도되면서 빌딩의 명성에도 흠집을 남기게 되었다.

빌딩의 신뢰도는 어떤 임차인들이 함께 사용을 하고 있는지도 중요하다. 또, 걸맞은 수준의 임차인들이 서로 시너지를 낼 수 있는 업종의 임차인들로 구성을 하는 것은 임대인의 노력과 선택에 달려 있다. 빌딩에 입주하고 싶다고 해서 누구나 들어갈 수 있는 빌딩보다는 까다로운 심사를 거치고 시간이 오래 걸려 기다려서라도 들어가고 싶은 빌딩을 만드는 것이 신뢰도를 높이는 방법이다.

다음으로 우량한 빌딩은 재무적으로 우수한 빌딩이어야 한다. 임차인의 입장에서는 빌딩에 입주할 때 납부한 보증금을 임대차계약이 종료되고 퇴거시에 반환 받을 수 있을지 여부가 중요하다. 결국 임대인의 재무상태가 우량한 빌딩이어야 임차인도 안심하고 입주를 결정할 수 있는 것이다.

보통 빌딩의 매매 시에 부동산담보 대출을 활용하는 일이 많다. 그래서 빌딩에는 은행이나 금융 회사 등에서 설정한 근저당 같은 저당권이 설정된 경우가 많다. 만약 선순위 근저당 금액이 너무 크게 설정되어 있다면 임차인들이 추후 보증금 반환에 대한 불안감을 느낄 수 있다. 따라서 빌딩 운영상 적정한 담보설정 금액을 유지해야 할 필요가 있다. 그렇지 못한 상황이라면 다른 방안을 마련해 줘야 한다. 계약내용이 보증금을 내지 않는 조건이 아니라면 임대인은 당연히 이런 문제들을 해결해줘야 임차인이 안심하고 임대차계약을 할 수 있을 것이다.

예를 들어, 보증금 납부를 임대인과 임차인이 합의한 에스크로 계좌에 보관하여 건물의 담보권 행사와 분리를 하는 것도 한 가지 방법이 될 수 있다. 또, 임차인의 채무불이행에 대한 보증을 은행을 통해 확인하는 뱅크 개런티(Bank Guarantee)를 활용하는 방법도 있다. 보통 해당 은행과 임차인이 기존 거래 관계가 있을 때 사용하는 경우가 있다. 이외에 보증보험 회사의 지급보증을 통해 보증금 납부를 대신할 수 있다. 다만 임대기간과 임대료가 클수록 비용부담이 커지는 단점이 있다.

마지막으로 법적으로 문제가 없어야 우량한 빌딩이라고 할 수 있다. 예를 들어, 빌딩에 큰 금액의 가압류가 걸려있거나 소송 등으로 법적인 문제가 있다면 임차인은 불안할 수밖에 없다. 이런 문제들이 해결되지 못한다면 임차인은 아무리 공간이 마음에 들고 위치가 좋다고 하더라도 선뜻 의사결정을 할 수 없을 것이다.

빌딩에 대한 신뢰도는 공적장부인 등기부등본만 조회를 해봐도 확인이 가능하다. 대출이 있거나 법적인 문제가 있다면 그 기록이 고스란히 남아있고 이런 기록은 누구나 확인이 가능하다. 우량한 빌딩이라면 이런 기록들을 최소화하는 것이 좋다. 외관상으로는 번듯하지만 그 안에 채권채무 관계가 복잡하게 얽혀있는 빌딩이라면 임차인들도 쉽게 입주를 선택하기가 어려워지기 때문이다.

우량한 빌딩에 우량한 임차인이 들어오면 빌딩운영에 선순환이 이루어져 임대인과 임차인 모두에게 장점이 된다. 임차인은 제때 임대료와 관리비를 납부하고 임대인은 그것으로 빌딩의 유지와 관리를 최상의 상태로 유지할 수 있는 서비스를 제공할 수 있게 된다. 만약, 임차인에게 문제가 생기기 시작하면 연체로 인해 빌딩운영자금에 대한 문제가 생기는 것뿐만 아니라 많은 에너지를 악성 임차인 문제 해결을 위해 허비해야 한다. 그만큼 빌딩운영자가 더 나은 서비스를 제공하는 데 시간이나 비용을 쓰지 못하게 되는 것이다.

이런 선순환이 발생할 수 있는 우량 임차인이 많은 빌딩은 임대료를 미납하는 일이 더 적을 것이고 빌딩의 현금흐름이 원활해진다. 만약 임대인이 빌딩 매입 시 담보대출을 활용했다면 지급해야 하는 이자와 원금 상환도 제대로 이루어질 것이기 때문에 빌딩에서 발생할수 있는 또 다른 위험도 제거가 되는 것이다. 결국 신용도가 좋은 임차인은 임대인에게도 좋은 영향을 주고 서로가 시너지가 생겨 빌딩 운영 중 문제가 발생할 수 있는 확률을 줄여 주는 효과가 생긴다.

PART 5

임대차계약이 빌딩의 가치를 좌우한다

PART 5 임대차계약이 빌딩의 가치를 좌우한다

01 관리가 편해지는 마법의 조항을 추가하라

빌딩의 운영과 관리는 처음 입주할 때부터 계약이 종료될 때까지 임대차계약서를 기준으로 한다. 따라서 임대차계약의 문구를 어떻게 작성하느냐에 따라 빌딩운영의 효율성도 크게 달라진다. 사소해 보이는 임대료나 관리비를 납부하는 날짜에서부터 중요한 조항인 중도해지 조건까지 계약서만 잘 작성해도 관리의 효율을 높일 수 있는 요소들이 많다. 그러면 임대차계약서에서 무슨 조항들을 어떻게 작성해야 운영과 관리가 편해지는지 하나씩 살펴보자.

빌딩의 임대차계약서는 임차인과 협의한 사항을 정리하여 그 내용을 모두 담아야 한다. 계약체결 전에 구두로 합의했거나 암묵적으로 동의를 했다고 하더라도 문서로 내용을 명확히 남겨야 불필요한 오해와 분쟁을 없앨 수 있다. 그리고 빌딩을 운영하다 보면 수많은 임차인들이 입주하고 퇴거하는 과정을 겪을 것이기 때문에 정형화된 임대차계약 작성기준을 미리 만들어 놓는 게 좋다. 부동산자산을 전문적으로 운영하는 상업용 부동산 투자자들은 부동산전문 법무법인을 통해 표준계약서를 만들어 놓는다. 이렇게 표준계약서를 만들어 놓으면 형식이 정해져 있어 검토를 하는 데 편리하고 계약서들을 관리하기가 용이하다.

표준계약서를 기준으로 임차인과 협의를 해서 임대차계약서를 작성할 때는 가급적이면 예외 조항이 없도록 해야 한다. 부동산자산관리 업계에서 전문가들이 사용하는 표준계약서는 다양한 분쟁과 법적 문제가 생겼을 때를 대비하여 세부적인 사항까지도 규정을 하고 있어 임대차계약서의 분량이 많다. 어떤 곳은 계약서가 얇은 책 한 권 분량 정도로 그 내용이 많다. 따라서 협의한 계약에 예외조항이 있어 문구를 수정하게 되면 임차인이 많아졌을 때 관리상 문제가 생길 수 있다. 임차인이 많지 않다면 크게 문제가 되지 않지만 규모가 있는 빌딩이라면 계약서 내용을 매번 수정하는 것은 매우 비효율적인 일이다. 왜냐하면, 예외적인 사항이 적용된 임차인만 분류해서 관리를 해야 하고 필요할 때마다 계약서도 매번 확인해야 하는 등 번거로운 일들이 많아진다.

만약, 특별한 사항에 대해 서로 합의해야 하는 특약사항이 필요하다면 이를 따로 기재해 놓는 공간을 표준계약서 내에 정리된 형식으로 만들어 놓으면 편리하다. 보통 임대차계약서의 내용이 많다 보니 주요 내용을 정리하여 계약서의 맨 앞이나 마지막에 1~2 페이지로 요약을 해놓기도 한다. 그 요약된 내용만 보면 전체 계약서의 핵심 내용을 알 수 있어 계약서 전부를 읽지 않아도 된다. 이 요약 페이지에 특약사항란을 만들어 놓고 필요에 따라 특별한 내용들을 계약에 담아야 한다면 해당란을 수정하여 활용하는 것도 한 가지 방법이다.

무엇보다 임대차계약서에서 가장 중요한 것은 임대료와 관리비 납부와 관련한 조항이다. 보통 임대료와 관리비는 해당 월에 사용분을 선납하는 개념으로 수취를 한다. 따라서 임대인 입장에서는 매월 초에 임대료를 납부하도록 하는 게 좋다. 왜냐하면 임대료를 하루라도 더 빨리 받는 것이 현금 유입이 앞당겨지기 때문에 빌딩의 자금 운영에 도움이 되고 또 며칠 차이지만 이자수익도 발생하기 때문이다.

임대료와 관리비 청구 날짜는 계약에 따라 정하는데, 빌딩에 따라서 매월 5일까지 선납을 하는 곳도 있다. 다만, 대부분 빌딩의 임차인들은 법인이고 회사이기 때문에 5일까지 납부를 하려면 업무 처리에 다소 어려움이 있을 수 있다. 주말이나 휴일이 끼어 있다면 내부 결재 절차에 시간이 걸려 업무처리가 지연될 수도 있다. 빌딩을 운영하는 담당자도 청구를 하는 데 시간이 빠듯하고 자칫 납부가 늦어져 의도치 않게 연체가 발생할 수도 있다.

보통 매월 10일까지 납부기일을 정하는 게 업무가 가능한 영업일을 고려했을 때 적당한 날짜이다. 그리고 납부일은 모든 임차인에게 동일하게 적용해야 한다. 임차인들마다 사정을 고려하여 납부일이 여러 개로 분산되면 그 때마다 납부여부를 확인을 해야 하는 등 업무상 시간 손실이 크다는 것을 생각해야 한다.

그 다음으로 살펴 볼 것은 임대료와 관리비를 인상하는 조항이다. 이 조항도 신중하게 문구를 작성해야 한다. 임대료 인상 주기는 보통 계약체결일로부터 매 1년 마다 인상을 하는 게 일반적이다. 그리고 관리비는 매년 1월 1일자로 인상을 하는 경우가 많다. 임대료는 임차인들마다 입주시기가 다르기 때문에 동일하게 하기는 현실적으로 어렵다. 반면, 관리비 인상은 유지관리를 하는 각종 비용들을 인상하는 것으로 입주일이 달라도 새로 해가 시작되는 날짜로 적용을 하는 게 가능하다.

관리비 금액의 기준은 임차인마다 동일하게 하는 게 좋다. 즉, 모든 임차인에게 적용되는 관리비 단가가 동일해야 한다. 간혹 계약하는 임차인에 따라 임대료에 대한 혜택과 함께 관리비도 할인하여 단가를 다르게 적용하기도 한다. 그런 경우, 임차인에 따라 관리비가 다르다는 것이 다른 임차인에게 알려지면 오해를 사거나 불만을 표시할 수도 있기 때문에 가급적이면 동일하게 적용하게 하는 것이 좋다. 관리비는 건물에서 제공하는 기본적인 서비스에 대한 대가이기 때문에 특별히 관리의 범위가 다른 경우를 제외하고 모든 임차인에게 같은 기준이 적용되어야 한다.

그리고 임대료와 관리비를 인상하는 조항을 작성할 때 가급적이면 인상률을 계약 시에 미리 합의해서 정하는 것이 가장 좋다. 예를 들어, 임대료 인상률은 매년 3%, 관리비는 1월 1일자 2% 인상이라는 식으로 계약기간 동안에 인상금액에 대해 확정을 지어 놓는 것이다. 이렇게 미리 합의를 해서 정해 놓으면 기간이 도래할 때마다 매번 계약서를 변경하지 않아도 되고 협의를 해야 하는 불편함을 줄일 수 있다.

인상조항에서 가급적 피해야 할 문구는 인상률을 협의한다는 표현이다. 빌딩의 운영자가 임차인과 임대료와 관리비의 인상률을 매번 협의하는 것은 빌딩을 운영하는 데 있어 매우 비효율적이다. 인상률에 대한 관점은 임대인과 임차인이 상반된 입장에 설 수밖에 없다. 결국 협의를 하는 데 시간도 오래 걸릴 뿐만 아니라 그와 관련된 참고자료들도 준비를 하고 설득해야 하는 과정도 필요하다. 또, 협의하여 인상하는 경우에 모든 임차인에게 일괄적인 인상률을 적용하기도 어렵다. 빌딩운영자는 이런 협의 과정에서 노력에 비해 인상률을 크게 높일 수 없는 경우가 더 많다는 것을 생각해 보면 계약조항 하나하나가 얼마나 중요한지 생각해 볼 수 있다.

그리고 임차인이 계약을 중도해지할 수 있는 조항은 가급적이면 불가하게 하거나 어렵게 해야 한다. 물론 부득이한 사정으로 임대차 계약을 파기해야 하는 경우가 생기더라도 계약조항 자체는 문구상으로는 불가하게 하는 게 빌딩의 현금흐름을 안정시키는 데 필요하다. 예를 들어, 계약서상에 중도해지가 가능하다는 문구 하나로 인해 계약해지에 대한 문의를 받는 일도 많아진다. 또, 임차인도 해지가 자유로워지면 임대인에게 다른 요구를 할 가능성도 있다. 예를 들어, 임차인에게 유리한 시장이 되면 임대인에게 임대료 인하를 요구하기도 하고 계약해지를 무기 삼아 계약 조정을 요청하는 등 임대인에게 불리한 상황이 전개되기도 한다.

　만약 임차인의 사정으로 실무상 어쩔 수 없이 계약해지를 하더라도 문구상 계약해지 불가라는 조항 하나로 임대인은 유리한 위치에서 협의를 마무리 할 수 있다. 보통 입주 협의 시에는 임차인이 우위에서 다양한 혜택을 받게 된다. 하지만 임차인도 상황이 나빠져 계약을 해지를 해야 한다면 초기에 받았던 혜택들은 생각하지 않고 임차인에게 더 유리한 것들을 요구하게 된다. 이럴 때 계약해지 불가조항을 근거로 임차인이 그 동안 받은 보상이나 혜택들에 대해 다시 한번 상기시키고 계약해지로 임대인이 받은 손해에 대해서 충분히 설명한다면 적정한 선에서 협의를 마무리 할 수 있게 된다.

02 계약 해지조건에 신중을 기하라

앞서 살펴본 것처럼, 임대차계약에서 계약당사자에게 가장 큰 영향을 끼칠만한 조항은 아마도 계약해지와 관련된 내용일 것이다. 보통 임대인과 임차인이 계약을 체결할 때에는 당사자 모두 좋은 분위기에서 진행될 것이다. 임차인은 새로운 사업을 할 공간을 마련한 것이고 임대인도 빌딩에 새로운 고객이 들어와서 임대수익을 올릴 수 있기 때문이다. 앞으로 모든 게 다 잘될 것이라고 긍정적으로 생각할 것이다. 그러다 보면 계약서 내의 해지조건에 대해서는 크게 중요하게 생각하지 않거나 소홀히 여길 수도 있다.

하지만 입주를 하고 나서 계약해지 조항에 대한 언급이 필요한 때가 되면 당사자 중 누군가는 좋지 못한 상황이 되었거나, 서로가 손해를 보지 않으려는 상태가 되었을 가능성이 높다. 그래서 계약체결 시부터 계약 해지조항에 대한 신중한 검토가 필요하고 나중에 발생 가능한 최악의 상황이나 가능성을 어느 정도 고려하고 조항과 문구를 준비할 필요가 있다.

계약의 해지는 상황에 따라 임대인이나 임차인에게 독이 될 수도 있다. 이런 계약해지 조건을 어떻게 작성하느냐에 따라 운영과 관리에 큰 영향을 끼칠 수 있다. 예를 들어, 빌딩을 리모델링 하고 싶은 임대인이 자유롭게 계약을 해지할 수 없다면 사업계획을 진행하는 데 차질이 생길 것이다. 반대로 계약해지 조건이 없는 계약을 체결했다면 임대인은 안정적인 현금흐름을 확보할 수 있는 장점이 있는 반면 임차인은 정해진 계약기간 동안 새로운 곳으로 이전하기가 어려워진다.

일반적으로 빌딩의 임대차계약에서 계약해지와 관련된 내용은 크게 3가지로 나눠볼 수 있다.

첫 번째는 중도해지이다. 중도해지는 계약기간 중에 해지를 하는 것을 말한다. 중도해지 조항은 보통 상호 간에 더 이상 사업 영위가 어려운 경우를 제외하고는 불가한 것으로 하는 것이 보통이다. 하지만 경우에 따라서 중도해지를 협의하여 추가하기도 한다. 예를 들어, 임차인이 사옥을 짓고 있어 공사가 완료되는 시기에 이전할 것이 확실할 때에는 원하는 시기에 계약이 종료될 수 있도록 해지조항을 넣는 것이다. 계약해지는 아무래도 임차인에게 유리한 것이기 때문에 계약 협의시에 다른 임차인에 비해 더 나은 조건을 받아내기는 어려운 점이 있다. 대부분 계획된 것들이 있어 계약을 유연하게 하기 위해 중도해지 조항을 추가하는 경우가 많다.

이와 반대로, 임대인의 입장에서는 향후 자산매각을 예정하고 있는 경우를 예로 들 수 있다. 빌딩에 대한 매각계획이 있고 새로 빌딩을 인수하는 매수인은 현재 임차인을 내보내고 새로운 임대계획을 가지고 있는 경우라면 임대차계약서에 중도해지 조항이 들어가 있는 게 좋을 것이다. 그래야 새로 인수한 매수자는 계약서에 따라 계약을 중도해지를 하고 직접 빌딩을 사용하거나 새로운 임차인으로 변경이 가능하기 때문이다. 비슷한 사례로 빌딩을 매수하고 나서 리노베이션 계획이 있다면 중도해지 조항이 유리하게 활용될 수 있다. 이런 조건들을 갖추고 있다면 매도 시에 더 높은 가격으로 빌딩을 매각할 수 있다. 왜냐 하면 계약해지 조항으로 그만큼 원하는 시기에 맞춰 사업을 진행할 수 있고 명도로 인한 비용이 절감되기 때문이다.

다른 경우는 임차인이 중도해지를 통해 계약기간을 유연하게 확보하고 싶을 때 활용하는 방법이 있다. 예를 들어, 회사 내에서 기간이 확정되지 않은 프로젝트를 위해 공간을 임시로 사용을 해야 할 수도 있다. 그럴 경우 사전에 정해진 기간 내 통지를 하면 계약을 해지할 수 있는 조건을 임차인은 추가하고 싶을 것이다.

이렇게 중도해지 조항이 계약서에 포함되어 있는 경우에는 임대인과 임차인 간의 분쟁이 발생할 소지가 있다. 계약을 중도에 종결하는 것이기 때문에 각자 유리한 것만을 취하려 하기 때문이다. 따라서 중도해지 시에 패널티나 정산 부분에 대한 것을 계약 체결 시에 명확하게 하는 게 좋다. 예를 들어, 중도해지 통보 후 효력이 발생하는 날짜라든지 해지로 인해 서로 정한 패널티와 비용에 대한 정산 등을 구체적인 계산예시로 표기해 놔야 추후 분쟁을 줄일 수 있다.

(단위 : 원)

항목		금액	비고
보증금		200,000,000	
임대료		20,000,000	퇴거일 기준 일할정산
관리비		9,000,000	
실비 관리비	전기료	750,000	실제 사용일자 기준 정산
	가스료	450,000	
	수도료	250,000	
연체료		29,000,000	1개월 분 임대료 관리
패널티		0	중도해지 패널티
원상복구 정산액		25,000,000	원상복구 미완료 협의
임차인 반환 금액		115,550,000	

권리설정 해지	완료	근저당, 전세권 등 해지 확인

| 임대 정산 엑셀 서식 |

서로 다른 해석의 여지가 있을 수 있는 글로 된 문구보다는 수식으로 표현된 계산식을 예로 들어 정확하게 기준을 정하는 게 좋다. 특히, 입주 시에 무상임대나 공사 지원금 등의 혜택을 받았다면 이를 반환하거나 배상하는 내용도 명확히 하는 게 필요하다. 임대인이 이런 혜택을 제공하는 것은 임차인이 계약한 기간을 다 채웠을 때 제공하는 것이라는 것을 명확히 할 필요가 있다. 중도해지가 예정된 임차인이라면 중도해지 시점에 따른 반환 금액을 미리 계산하고 이를 계약서에 첨부하는 것도 서로 다르게 해석하는 여지를 남기지 않는 예방법이라고 할 수 있다.

두 번째는 자동연장계약이다. 임대차계약은 계약기간이 종료되면 특별한 해지 통지가 없으면 1년씩 자동연장이 된다는 문구도 포함하는 게 좋다. 계약이 자동연장이 되면 해지가 된 상태는 아니고 기존과 동일한 조건으로 1년 추가로 연장이 되는 내용을 포함하는 것이다. 임대인이나 임차인은 기존과 동일한 조건으로 계약을 유지할 수 있고 따로 계약을 변경하는 협의를 해야 하지 않아도 된다. 예를 들어, 임대인의 경우 계약을 따로 체결하지 않고 1년간 그대로 지켜보다 해지하려 한다면 이런 계약조항을 활용할 수 있다. 계약을 1년 간 자동연장을 하고 만기가 되는 시점에 맞춰 해지통보를 할 수 있다.

세 번째는 만기해지이다. 계약을 종료하기 위해서는 계약서에 따라 계약 만기시점이 도래하기 전 2~3개월 전에 계약해지를 상호 간에 통지를 해야 계약이 종료되는 것을 말한다. 빌딩에서 만기해지 통보를 하는 데 몇 개월간의 여유를 두는 것은 2가지 면에서 의미가 있다. 첫 번째로는 만기해지 통보를 받은 임대인은 해당 공간이 공실이 될 것을 예상하고 사전 임대 마케팅을 할 수 있는 시간을 확보하기 위함이다.

그리고 임차인은 퇴거를 위한 준비시간을 갖는 것을 의미한다. 만기해지를 통보하고 나면 임차인은 사용하던 공간을 원상복구를 하고 떠나야 한다. 이때 원상복구를 완료하는 시점은 계약 종료 시점이 끝나기 전까지 마무리를 하는 것이기 때문에 3개월 전에 통보를 했다면 그 기간 내에 새로운 사무실을 찾고 현재 사용하고 있는 사무실에 대한 원상복구 공사 일정도 포함이 되어야 하는 것이다. 따라서 임차 면적이 크고 인테리어가 많이 되어있는 임차인이라면 해지통보 시점을 여유 있게 잡을 필요가 있다.

이렇게 빌딩의 부동산 임대차계약서는 계약의 중도해지와 만기해지 등에 대한 조항들이 각기 구분되어 있다. 임대인과 임차인은 각자의 상황에 따라 관련조항들의 문구가 의도한 내용이 잘 담길 수 있도록 협의해야 한다. 특히, 계약해지 조항과 관련해서는 이 조건들을 적용했을 때 가장 최악의 시나리오를 예상해 본 후에 협의를 해야 나중에 그런 상황이 닥쳤을 때 대비할 수 있다.

03 임차인에 맞는 임대료와 관리비 기준을 적용하자

빌딩의 주요 수입원인 임대료와 관리비는 어떻게 결정을 할까? 물론 감정평가사를 통해 적정한 시장 임대료와 관리비를 제안받아 정할 수 있다. 만약, 감정평가사의 도움을 받지 않는다면 빌딩을 신축할 때 들어갔던 비용이나 주변 상황 등을 감안하여 그 기준을 정하면 된다. 예를 들어, 시장조사를 해서 주변빌딩들의 임대료 수준을 확인해 보고 빌딩의 시설이나 건축현황 등을 감안하여 적정한 금액을 책정해 볼 수 있다.

빌딩 임대차에서 사용하는 임대료와 관리비에 대한 용어들도 여러 가지가 있다. 또, 이를 임차인에게 적용하는 기준들도 다양하다. 임대료와 관리비에는 어떤 것들이 있는지 알아보고 임차인과 협상을 할 때 어떻게 활용하는 것이 좋은지 알아보도록 하자.

일반적으로 빌딩의 임대료는 임차인이 사용하는 공간에 대한 비용으로 평당 기준금액으로 책정한다. 예를 들어, 임대료가 임대면적 평당 5만원이라고 하면 100평의 임대 공간을 쓰면 임차인은 500만원의 임대료를 납부하는 것이다. 임대료는 크게 표면임대료와 실질임대료로 구분해 볼 수 있다.

먼저, 표면임대료(Face Rent)는 임대인이 시장에서 마케팅을 하는 임대료를 말한다. 외부에 공개가 되는 임대료로 빌딩의 임대안내문 같은 곳에 표기되고 빌딩이 위치한 권역이나 빌딩의 등급에 따라 일정 정도의 수준을 유지하는 경우가 보통이다.

다음으로 실질임대료(Effective Rent)는 임대협상을 하면서 임차인을 유치하기 위해 제공하는 혜택인 무상임대기간, 공사대금지원 등의 할인 정책이 반영된 임대료를 말한다. 이런 실질임대료는 임차인마다 다르게 적용되고 그 수준이 외부에 공개가 되지 않는다. 이는 계약에 대한 사항이기 때문이기도 하고 협의과정에서 임차인이 사용하는 면적이나 임대차계약기간에 따라 제공할 수 있는 혜택의 범위가 다르기 때문이다.

보통 임대 마케팅을 할 때 빌딩의 표면임대료는 낮추지 않는다. 왜냐하면 빌딩의 가치 평가를 할 때 더 유리하기 때문이다. 계약서상의 표면임대료가 높아야 더 높은 평가를 받을 수 있기 때문이다. 예를 들어, 임차인이 3년 동안 계약을 하면서 매 2년 동안에는 무상임대기간을 2개월씩 제공받고 임대료는 매년 3%씩 인상된다고 계약을 했다고 가정해 보자.

임차인은 2년 동안에는 무상임대 혜택으로 실제 납부하는 금액은 낮지만 표면임대료는 매년 올라간다. 그러다 2년이 지난 후에는 무상임대기간도 없고 표면 임대료는 매년 올랐기 때문에 임대인의 수입은 올라간다. 결국 무상임대기간이 끝나는 시점에 수익이 증가하여 빌딩의 가치가 올라가는 효과를 얻을 수 있게 되는 것이다.

빌딩의 운영자는 임대차 시장의 상황 변화에 따라 임차인에게 주는 혜택을 조절하는데, 임차수요가 늘어나 공실이 부족한 임대인 우위 시장일 때는 실질임대료가 올라간다. 반대로 공격적인 마케팅이 필요한 임차인 우위 시장에서는 무상임대료 제공이 많아져 실질임대료가 낮아진다.

관리비는 빌딩에서 제공되는 서비스인 시설물의 운영관리, 미화, 임차인의 전용부 및 공용부 관리, 각종 세금 및 수도광열비 사용 등에 대한 명목으로 부과하는 비용이다. 관리비도 임대료와 마찬가지로 평당 금액 기준으로 정해진다. 관리비는 통상 관리비라고 부르는 기본 관리비와 추가관리비로 구분해 볼 수 있다.

관리비(CAM: Common Area Maintenance)는 빌딩을 사용하는 임차인에게 제공하는 서비스에 대한 비용을 의미한다. 임대료는 단순하게 부동산을 사용하는 대가로 지불하는 것이고 관리비는 공간 관리 서비스에 대한 비용인 것이다. 보통 빌딩의 운영과 관리를 위해 임차인에게 제공되는 서비스로는 냉방 및 난방의 제공, 공용공간에 대한 미화 서비스, 보안 및 안내 서비스, 주차장 관리 등이 있다. 이런 서비스는 임대차계약에 따라 통상적으로 정해진 빌딩운영시간 동안에만 제공되는데 주말을 제외한 업무 시간에 제공되는 것이 일반적이다.

관리비에는 추가관리비(Additional Charge)라는 것도 있다. 앞서 설명한 기본관리비 외에 임차인에게 추가로 제공되는 서비스에 대해 부과하는 관리비를 말한다. 예를 들어, 빌딩운영시간이 아닌 업무 외 시간에 추가로 냉난방 서비스를 제공하거나 일반적인 사무실보다 더 많은 수도광열비를 사용하는 커피숍이나 헬스 클럽 같은 특수한 임차인들에게는 기본 사용량 외에 수도나 전기요금 등을 계량하여 받는 경우 이런 금액을 추가관리비라고 한다. 추가관리비는 빌딩의 운영기준과 임차인과 협의한 사항에 따라 달라진다.

이렇게 빌딩에 적용되는 일반적인 임대료 및 관리비 외에 해외 상업용 부동산 리츠에서 사용되는 임대료와 관리비 기준도 알아두면 좋다. 미국 리츠를 소개하는 문서를 보면 Triple Net Lease라는 임대 관련 용어를 자주 보게 된다. 미국에서는 임차인이 비용을 부담하는 범위에 따라서 Gross Lease와 Net Lease로 나뉜다.

Gross Lease는 임차인은 임대료만 납부하고 재산세, 보험료, 관리비는 임대인이 책임을 지는 방식이다. 그리고 Net Lease는 임차인에게 부과되는 범위에 따라 Triple Net Lease, Double Net Lease, Single Net Lease 세 가지로 나뉜다. 여기서 Triple은 재산세, 보험료, 관리비를 의미한다.

Triple Net Lease는 임차인이 임대료와 재산세, 보험료, 관리비를 납부하는데 보통 전기, 수도, 가스 등의 에너지 비용도 함께 납부한다. Double Net Lease는 임차인이 임대료와 재산세, 보험료를 납부한다. Single Net Lease는 임차인이 임대료와 재산세를 납부한다.

일반적인 우리나라의 사무실 임대료와 관리비 부과기준과는 조금 다르지만 국내에서도 일부 쇼핑몰이나 리테일 또는 물류센터 부동산 계약에서 Triple Net Lease 형태로 사용되고 있다.

Triple Net lease의 경우 변동되는 비용을 임차인이 모두 부담하는 측면에서 임대인에게 유리하고 임대인 우위 시장에서 사용된다. 또, 임대수익이 확정되고 비용에 대한 부담이 없어 현금흐름 예측이 정확한 장점이 있다. 다만, 그런 위험이 전가 되므로 임대료가 낮은 단점이 있다. 주로 신용도가 좋은 임차인과 장기계약 형태로 계약이 체결되어 상업용 부동산 투자상품으로 매입된 부동산계약에 주로 활용된다. 현금흐름이 확정적이고 안정되어 투자에 유리한 구조이기 때문이다.

이렇게 임대료와 관리비는 임차인에게 어떻게 적용하는지에 따라 다양한 방식으로 활용할 수 있다. 빌딩의 운영자는 부동산 시장의 상황이나 임차인의 종류나 형태에 따라 위험은 최소화하고 수익은 극대화할 수 있는 임대료와 관리비 기준을 제안할 수 있어야 한다.

04 무상임대를 주면서도 빌딩가치를 높이는 법

빌딩 임대차계약에서 임차인에게 일정 기간 동안 임대료를 면제해 주는 것을 무상임대라고 한다. 요즘에는 빌딩 임대차시장에서 무상 임대기간을 제공하는 것이 마치 당연한 것처럼 되어 버렸다. 원래는 시장에 공실이 많은 임차인 위주의 시장에서 빌딩 임대인들이 임차인 을 유치하기 위한 마케팅 수단으로 사용하기 시작했던 것이 일반화 되어 버렸다. 이런 무상임대 제공은 시장 상황의 변화와 함께 바뀌기 도 한다. 공실이 부족하고 임차수요가 늘어나면 무상제공기간은 당 연히 줄어들거나 없어지게 된다. 시장의 수요와 공급의 논리에 따라 바뀌는 것이다.

빌딩운영자는 이런 무상임대를 주는 마케팅 전략의 취지를 잘 알 고 시장의 상황에 맞게 제대로 잘 활용할 필요가 있다. 보통 임대 마 케팅 전략으로 무상임대를 활용할 때에는 당장의 임차인 입주도 중 요하지만 장기적인 측면에서 수익을 증대시킬 수 있는 방향으로 접 근을 해야 한다.

일반적으로 빌딩의 감정평가를 하는 데에는 수익환원법이라는 방 식을 기본적으로 많이 사용한다. 임차인과 체결한 임대차계약서에 있는 임대료가 높을수록 빌딩에서 발생하는 수익이 커져 그만큼 빌 딩의 가치가 높게 평가된다.

앞서 설명한 것에 대한 내용을 조금 더 살펴보도록 하자. 임대인 이 마케팅 하는 임대기준가를 표면임대료라 하고 무상임대 혜택이 적용된 임대료를 실질임대료라고 한다. 무상임대를 제공하게 되면 임대인의 총 수입은 줄어들게 되는데 이때 임대기준가는 낮추지 않 고 그대로 적용한 뒤 임대료 인상시기에 임대기준가에 인상률을 적용하는 방식을 사용한다. 그렇게 되면 무상임대가 끝나고 나면 더 높은 임대료를 받을 수 있고 자연스럽게 임대기준가가 높아지면 빌딩의 가치도 올라가게 된다.

예를 들어, 평당 임대기준이 12만원인 임차인이 임대면적 100평에 대해 2년 계약을 한 뒤 무상임대로 2개월간의 Rent Free를 받았다고 가정해 보자. 무상임대가 적용되기 전에는 이 임차인은 매월 1,200만 원을 임대료로 납부해야 한다. 연간으로 하면 1억4,400만원을 납부해야 한다. 그리고 2개월의 무상임대료를 적용하면 납부총액은 1억 2,000만원으로 줄어든다.

임차인 입장에서는 어차피 총액이 1억 2,000만원을 납부하는 것은 동일하니 평당 임대기준가를 10만원으로 낮춰달라고 할 수 있다. 하지만 임대인 입장에서는 첫해 임대수익은 동일하지만 무상임대기간이 지난 뒤에는 평당 10만 원의 임대기준가보다 12만 원의 임대기준가를 유지하는 게 유리하기 때문에 이런 제안을 수용하지 않는다.

(단위 : 원)

구분	평당 임대료	임대면적	월간 임대료	연간 임대료	무상 임대	연간 납부 총액
Case 1	120,000	100 평	12,000,000	144,000,000	24,000,000	120,000,000
Case 2	100,000	100 평	10,000,000	120,000,000	0	120,000,000

무상임대기간이 끝나고 다음 연도에 임대료가 5% 인상이 된다고 가정하면 임대기준가를 그대로 유지한 것과 임대기준가를 낮춘 것을 비교해 보면 총 임대료 수익에서 차이가 발생한다. 아래 표에서 보면 평당 임대료가 월 2만원 차이지만 5%가 인상되었을 때 연간 임대료

의 차이는 1억 2,720만원과 1억 2,600만원으로 120만원의 수익 차이가 나는 것을 알 수 있다. 임대기준가를 유지하는 것이 왜 유리한지 임대기간의 총 수입을 비교해 보면 확실하게 알 수 있다.

(단위 : 원)

구분	평당 임대료	임대 면적	월간 임대료	연간 임대료	무상 임대	인상금액 (5%)	연간 납부총액
Case 1	120,000	100 평	12,000,000	144,000,000	24,000,000	7,200,000	127,200,000
Case 2	100,000	100 평	10,000,000	120,000,000	0	6,000,000	126,000,000

빌딩 마케팅에서 임차인이 무상임대 혜택을 활용하게 되면 임대기간 동안에 임차인을 이전하지 못하게 만드는 효과가 있다.

빌딩은 회사업무를 위해 본사로 사용하는 곳이 많은데 본사를 옮기는 데에는 많은 비용이 들고 이를 변경하는 데 필요한 부수 업무들도 많다. 따라서 회사가 사무실을 이전하는 일은 그리 흔하지 않다. 게다가 사무실 이전을 위한 비용과 인테리어에 투자한 비용 등을 생각하면 한번 입주하면 임차인은 그 빌딩에 일정 기간 정도 머무를 수밖에 없는 점을 활용하여 임대인은 무상임대 혜택을 주는 것이다.

또, 무상임대 혜택을 받은 임차인의 계약서에는 중도해지시에는 무상임대로 인한 혜택을 반환하는 패널티 문구를 넣는다. 이는 임차인이 임대기간을 다 채워야 임대인이 제공하는 혜택을 전부 받을 수 있다는 뜻이다. 이런 계약조건을 통해 한 번 입주한 임차인은 빌딩을 이전하는 일이 더 어려워진다.

무상임대를 주는 임차인과 이를 적용하는 방식도 더 진화하고 있다. 예를 들어, 신용도가 낮은 임차인과의 계약을 할 때에 무상임대기간의 적용을 계약초기가 아닌 일정 기간 뒤에 적용을 하기도 한다. 입주 후에 1~2개월 간 무상적용을 하는 게 아니라 10개월이 지나 11~12개월 때 무상임대를 제공하는 것이다. 왜냐하면 신용도가 낮은 임차인이 입주 후 얼마 되지 않아 문제가 생겨서 명도를 진행할 때는 실질적으로 제공했던 혜택을 회수할 수 있는 방법이 없기 때문이다.

임대인은 무상임대를 제공하면 수익이 낮아지는 것처럼 보이지만 결과적으로는 빌딩의 수익가치를 높이는 방향으로 계획을 수립해야 한다. 부동산 시장에서 경쟁이 치열해져 무상임대가 남발되더라도 내가 운영하는 빌딩의 운영계획을 살피고 수익을 극대화하면서 가치를 높일 수 있는 방식으로 무상임대를 현명하게 활용해야 할 것이다.

05 보증금과 임대료의 황금 비율을 찾아라

임대차계약을 체결하고 임대인은 임차인으로부터 보증금을 받는다. 이 보증금의 역할은 대개 임차인으로부터 발생할 수 있는 위험에 대비하기 위한 것인데, 어떤 역할을 하는지 여러 가지 측면에서 살펴보자. 또, 위험은 최소화하면서 수익을 극대화할 수 있는 보증금과 임대료의 비율은 어떤 수준인지 알고 내가 운영하는 빌딩에 적용을 할 수 있도록 해보자.

임차인이 보증금을 납부하는 일정은 협의에 따라 정할 수 있다. 보통 임대차계약 체결시에 계약금 형태로 일부를 납부하고 인테리어 공사시작 전에 중도금 그리고 입주시점에 잔금을 지급하는 것이 일반적이다. 일정에 따라 보증금을 납부함으로써 당사자들간의 계약이행을 확실하게 하는 효과가 있다.

보증금의 가장 기본적인 역할은 임차인으로부터 발생할 수 있는 재무적인 위험과 각종 패널티에 대한 리스크를 담보하기 위한 것이다. 예를 들어, 임차인의 재무상태가 나빠져 임대료와 관리비를 납부하지 못하는 경우에 임대인은 퇴거 시에 보증금에서 이를 차감하여 정산할 수 있다. 또, 계약이 중도해지 되거나 만기해지가 되었을 때 각종 연체료나 패널티를 임차인이 납부하지 못하는 상황이라면 보증금을 사용하여 정리해야 한다.

뿐만 아니라, 임차인은 계약이 종료되고 나면 빌딩을 원래 인수받았을 때의 초기상태로 원상복구를 해야 한다. 원상복구 비용은 인테리어 비용만큼 크지는 않지만 그래도 적지 않은 비용이 들어가기 때문에 임대인은 임차인이 원상복구 의무를 이행하지 못했을 때도 대비를 해야 한다.

또, 보증금은 임차인의 신용보강방법으로도 활용한다. 앞서 발생할 수 있는 재무적인 리스크가 큰 임차인이라면 보증금 납부금액을 증가시켜 위험에 대비하는 수단으로 사용하는 것이다. 예를 들어, 신생회사나 신용도가 낮은 임차인과 계약을 한다면 우량한 기업에 비해 더 많은 보증금을 받아 두는 게 안전하다.

그리고 큰 비중을 차지하지는 않을 수 있지만 보증금은 대출을 활용하는 것과 같은 레버리지 역할을 한다. 매매시에 보증금 반환의무를 새로운 매수자에게 전가하는데, 이때 매매대금에서 보증금 금액만큼을 차감하게 된다. 따라서 적정한 금액의 보증금이 있으면 그만큼 매수비용에서 차감되어 대출을 받는 효과를 낸다. 따라서 적정한 규모의 보증금은 매매계약시에도 작게나마 도움이 될 수 있다.

결국 임대인은 임차인이 입주하면서 발생할 수 있는 다양한 위험을 보증금을 통해 해소해야 하는 것이다. 그렇다고 보증금의 비율을 무조건 높이는 것보다는 임대료를 더 많이 받아 수익률을 향상시키는 게 더 낫다. 저금리 상황에서 보증금을 많이 받아도 이로 인해 발생하는 이자수익이 크지 않기 때문에 임대인에게는 큰 도움이 되지 못한다. 보증금은 임차인이 퇴거할 때 반환해줘야 하는 돈이기 때문에 갑작스러운 임차인의 퇴거로 빌딩의 현금흐름에 영향을 줄 수도 있다. 또, 보증금을 받은 만큼 임차인들도 빌딩에 대한 권리설정을 요구하기 때문에 담보설정 비율도 올라간다.

그래서 빌딩운영자는 보증금과 임대료의 황금비율을 찾는다면 빌딩의 가치를 높일 수 있다. 즉, 보증금 수령을 통해 최소한의 리스크를 감당할 수 있고, 임대료 수익을 더 높여서 운영수익률을 높일 수 있다면 우량한 빌딩이라고 할 수 있다.

상업용 부동산 업계에서 전문 투자자들이 보유하고 운영하는 오피스빌딩들의 보증금과 임대료의 비율은 대략 10:1 수준이다. 평당 임대료가 10만원이면 보증금은 그 10배인 평당 100만원을 받는다. 이는 10개월 정도의 임대료를 보증금으로 받는 것이다. 10개월 치의 임대료를 보증금으로 받는다는 것은 임차인에게 문제가 생겨도 10개월 안에 명도가 가능하다는 전제를 바탕으로 한 것이다.

일반적으로 부동산 임대차계약서에는 임차인이 2~3개월 정도 연속해서 임대료와 관리비를 연체하게 되면 임대차계약을 해지할 수 있는 조항이 있다. 이런 조항을 적용해서 실무적으로 계산하면 3개월 임대료가 연체되고 나면 곧바로 임차인에게 임대료 미납에 대한 통지를 한다. 그 뒤 2~3개월 정도의 시간을 두고 명도에 대한 협의를 한다. 그리고 나머지 4개월분 임대료에 해당하는 보증금 금액을 원상복구 대금으로 처리하는 시나리오를 가지고 있는 것이다.

결국 임차인이 최악에 상황으로 가게 되었을 때 임대인 입장에서 손해를 보지 않도록 하는 것이 중요하다. 그러기 위해서는 임대차계약서의 규정에 따라 연체에 대한 통지, 계약 해지에 대한 협의, 그리고 원상복구와 비용정산에 대한 협의가 각각의 시점에 맞게 제대로 잘 진행되어야 한다.

이런 조치들이 조금이라도 늦어지게 되면 그 만큼 임대인의 손해로 돌아온다는 것을 알아야 한다. 재무상태가 좋지 못해 퇴거하는 임차인에게 무엇인가를 더 받아내는 일은 쉽지 않은 일이다. 결국 문제가 생긴 임차인을 명도할 때에는 임차인이 납부한 보증금의 한도 내에서 모든 일이 마무리 될 수 있게 하는 것도 빌딩운영자의 중요한 역량이라고 할 수 있다.

이처럼 보증금은 빌딩운영과 관리에서 중요한 역할을 하는 자금이다. 따라서 빌딩에 입주하는 임차인들의 특성을 잘 이해하고 전반적인 경제 상황들을 반영하여 적절한 보증금 정책을 수립할 필요가 있다.

06 전대차계약 함부로 해주면 안 되는 이유

전대차계약은 임차인이 또 다른 임차인인 전차인과 임대차계약을 체결하여 임대 공간을 사용하도록 해주는 것을 말한다. 일반적으로 빌딩의 임대차계약에서 전대차계약은 원칙적으로 불가하거나 임대인의 사전승인이나 서면동의를 받지 않으면 안 된다는 조항을 포함한다. 왜냐하면 이런 전대차계약을 함부로 해주게 되면 임대인에게 통제 불가능한 일이 발생하는 경우가 있기 때문이다.

예를 들어, 임차인이 전대차계약을 맺으면서 신용도가 떨어지거나 빌딩의 평판을 떨어뜨리는 불순한 목적을 가진 전차인과 계약을 해서 문제가 일어나는 경우가 있다. 또, 임차인이 임대차계약 중에 문제가 생긴 경우 전차인이 이를 빌미로 임대인과 분쟁을 일으키기도 한다.

보통 임차인이 중도에 전대차계약을 검토하는 것은 급작스러운 사정으로 임대차계약을 더 이상 유지하지 못하게 되는 경우에 발생한다. 계약에 따라 임대료를 계속 납부해야 하기 때문에 전대차계약을 통해 새로운 임차인을 구해서 문제를 해결하려는 것이다.

임대료를 낮게 조정하는 전대차계약을 통해 새로운 임차인을 구할 수 있겠다고 생각하지만 오피스빌딩에서 전대차계약은 생각보다 쉽지 않다. 왜냐하면 현재 인테리어 상태나 사무공간의 크기에 딱 맞는 임차인을 찾는 것이 어렵기 때문이다.

이렇게 전대차계약은 문제가 생길 수 있는 여지가 많아 특별한 경우가 아니라면 이를 허용하지 않는 게 좋다. 하지만 현업을 하다 보면 부득이 하게 전대차계약을 허용해 줘야 하는 사례들이 있다. 예를 들면, 법인이 또 다른 사업을 하기 위해서는 사업자등록증을 내야 하는 경우이다. 세무서에 사업자등록신청을 하기 위해서는 사업장이 준비되었다는 의미로 임대차계약을 체결해야 한다. 이때 임차인은 새로운 사업장을 찾아 임대차계약을 하기가 어렵거나 번거로운 경우가 많아 전대차계약을 통해 해결해야 하는 회사들이 있다.

예를 들어, 자산운용회사나 투자회사들이 만드는 특수목적회사(SPC) 같은 사업장이 그런 사례이다. 펀드나 투자법인을 만드는 것이 주 업무인 이런 회사들이 특수목적회사를 설립하기 위해 임대차계약서가 필요하다. 다만, 이런 법인들은 실제 상주근무자는 없는 페이퍼 컴퍼니인 경우가 대부분이다. 따라서 이런 종류의 사업장은 전대차로 인한 문제가 발생할 소지가 적고 원래 사업목적과도 부합하기 때문에 허용을 해주는 것이 좋다.

이와 비슷하게 공유오피스를 운영하는 사업자들도 전대차계약서를 허용해 줄 수밖에 없는 비즈니스이다. 공유오피스 사업자들의 본업 자체가 전대사업이기 때문이다. 임대인과 계약을 체결하여 큰 공간을 임대하고 이를 다시 작은 공간들로 분할하여 여러 사용자들에게 재판매하는 사업을 한다. 이때 공유오피스에 들어오는 입주자들은 대개 사업을 시작하는 스타트업이거나 개인사업자들이다. 따라서 이들도 업무를 하기 위해서는 사업자등록증을 내야하고 이를 위해서는 당연히 임대차계약서가 필요하기 때문이다.

그리고 공유오피스에서는 비즈니스 모델의 한 가지로 사업자등록증을 내주는 일들을 하는 곳도 있다. 예를 들어, 공유오피스에 상주를 하지 않거나 사무실 책상 하나만 있어도 사업자등록을 위한 주소지로 사용하게 해주는 서비스이다.

위 두 사례의 경우 설립되는 임차인들의 숫자가 많고 관리해야 하는 일이 매우 번거로울 수 있다. 그래서 임차인에게 전대차계약을 승인하고 허용해 주는 절차를 간소화하거나 주기적으로 정리하여 현재 전대차계약의 현황을 관리해야 한다. 그렇지 않으면 어떤 전대차계약이 남아있는지 확인하기도 어렵고 나중에 문제가 생기고 나서야 알게 되는 경우도 생기게 된다. 그리고 임대차계약이 해지가 될 때 전대차계약을 맺은 사업자들의 주소지를 변경하도록 하게 하거나 현재 상태를 확인할 수 있도록 해야 한다.

또, 다른 전대차계약의 사례는 사업을 영위하는 관계자와 협력하는 형태로 관련 임차인이 함께 들어오는 경우이다. 예를 들어, 빌딩에 건강검진센터가 입주하면서 일부 공간에 고객들을 위해 치과나 식당이 함께 입점하는 것이다. 건강검진 업무만을 하는 사업자는 다른 업무에는 전문성이 없기 때문에 전대차계약을 통해 다른 사업자를 함께 입주시키는 것이다.

이와 비슷하게 헬스클럽 일부 공간에 카페나 마사지샵 등이 함께 들어오는 것처럼 샵인샵 형태로 함께 입점하는 경우 전대차계약을 통해 들어오는 사례도 종종 발생한다.

이런 경우는 주된 공간 이외에 보조적인 역할을 하는 사업자들을 상황에 따라 변경하는 일이 있기 때문에 전대차계약을 활용하는 일이 많다. 따라서 사전에 입주를 할 때 전대차로 들어오는 사업자의 종류나 업종을 미리 제한하는 게 좋다. 왜냐하면 빌딩에 입주하고 있는 다른 리테일 사업자들과도 분쟁이 발생할 수 있기 때문이다.

예를 들어, 지하 아케이드나 1층에 카페가 입주를 하고 있는데, 동종 경쟁 업종이 전대차로 들어오게 되면 다른 임차인과의 계약상 문제가 생길 수도 있다.

또, 임대인은 전대차계약서 검토 시 계약 임대료보다 더 높은 임대료를 받는 것은 아닌지 또는 입주하는 업종이 특별한 관리나 법적 허가 등을 받아야 하는 것인지 등을 면밀하게 확인하고 승인 여부를 결정해야 한다.

전대차계약을 쉽게 승인해 주다 보면 임차인의 전차인 관리가 제대로 되지 않기도 하고 경우에 따라 빌딩 상주 인원이 제대로 통제되지 못하고 늘어나 운영과 관리에도 문제가 생길 여지가 있다. 또, 사업장주소로 사용되는 것은 빌딩의 이름과 위치가 공개되는 일이기 때문에 빌딩의 인지도나 평판관리에도 신경을 써야 한다.

07 계약 전에 상주인원을 꼭 확인하라

빌딩은 처음 건축계획을 할 시점부터 사용 가능한 면적을 바탕으로 적정한 상주인원을 고려하여 설계가 된다. 그런 공간 넓이에 맞춰 각종 건축설비들의 용량과 수량도 결정된다. 즉, 빌딩은 태어날 당시부터 수용 가능한 적정인원의 기준이 있는 것이다.

이런 정보들을 건축 시점에는 크게 중요하게 여기지 않는다. 그러다 준공이 되고 빌딩이 운영되기 시작하면 관계자들이 관심을 갖기 시작한다. 빌딩에서는 임대가 중요하기 때문에 입주 시에 임차인의 요청사항을 최대한 수용하려는 경향이 있다. 그래서 빌딩의 운영자는 내가 관리하고 있는 빌딩의 층별 적정상주인원을 미리 확인하고 숙지해야 한다. 만약 임대를 진행하면서 상주인원으로 인해 운영하는 데 문제가 생길 여지가 있다면 협의하여 사전에 사용면적을 늘리게 하거나 상주인원을 제한하도록 요청해야 한다.

상주인원의 증가로 인해 발생할 수 있는 문제들은 대개 환기나 냉난방에 대한 민원으로 나타난다. 따라서 인테리어 공사를 하기 전 도면검토 때부터 적절한 조치와 안내가 이루어져야 한다. 예를 들어, 빌딩에서 제공되는 냉난방 용량에 더해 추가 냉난방 장치를 설치해야 한다거나 공간을 구획하는 경우 자주 문제가 생기는 위치 등에 대한 조언을 통해 인테리어 회사에서 적합한 시공을 할 수 있도록 도움을 줘야 한다. 또, 이런 내용들은 임차인에게 미리 알리고 적절한 조치를 취할 수 있도록 해야 한다.

보통, 빌딩을 설계할 때는 한 층 전체가 구획 없이 한 덩어리의 공간을 기준으로 건축 설비들의 용량이 계산된다. 따라서 임대가 되고 나서 임차인이 인테리어 공사를 통해 칸막이를 설치하여 공간이 구획이 되거나 적정 상주인원을 초과한다면 이를 보완하는 설계가 필요하다.

특정 업종의 경우 임차 공간에 최대한 많은 인원을 넣고자 하는 경우도 있다. 이때 임차인의 상주인원수에 따라 빌딩운영에 많은 영향을 미친다. 대개 정확한 입주인원을 알게 되는 시기는 임대차계약을 마치고 나서 인테리어 도면을 확인할 때이다. 책상의 개수를 세어보면 대략 몇 명 정도가 공간을 사용하는지 계산해볼 수 있기 때문이다.

임대차계약을 협의할 때에는 대부분 임대료나 관리비 등이 주된 사항이기 때문에 다른 조건들은 부차적인 것으로 치부되기가 쉽다. 따라서 사전에 임대차계약을 협의하는 과정에서 상주인원을 확인하고 적정인원보다 많다면 더 많은 공간을 사용하도록 제안을 하거나 부득이 한 경우는 제한을 하는 게 바람직하다. 특히, 상주인원을 많이 둘 수밖에 없는 영업소의 지점이나 콜센터 같은 임차인들이라면 사전에 근무인원을 필수적으로 확인해야 한다.

적정 상주인원을 초과하면 빌딩운영 중에 여러 가지 문제가 발생한다. 이런 문제는 빌딩 사용자에게 불편을 초래하고 결국 민원으로 이어지지만 빌딩운영자가 해결하기 어려운 일이 된다. 근본적으로 임차인으로부터 발생한 문제인데 나중에는 빌딩운영과 관리의 문제로 전가된다.

그 중에서 가장 빈번하게 발생하는 것은 냉난방관련 문제이다. 상주인구가 기준인원을 초과하게 되면 사람에서 나오는 발열이나 컴퓨터 등 개인이 사용하는 기기들에서 발생하는 열이 많아져 더 많은 풍량을 공급하여 냉방상태를 유지해야 한다. 또, 실내공기도 탁해져 겨울철에는 더 많은 환기를 해야 하는데 이때는 에너지 손실이 발생하여 난방비용의 증가로 이어진다. 빌딩의 쾌적한 온도를 유지하는 일이 어려워지고 게다가 냉난방을 위한 비용도 더 증가한다.

또, 해당 층에 상주인원이 많아지면 빌딩의 엘리베이터를 이용하는 인원도 많아진다. 엘리베이터를 통해 층간 이동을 하는 경우에 탑승 정원이 있다 보니 출퇴근 시간이나 점심시간에 엘리베이터 이용을 위한 대기시간이 늘어나고 이는 임차인들의 큰 불만으로 이어진다. 특히, 엘리베이터 민원 중에서 적정인원이 초과되어 발생하는 문제는 운행 시간 조정이나 층간 운행분리 등 운영방식의 변경을 통해서 일부 개선될 수 있지만, 근본적인 해결 방법이 아니기 때문에 지속적으로 민원이 발생할 가능성이 높다.

이 밖에도 임차인들이 화장실을 사용하는 데에도 문제가 생긴다. 화장실의 개수도 당연히 적정인원에 맞게 설계하고 설치를 한다. 상주인원이 기준을 조금만 초과해도 사용자들에게 불편이 생길 수밖에 없다. 임차인들이 기본적인 생리현상을 편하게 해결하지 못하면 아무리 운영과 관리를 잘해도 빌딩이 불편하다는 인식을 갖게 된다. 게다가 화장실 사용량이 늘어나면 미화팀에서도 관리 주기가 짧아져야 제대로 된 위생관리를 할 수 있다. 그만큼 인력의 소모가 커지게 되고 휴지나 페이퍼타올 등의 소모품 사용량도 늘어 빌딩운영비용이 증가하게 된다.

이처럼 빌딩을 사용하는 임차인 중에는 상주인원에 대한 관리가 필요한 곳들이 있다. 앞서 살펴 본 것처럼 1인당 사무 공간이 크지 않은 콜센터, 영업인력을 많이 채용하는 보험회사 그리고 외부 고객의 방문이 많은 건강검진센터 같은 임차인들은 상주인원에 대한 관리가 필요한 임차인들이다.

따라서 이런 임차인들과의 계약에는 상주인원에 대한 제한을 두도록 하는 조항을 계약서에 명시를 하는 게 좋다. 이런 여러 가지 문제를 해결하기 위해서 인테리어 공사를 하는 과정에서 도면 검토를 통해 입주하는 인원이 모두 들어왔을 때 냉난방이나 환기에 문제가 없을지 빌딩의 운영팀에서 검토를 해줘야 한다.

또, 빌딩에 대해 잘 알고 있는 만큼 인테리어 공사를 하는 회사에 사전에 자주 발생하는 문제들을 고지해 주고 공사시에 반영이 될 수 있도록 조언을 해줘야 한다. 예를 들어, 인테리어 공사시에 냉난방 설비를 보강하게 하거나, 추가 화장실 등을 설치하도록 권고를 하는 등 사전에 발생할 수 있는 민원을 최대한 없앨 수 있도록 해야 한다.

마지막으로 공사가 마무리 되고 나면 빌딩의 설비들과 임차인이 설치한 장비들이 제대로 잘 연결이 되어 있는지를 확인해야 한다. 냉난방 장치, 소방설비 등이 제대로 작동하고 용량에 문제는 없는지 등을 확인하고 준공이 되었음을 확인해 줘야 한다. 필요하다면 전문 업체를 통해 풍량검사나 소방설비에 대한 검사를 완료했다는 증빙을 제출하도록 하는 것도 필요하다.

입주 일정이 급하다는 핑계로 준공 관련 확인이나 검사를 제대로 하지 못한 채 입주를 하고 나서 문제가 발생한다면 오랜 기간 임차인으로부터 민원에 시달리는 일이 생길 수도 있다. 게다가 임차인이 공사를 제대로 하지 못해 생긴 문제인데 빌딩운영자는 민원을 받아 줘야 하고 이를 해결하는 데 많은 시간과 에너지를 써야 하기 때문에 각별히 주의를 해야 한다.

08 임차인 구성과 우량임차인의 역설

빌딩에 있어 가장 이상적인 모습은 우량기업들이 입주하여 공실이 없이 운영되는 것이다. 빌딩을 그렇게 만들어 주는 우량임차인을 보통 키 테넌트(Key Tenant) 또는 앵커 테넌트(Anchor Tenant)라고 부른다. 이런 우량임차인이 들어오는 것도 좋지만 역설적으로 임대인에게 불리한 측면도 있다. 그러면 우량 임차인의 장점과 단점을 각각 알아보고 가장 이상적인 빌딩운영은 어떤 임차인들로 구성이 되어야 하는지 한번 생각해 보자.

우량 임차인의 대표적인 예로 국내외 유명 대기업을 들 수 있다. 보통 사옥을 가진 경우도 많지만 다른 공간을 임차해서 사용하는 일도 빈번하다. 이렇게 신뢰도가 높은 임차인이 들어오면 무엇보다도 임대료나 관리비 납부에 연체가 거의 발생하지 않는다. 임차인이 재무적인 문제를 일으키지 않는 것은 빌딩운영에 있어 가장 중요한 것으로 안정적인 현금흐름을 확보할 수 있다는 게 가장 큰 장점이다.

게다가 이런 대기업 법인들은 내부 업무체계가 잘 확립되어 있다. 개인과는 달리 업무 처리를 하는 데 있어 원칙과 기준이 있어 일하기가 편하고 수월하다. 실제로 개인들은 다른 일을 하느라 정신이 없어 임대료 납부를 제때 하지 않는 일이 종종 일어난다. 하지만 법인의 담당자는 임대료 납부가 자신의 담당직무이고 미납시 연체가 발생하면 곤란한 상황이 발생하기 때문에 개인에 비해 업무 처리가 정확하다.

또, 대기업이 입주를 하여 본사로 사용을 하거나 해당기업의 활동이 활발하다면 빌딩의 홍보와 마케팅에도 큰 도움이 된다. 이를 통해 관계사들이나 관련 기업들이 빌딩에 입주를 하려는 수요도 함께 늘어나 임대에도 도움이 된다.

이렇게 빌딩운영에 도움이 되는 우량임차인이지만 역설적이게도 그로 인한 단점도 있다. 이런 우량 임차인들은 대형면적을 사용하는 경우가 대부분이다. 대형임차인이다 보니 임대차를 주업무로 하는 임대 에이전트들의 영업 타겟이 되기도 한다. 다른 빌딩으로 임차인을 이전시키기 위해 여러 가지 수단을 통해 좋은 제안이 가능한 빌딩이나 유리한 조건의 다른 빌딩을 소개하고 이동을 권유하기도 한다.

부동산 임대시장에서 최고의 고객이다 보니 우량임차인들은 임대인과의 협상에서 우위를 차지할 수밖에 없다. 결국 다른 임차인들보다 더 나은 조건을 제시해야 하기 때문에 임대차계약 협상 시에 임대인은 불리한 위치에 서게 된다. 이런 비용협상 외에 다른 요구 조건들도 많은 편이다. 예를 들어, 빌딩에 주요 자리에 자사의 간판을 부착을 요구하기도 하고, 전용 엘리베이터나 출입구 등의 사용을 요청하는 사례도 있다.

꼬마 빌딩에 입주하는 우량 임차인의 대표적인 예로 대형 커피전문점이 건물 전체를 사용하는 곳을 종종 볼 수 있다. 이런 업체들은 입점을 하면 빌딩을 전체적으로 새롭게 인테리어를 하기 때문에 마치 새로운 건물이 들어선 것처럼 보이기도 한다. 또, 법인이 직영을 하는 경우라면 임대료 미납의 가능성도 거의 없다.

반면 위험도 존재한다. 오피스빌딩에서 한 개 임차인이 대형면적을 사용하는 것과 마찬가지로 위험이 높은 임차인 구성이다. 보통한 개의 임차인이 빌딩 전체를 사용하는 경우 단일임차인위험(Single Tenant Risk)이 있다고 말한다.

단일 우량 임차인이 입주하는 경우에는 관리하기도 쉽고 연체도 발생하지 않는 장점이 있다. 다만, 이 임차인이 다른 곳으로 이전을 하게 되면 전체 빌딩에 공실이 생겨 큰 위험이 발생한다. 새로운 임차인을 찾는 데 그만큼 시간이 걸리는데 그 동안 임대료 손실이 발생할 수 있다. 또, 대형 면적이다 보니 그에 맞는 임차인을 찾고 공실을 해소하는 데 어느 정도 시간적 손실을 감수해야 한다.

그래서 부동산 전문가들은 빌딩도 주식의 개념을 적용하여 위험도를 판단한다. 계란을 한 바구니에 담지 않는다는 말처럼 임차인이 고루 배분되어 있는 빌딩을 더 안전하다고 생각한다. 그래서 가중평균임대기간을 중요하게 여긴다. 가중평균임대기간(WALE : Weighted Average Lease Expiry)은 각 임차인의 임대기간을 사용하는 면적의 비중을 적용하여 임대기간을 산출하는 것이다. 가중평균임대기간이 길수록 더 안정적인 자산이라고 판단하는 것이다.

더 보수적으로 현재 시점을 기준으로 가중평균임대기간이 얼마나 남았는지 가중평균잔여임대기간을 검토하기도 한다. 당연히 그 기간이 길수록 임대차계약이 장기로 계약되어 있는 우량한 빌딩이라고 판단할 수 있는 것이다.

구분	A. 계약기간(년)	B. 사용면적 비율	WALE=A x B
	3	10%	0.3
	5	20%	1
	4	25%	1
	2	30%	0.6
	5	15%	0.75
가중평균임대기간 (WALE)			3.65 년

| 가중평균임대기간 |

예를 들어, 빌딩의 리모델링 계획이 있거나 전략적으로 새로운 임차인으로 변경하기 위한 경우를 제외하고는 임대차계약기간의 종료시점도 고루 분산되도록 하는 게 좋다. 업무상 재계약협의를 진행하는 시기도 분산시킬 수도 있고 계약이 한꺼번에 종료되어 현금흐름에 문제가 생길 수 있는 위험을 사전에 방지할 수 있기 때문이다.

이처럼 우량임차인이라고 해도 역설적으로 더 위험할 수 있는 상황이 발생할 수 있다. 어떤 사업이든 법인이 영속적으로 존재하는 것은 쉽지 않은 일이다. 또, 경기 변동이나 사회적 사건이나 사고로 인해 기업이 한 순간에 위험에 빠지는 상황은 언제든 발생할 수 있다. 따라서 빌딩의 운영자는 다양한 우량임차인들이 분포할 수 있도록 임차인 믹스를 고려하고 임차인들의 임대기간이 고루 배분될 수 있도록 계약을 체결하는 지혜가 필요하다.

PART 6

알짜 빌딩을 만드는 생애주기별 임차인 관리

PART 6 알짜 빌딩을 만드는 생애주기별 임차인 관리

01 빌딩의 사용 설명서 임차인핸드북

다른 곳에서 이전한 신규 임차인은 빌딩에 들어오면 모든 것이 낯설다. 빌딩에 찾아오는 일에서부터 출입하는 방법 등은 물론 주변에 어떤 음식점들이 있는지까지 여러 가지 것들이 궁금할 것이다.

만약 다른 지역에서 왔다면 알아야 할 것들이 더 많을 것이다. 이렇게 새로운 임차인은 빌딩을 사용하는 데 궁금한 것들이 많을 수밖에 없다. 또 총무담당자라면 빌딩과 관련된 업무를 처리하기 위해 새로 알아야 하는 업무 절차들이 생기게 마련이다.

빌딩의 운영자는 새로운 임차인이 들어올 때마다 동일한 업무를 반복적으로 처리해야 한다. 그래서 마치 제품을 사면 설명서가 들어 있는 것처럼 빌딩 입주 시에 필요한 정보와 알고 있으면 유용한 내용을 정리한 임차인핸드북을 미리 만들어 놓으면 편리하다. 임차인핸드북을 입주 전에 담당자와 미팅을 하면서 전체적으로 설명해 주고 미리 제공해 준다면 새로운 임차인과의 업무를 더 효율적으로 처리할 수 있다.

임차인핸드북에 들어가면 좋은 정보들은 특별히 정해진 것은 없다. 빌딩운영자가 그 동안 임차인들을 입주시키면서 반복적으로 나왔던 질문들이나 빌딩 생활을 편리하게 하기 위해 필요하다고 생각되는 내용들로 구성을 하면 된다. 예를 들어, 냉난방을 신청하는 절차, 주차장 사용방법, 외부 방문객 출입시 절차, 택배나 퀵서비스 사용방법, 방재실이나 비상상황시 연락처, 임차인 현황, 주변 식당정보 등 운영자가 빌딩을 운영하면서 필요하다고 느꼈던 것들을 정리하면 좋다. 리조트나 호텔에 방문하면 간단한 지도와 함께 소개자료들이 적혀있는 홍보물을 나눠주는 것처럼 빌딩에 대한 궁금증을 해결해 주는 도구로 임차인핸드북을 활용하면 좋다.

보통 빌딩운영을 위한 커뮤니케이션은 빌딩의 운영자와 회사의 총무팀을 통해 이루어진다. 빌딩운영자가 공지사항을 총무팀에 전달하면 각 임차인들의 임직원들에게 전해지는 식이다. 이외에 엘리베이터나 건물의 게시판 공간을 통해 빌딩의 소식들을 알게 된다. 그래서 간혹 임차인의 총무팀에서 관련내용을 전달하지 못하거나 누락하는 일들이 발생한다. 또, 필요한 사항이 있거나 궁금증이 생길 때마다 이를 담당자에게 물어보기도 어렵다.

그럴 때 임차인핸드북을 파일 형태로 만들어서 임차인에게 배포하게 되면 빌딩운영자나 임차인의 총무팀 둘 다 업무를 효과적으로 줄여 나갈 수 있다. 임차인들이 빌딩에 대해 알아야 할 기본적인 사항들을 임차인핸드북을 통해 알 수 있다면 문의를 하거나 담당자를 찾는 일이 줄어들기 때문이다.

임차인핸드북을 책처럼 만들어서 임차인들에게 배포를 해도 좋다. 그리고 빌딩에서 운영하고 있는 홈페이지가 있다면 그곳에 올려놓고 임차인이면 누구나 쉽게 다운로드 받을 수 있도록 해도 좋다. 또, 정기적으로 업데이트한 파일을 임차인 담당자에게 전달하고 개별적으로 임직원들에게 이메일 등을 통해 배포할 수 있도록 알려주는 일도 필요하다. 또, 임차인핸드북이 있다는 사실을 알리는 것도 중요하다. 만들어 놓고 활용하려면 이것을 어디에서 받을 수 있고 무슨 내용이 들어있는지 알리는 노력도 병행해야 한다. 빌딩게시판이나 엘리베이터 내부에 설치된 LCD 안내화면 등에 송출하는 것도 한 가지 방법이 될 수 있다.

이렇게 임차인핸드북을 만들어 놓고 배포를 하면 빌딩의 서비스를 임차인들이 충분히 활용할 수 있다. 또, 빌딩운영에 있어서도 다른 빌딩과 차별화 할 수 있는 장점도 있다. 만약 정기적으로 핸드북을 만들고 배포할 수 있는 여건이 된다면 리테일 임차인들과 협업을 해도 좋다. 아케이드가 있는 빌딩이라면 리테일 임차인의 할인 쿠폰이나 홍보 문구를 함께 넣어서 매출을 증대시키는 방법으로도 활용할 수 있다. 또, 상주인원이 많은 빌딩이라면 주변 음식점으로부터 프로모션을 할 수 있는 정보를 받아 핸드북에 추가할 수도 있을 것이다. 임차인핸드북이라고 해서 너무 거창하게 생각할 필요는 없다. 빌딩에 대해 알고 있어야 하는 것이나 필요한 정보들을 제공한다는 생각으로 임차인핸드북을 만들어 보도록 하자.

02 임차인을 입주할 때부터 내편으로 만들자

빌딩운영은 공간을 파는 영업이기도 하고 임차인에게는 편리함을 제공해야 하는 서비스업이기도 하다. 빌딩에서 가장 중요한 고객은 임차인이다. 투자형 빌딩에서는 임차인을 만족시키고 임대수익을 극대화하는 것이 자산관리의 최종 목표가 된다. 이를 위해 빌딩운영자는 임차인과의 관계 관리를 위해 입주할 때부터 퇴거시점까지 부단한 노력을 해야한다. 빌딩의 고객인 임차인과의 좋은 관계를 유지하는 첫 걸음은 입주시점부터 시작된다. 이때 좋은 관계를 형성하고 임차인을 내 편으로 만들어 놓는다면 입주 이후 여러 가지 어려운 상황이 발생했을 때 조금 더 쉽게 문제를 풀어 나갈 수 있게 된다.

임차인과의 좋은 관계를 형성하는 일은 상대방이 어려울 때 도움을 주는 것에서부터 시작할 수 있다. 빌딩운영자에게는 별것 아닌 것처럼 보여도 임차인 입장에서 보면 회사를 옮기는 일은 어려운 일이다. 이런 것을 알고 임차인이 이전하는 데 필요한 업무에 도움을 주는 것을 생각해 볼 수 있다. 대부분의 임차인은 아마도 회사 이전이 처음이거나 몇 번 겪지 못했던 일이라 무엇부터 손을 대야 할지 막막한 상황일 것이다.

예를 들어, 한 번도 해보지 않은 인테리어 공사를 챙기는 것에서부터 임직원들의 물품을 이전하는 것까지 어느 하나 쉬운 것이 없는 업무들을 기한 내에 맞춰 처리해야 하는데, 이때 큰 심적 부담이 생길 수밖에 없다. 빌딩운영자는 회사 이전 업무에 필요한 일들을 누구보다 잘 알고 있고 발생 가능한 문제점을 예상할 수 있기 때문에 임차인의 조력자 역할을 해준다면 좋은 관계를 형성해 나갈 수 있을 것이다.

회사 이전을 담당하고 있는 총무 담당자는 짧은 시간에 업무를 처리해야 하거나 한꺼번에 많은 일을 정리해야 하기 때문에 시간이 부족할 수밖에 없다. 평상시 해야 하는 일은 물론 회사 이전 업무까지 동시에 처리해야 한다. 그런 업무 가운데 시간이 많이 걸리는 일은 관련 업체들을 섭외하고 일정을 조율하는 것이다. 이럴 때 빌딩운영자가 이전 업무와 관련된 협력업체들의 정보를 제공해 주는 것도 좋다.

예를 들어, 이삿짐 업체를 찾아야 한다면 이 빌딩에 대해서 잘 알고 있는 곳을 소개해 준다면 총무 담당자가 특별하게 설명하지 않아도 업체가 알아서 업무들을 잘 처리할 것이다. 어떤 담당자를 만나야 하고 짐을 옮기기 위해서는 무슨 절차가 필요한지 업체가 잘 알고 있기 때문이다. 이런 식으로 임차인이 필요로 하는 일들을 처리해 줄 수 있는 업체 정보들을 미리 정리해서 준다면 임차인은 빌딩에 대한 신뢰와 믿음을 갖게 된다.

또, 입주를 하기 위해 준비해야 하는 것들 가운데 보증금에 대한 권리설정, 출입카드 발급, 우편함의 관리, 주차등록, 입주일정 조율 등 복잡한 일들을 전부 챙겨야 한다. 입주 과정에서 필요한 많은 일들을 사전에 원활하게 준비할 수 있도록 입주 시부터 임차인과 정기적인 미팅을 하면서 관련 사항들을 차근차근 설명해 준다면 임차인은 한결 손쉽게 입주 준비를 할 수 있을 것이다. 많은 것들을 준비하다 보면 놓치거나 제대로 처리하지 않아 입주 후에 담당자가 곤란해지는 상황들이 생길 수가 있다. 빌딩운영자는 다른 임차인들이 입주하면서 반복적으로 발생했던 문제들이 생기지 않도록 임차인에게 미리 알려주고 실수를 하지 않도록 도움을 줄 수 있다.

빌딩운영자의 도움을 받아 입주가 수월하게 마무리되면 담당자는 회사 내에서 인정도 받고 홀가분한 마음이 들것이다. 이렇게 임차인의 입주 과정이 문제없이 잘 마무리되었다면 빌딩운영 담당자도 업무를 충실하게 잘 처리한 것이다. 더불어 입주 시에 발생할 수 있는 민원을 최소화할 수 있고 임차인과의 관계도 한결 돈독해진다.

빌딩을 운영하다 보면 임차인과 항상 좋은 관계만을 유지하기는 어렵다. 함께 오랜 시간을 있다 보면 임차인들로부터 민원이 생기기도 하고 때로는 예상치 못한 사고가 일어나기도 한다. 좋은 관계를 유지하다가도 업무상 어쩔 수 없이 임대인과 임차인간에 대립되는 상황으로 가는 일이 생길 수밖에 없다. 예를 들어, 재계약 협상을 진행하거나 빌딩운영 중 임차인에게 피해가 생기는 사고가 발생하여 그 해결을 위한 협의를 할 때에는 조금 불편한 상황을 마주하게 된다. 그래서 평소 웃으며 마주칠 때보다 서로 웃지 못할 때를 대비해서 입주 때부터 임차인과의 좋은 관계를 유지하는 게 좋다.

빌딩도 하나의 커뮤니티를 운영하는 것과 마찬가지이다. 그 커뮤니티의 구성원인 임차인들과 어떻게 지내느냐에 따라 빌딩의 분위기나 운영 방향도 영향을 받을 수 있다. 따라서 운영자는 빌딩에 들어온 임차인이 더 잘 될 수 있도록 좋은 근무 환경을 제공해야 한다. 빌딩운영자가 임차인들을 물심양면으로 지원하고 있다는 것을 알게 된다면 더 나은 관계를 형성할 수 있을 것이다.

이렇게 평소 좋은 관계를 유지하려 노력한다는 것을 서로가 잘 알면 불편한 일이 생겼을 때도 쉽게 해결하고 원만한 처리를 할 수 있다. 빌딩운영자는 나중에 발생할 수도 있는 불편한 상황을 대비해 평소 좋은 관계를 쌓아둔다는 마음으로 임차인을 내 편으로 만드는 노력을 해야 한다.

03 임차인 담당자와 정기적으로 식사를 해라

빌딩은 많은 임차인들이 한 곳에 모여 있는 공동체이다. 빌딩운영자가 이 커뮤니티를 잘 운영하기 위해서 기본적으로 소통이 잘 되는 곳으로 만들어야 한다. 요즘은 인터넷의 발달로 온라인으로 연결되는 일이 많아 이메일이나 채팅앱 등을 통해 임차인과 실시간으로 소통을 하기도 한다. 그래도 가장 기본적으로 임차인과의 관계를 돈독하게 할 수 있는 것은 직접 만나서 이야기를 하는 것이다.

임차인과의 관계관리를 하는 가장 좋은 방법은 함께 식사를 하는 것이다. 정기적으로 임차인을 만나는 스케줄을 정하고 점심식사를 같이하는 정도로 부담 없이 미팅을 하는 것이다. 직접 사무실에 찾아가는 것도 좋지만 가끔씩 임차인과 여유를 가지고 편안한 분위기에서 대화를 나눌 수 있는 자리를 만드는 것도 필요하다. 식사를 하면서 가벼운 대화를 나누다 보면 자연스럽게 회사의 상황이나 최근 소식을 들을 수 있다.

빌딩의 규모에 따라 다르겠지만 보통 빌딩운영자가 챙겨야 할 임차인의 수는 열개 내외에서부터 많게는 수십 개가 될 수도 있다. 따라서 미리 임차인과 식사를 하는 일정들을 조율해 놓고 정기적으로 만나는 계획을 수립해 놓아야 전체 임차인들과 고루 미팅이 가능할 것이다. 담당해야 하는 임차인의 수가 많아 주기가 늘어진다면 중간중간 가볍게 커피나 차를 마시는 등의 일정으로 조율하는 것도 한가지 방법이다.

빌딩운영자가 임차인들과의 미팅 계획을 미리 세워놓지 않으면 급하게 생긴 민원이나 돌발적으로 발생하는 하는 일을 처리하다가 시간을 흘려보내기가 쉽다. 그러다 보면 평소 문제가 없는 우량임차인들과의 커뮤니케이션에 소홀해질 수도 있다. 따라서 정기적으로 만날 수 있도록 임차인과의 관계 관리를 위한 시간을 확보해 둘 필요가 있다.

임차인들과 식사를 하다 보면 다양한 정보를 얻을 수 있다. 보통 화젯거리가 회사와 관련된 일들이다 보니 현재 회사의 현황이나 내부에서 이슈가 되고 있는 문제 등 실무자가 아니면 해줄 수 없는 이야기까지도 들을 수 있다. 이런 대화 속에서 빌딩운영자는 그 회사의 임대차계약에 영향을 줄 수 있을만한 정보도 얻을 수 있다.

예를 들어, 회사의 업황이 좋아져서 인력을 더 늘려야 한다는 계획에 대해 듣게 된다면, 곧 임대면적이 부족할 수도 있다는 것을 알 수도 있다. 지금 당장은 아니더라도 공간에 대한 새로운 계획이 필요하다는 것을 알게 되는 것이다. 만약 증평을 해야 하는데, 빌딩 내에서 해결할 수 없다면 임차인은 다른 곳으로 이전을 검토할 수도 있다. 따라서 이런 상황을 사전에 해결할 수 있도록 빌딩운영자는 미리 대비를 할 수 있다. 현재 빌딩에 대한 공실 현황도 설명해 주고 적절한 제안도 해볼 수 있고, 다른 임차인들의 잔여 계약 기간 등을 확인하여 증평수요를 해결할 수 있는 대안에 대해 미리 검토해 볼 수도 있다.

또, 최근 임대료 납부 시 연체가 발생했던 일이 있었다면 왜 그런 문제가 생겼었는지 가볍게 물어볼 수도 있다. 그 원인이 별다른 문제가 아닌 직원의 실수였는지 아니면 임차인의 재정적인 문제로 발생했던 것인지 등을 확인할 수 있다. 그런 대화를 통해 회사의 재정적인 상태나 분위기 등을 파악할 수도 있다. 사소하지만 빌딩운영에 영향을 줄 수 있는 정보들을 얻을 수 있는 것이다. 이런 내용들을 토대로 빌딩운영자는 문제가 되는 임차인을 조기에 찾아낼 수도 있다. 예를 들어, 문제가 발생할 가능성이 있는 임차인을 찾아냈고 임대차 계약의 만기가 다가오고 있다면 그 임차인과의 연장 계약을 짧게 하거나 만기해지를 검토를 하는 게 더 나을 수도 있다. 만약 임대인 위주의 시장 상황이라면 새로운 임차인을 찾는 것이 현명한 선택이 될 수도 있다.

반대로 더 크게 성장할 가능성이 있는 임차인이라면 그 회사를 위해 새로운 제안을 준비할 수도 있다. 앞으로 더 많은 임대면적을 사용할 가능성이 높다면 좋은 관계를 유지하는 노력을 기울이고 재계약 시에 장기계약을 유도하고 증평수요가 있다면 적극적으로 대응할 수 있기 때문이다.

또, 이렇게 직접 임차인을 만나 대화를 하면 이메일이나 메신저 등으로 커뮤니케이션을 하는 것보다 훨씬 더 효과적이다. 게다가 담당자만의 고유한 특성이나 성격 등을 알 수 있게 된다. 이렇게 사람의 성향이나 분위기 등을 알고서 업무를 하면 기존의 가졌던 편견이나 오해를 없앨 수도 있다. 전화상의 목소리나 말투 때문에 선입견을 가지고 있다가도 직접 만나서 이야기를 하다 보면 그런 생각들이 바뀌는 경우도 종종 있다.

또, 상황에 따라 개인적이거나 사적인 이야기를 할 수 있는 기회를 통해 더욱 친한 관계를 만들어 갈 수도 있다. 이렇게 직접 만나서 소통을 하고 상대방의 특성들을 잘 알고 나면 임차인과의 관계를 더 돈독하게 만들 수 있다.

보통 빌딩에서는 임차인들의 동향과 의견을 듣기 위해서 빌딩만족도 조사와 같은 설문을 진행한다. 이런 조사는 빌딩운영에 대한 평가 자료로 사용되기도 하지만 어떤 개선점이 필요한지를 직접 사용자에게 듣고 싶을 때 활용한다. 간접적인 설문조사를 통해서도 빌딩 운영에 대한 아이디어를 얻을 수도 있지만 임차인의 담당자를 직접 만나 이야기를 하다 보면 어떤 점을 개선하는 게 좋을지 다양한 의견을 많이 듣게 된다. 임차인 담당자는 회사 내 임직원들로부터 다양한 이야기를 듣게 되는데, 이런 것들 가운데 빌딩을 운영하는 데 꼭 필요한 정보들이 많이 담겨 있는 경우도 있다.

예를 들어, 친절하고 성실한 미화 직원 덕분에 항상 청결한 사무실 상태를 유지하고 있다는 이야기를 들었다면 미화 부문에 대한 간접적인 평가를 듣게 된 것이다. 또, 주차장이 어두워 사고위험이 있다거나 시설물이 고장난 것에 대한 이야기를 듣기도 한다. 이렇듯 임차인과의 만남은 빌딩을 직접 사용하는 임차인들의 의견이나 생각을 모아서 들을 수 있는 좋은 기회이기도 하다.

평소 임차인들과 쌓아놓은 작은 관계를 통해 빌딩을 운영하는 데 좋은 아이디어를 얻을 수 있는 기회가 되기도 하고 민원 등으로 관계가 좋지 못했을 때 쉽게 해결할 수 있는 발판을 만들어 주기도 한다. 이런 일은 하루아침에 만들 수 있는 일은 아니다. 시간을 두고 임차인과의 신뢰관계를 차곡차곡 쌓아가는 게 중요하다. 빌딩의 임차인과는 언제나 함께 상생해야 하는 관계임을 기억하고 그런 관계를 만드는 일은 빌딩운영자가 해야 할 중요한 일이라는 것을 잊지 말아야 한다.

04 임차인 유지가 신규임대보다 경제적인 이유

빌딩운영에 있어 가장 중요한 것 가운데 하나는 공간을 사용하는 임차인을 만족시켜 오랫동안 빌딩에 머물게 하는 것이다. 이렇게 임차인의 이동이 많지 않다면 임대인은 안정적인 현금흐름을 확보할 수 있다. 그리고 임대인의 궁극적인 목표인 공실 없는 빌딩을 만들기 위해서는 임차인들이 장기간 상주해야 실현 가능성이 높아진다. 무엇보다도 임차인이 이전하지 않는다면 공실이 생겨 새로운 임차인을 찾기 위해 발생하는 경제적 손실을 줄일 수 있다. 어떤 비용을 줄일 수 있는지 하나씩 살펴보도록 하자.

만약 임차인이 어떤 사정이 생겨서 퇴거를 하고 공실이 발생한다고 가정을 해보자. 임대인은 당장 해당 공실에 대한 임대마케팅을 진행해야 한다. 이런 공실이 발생하면 신규 임대마케팅을 위한 비용이 발생하게 된다. 재정적인 문제뿐만 아니라 임대를 진행하는 동안 여러 가지 지원 업무를 해야 하는데 이때 눈에 보이지 않는 업무손실도 발생한다.

예를 들어, 신규 임차인 마케팅 과정에서 공실을 보러 오는 가망 임차인을 위한 사이트 투어에도 일정 부분 시간을 할애해야 한다. 빌딩운영자가 기존 임차인 관리에 신경을 써야 할 시간을 낭비하게 된다. 운이 좋으면 금방 계약이 체결될 수도 있겠지만, 대개 여러 임차인들이 공실을 보고 나서야 계약이 진행될 가능성이 높다. 또, 계약 협의를 하는 과정에서 여러 차례 실무적인 질의와 응답을 해주고 나서야 마침내 임대차계약을 체결할 수 있다. 그렇게 임대가 완료되면 계약에 대한 대가로 중개보수를 에이전트에게 지급을 해야 한다. 임차인이 퇴거하지 않았다면 발생하지 않았을 시간과 비용의 손실이 생기는 것이다.

또, 기존 임차인이 퇴거하고 신규 임차인이 입주하면 원상복구 공사와 인테리어 공사가 연이어서 진행된다. 이런 과정에서 빌딩운영팀은 공사 관리에 신경을 써야 한다. 공사를 하는 과정에서 외부인이 출입을 하고 자재를 이동하거나 소음이나 분진이 발생하는 작업들이 이뤄지다 보니 정기적으로 순찰도 하고 공정을 관리해야 하는 추가 업무가 생긴다. 주어진 업무 시간 내에 임차인 공사 관리마저 해야 한다. 그러다 보면 다른 임차인에게 필요한 서비스를 제공할 수 있는 시간이 줄어들 수밖에 없다.

더 자세히 설명하면, 새로 들어오는 임차인의 인테리어 공사를 진행하기 전에 각종 도면 검토는 물론 공사 관계자들과의 여러 차례의 미팅을 하면서 공사 진행 준비에도 많은 시간과 에너지가 소비된다. 규모에 따라 다르지만 보통 임차인의 인테리어 기간은 짧게는 1~2개월에서 길게는 6개월 이상 걸리기도 한다. 임차인이 퇴거하는 게 그저 단순한 일이라고 생각할 수도 있지만 그 후속 업무를 생각해 보면 빌딩운영팀에게는 부담이 많은 일들이 추가로 생기는 것이다.

이런 공사 중에는 소음이나 분진 등으로 인해 임차인들로부터 민원이 발생할 수밖에 없다. 인테리어 공사업체는 이런 문제를 최소화하려고 노력하겠지만 공사 과정에서 발생하는 민원을 해결하기 위해 담당자는 더 많은 신경을 써야 하고 시간도 허비해야 한다. 게다가 이런 공사 전후로 발생하는 각종 냄새로 인해 임차인들의 업무환경과 건강에도 좋지 않은 영향을 주게 된다.

그리고 퇴거하는 임차인과는 임대차계약해지를 하면서 임대료와 관리비에 대한 비용 정산업무를 처리해야 한다. 임차인이 납입한 보증금과 관련한 권리설정이 되어 있다면 이를 해지하는 업무도 정리를 해줘야 한다. 이외에 임차인이 요청하는 다른 행정적인 업무에 대응을 하다 보면 업무량도 상당히 늘어난다.

이처럼 임차인 변경되면 빌딩운영자가 지원해 줘야 하는 업무가 많아진다. 또, 새로운 임차인은 빌딩에 적응하기 위해 어느 정도 시간이 필요하고 그러는 동안 빌딩운영자도 새로운 임차인에게 더 많은 시간과 정성을 들여야 한다.

이런 부수적인 업무들의 증가 이외에 임대인에게 가장 큰 영향을 주는 것은 수입의 감소이다. 기존 임차인이 나가고 새로운 임차인이 들어오는 사이에 발생하는 공백기간을 다운타임(Down Time)이라고 한다. 임대인에게는 이 기간 동안에 임대수익이 발생하지 않기 때문에 재정적인 손해가 발생한다. 다운타임은 임대시장의 상황에 따라 달라지는데 만약 공실이 많아 임대가 잘 되지 않는 임차인 위주의 시장이라면 그 기간이 더 늘어날 수밖에 없다. 그러면 그 손해는 눈덩이처럼 불어날 수밖에 없다. 임대시장이 회복이 되는 시기를 예측하기가 어렵기 때문에 언제 공실이 해소될지 기약할 수 없다. 어느 정도 시간이 지나도 임대가 잘되지 않는다면 임대인은 더 많은 렌트프리를 제공하거나 임대료를 낮추는 등의 마케팅을 통해 임차인을 찾아야 하는 상황까지 갈 수도 있다.

결국 기존 임차인이 나가고 새로운 임차인이 들어오게 되면 임대인은 다음과 같은 손해가 발생하는 것으로 정리해 볼 수 있다.

> 임차인 퇴거로 인한 임대인의 손해 =
> 공실 마케팅 비용 + Down Time + 중개보수
> + 운영 인력의 제반 업무 손해 + 임차인 민원

위의 수식에서 공실 마케팅 비용과 Down Time 동안 발생하는 임대료 손실만 계산해 봐도 기존 임차인을 유지하는 것이 훨씬 경제적으로 유리하다는 것을 확인할 수 있다.

보통 빌딩운영예산 편성 시 신규 임대 마케팅을 위한 비용만을 책정하는 빌딩들이 많다. 물론 새로운 임차인 발굴도 중요하지만 그에 못지않게 기존 임차인을 유지하기 위한 예산을 책정하여 손실 발생을 예방하는 것도 필요하다. 기존 임차인을 이미 잡은 물고기라고 여기고 소홀히 관리하다 보면 언젠가는 어항을 뛰쳐나갈 수 있다는 생각으로 빌딩운영자는 임차인들이 오랫동안 머물 수 있도록 임차인 관계 관리에 힘을 써야 할 것이다.

05 머물고 싶은 빌딩을 만드는 임차인 이벤트

임차인들에게 빌딩은 직장이다. 매일 같은 길을 출퇴근하면서 반복적으로 마주치는 주변 풍경들은 지루하기 짝이 없다. 이렇게 재미를 느낄 수 없는 직장 생활이지만 가끔 활력을 줄 수 있는 이벤트들이 있다면 조금 더 즐거운 마음으로 출근을 할 수 있을 것이다. 빌딩운영자가 조금만 노력을 한다면 임차인들을 즐겁게 해 줄 수 있는 다양한 이벤트를 기획해 볼 수 있다.

필자가 근무를 했었던 여의도 IFC는 임차인들과 함께 하는 다양한 행사를 기획하고 운영하는 곳으로 유명하다. 사람들이 가장 많이 드나드는 공용공간인 로비를 활용하여 임차인들에게 다양한 볼거리를 선사한다. 예를 들어, 설날이나 추석 같은 명절 때가 되면 안내 직원과 보안 직원들이 한복을 입고 근무를 한다. 그리고 출근길에 임차인들에게 간식으로 먹을 수 있도록 떡이나 다과를 준비하여 나눠준다. 특히, IFC에 근무하는 외국인들은 우리나라 전통 한복을 입은 근무자들이 이색적이었는지 함께 사진을 찍기도 하고, 출근길에 소소한 간식 선물을 받으면서 즐거워하기도 했다.

또, 넓은 로비 공간을 활용하여 예술 작가들의 작품들을 전시한다. 주기적으로 바뀌는 작품들을 감상하면서 임차인들은 휴식을 취하기도 하고 작가는 전시 기회를 얻을 수 있어서 좋다. 주기적으로 바뀌는 예술 작품을 감상하면서 사진을 찍기도 하고 이를 SNS에 올리는 사람들도 많다. 한번은 취미로 미술을 하는 임차인의 작품을 로비에 전시를 하기도 했다. 그 작품을 보고 마음에 들어 구매하겠다는 문의를 받기까지 했다.

그리고 크리스마스가 되면 10미터 가까운 높은 층고의 로비를 활용하여 대형 크리스마스 트리를 설치한다. 크리스마스 분위기를 한 껏 돋우는 로비를 배경으로 사진을 찍는 임차인들을 많이 볼 수 있다. 근처에 있는 외부 사람들도 찾아오기도 해서 크리스마스 시즌이 되면 로비가 더 붐비기도 했다. 또, 임차인들이 크리스마스를 더 즐겁게 보낼 수 있도록 크리스마스 트리와 함께 사진을 찍어 보내면 추첨을 통해 선물을 주는 이벤트를 열기도 했다.

빌딩에서는 크리스마스 트리를 해마다 다른 콘셉트로 바꾸는데 이를 보관했다가 자선단체에 방문을 해서 크리스마스 트리를 설치해 주는 일도 했다. 이때는 트리를 설치했던 업체를 통해서 하는 것이 아니라 빌딩을 관리하는 시설 및 운영팀 직원들이 참여하여 트리를 직접 조립하는 재능기부 활동으로 이어졌다.

뿐만 아니라, 빌딩운영을 하면서 임차인들의 기업활동을 도울 수 있는 다양한 이벤트를 기획하였는데 그중 하나가 임차인들을 위한 패밀리 세일 행사였다. 다양한 임차인들이 있는 빌딩에는 각 회사들이 판매하는 제품이 있다. IFC에서는 전자제품, 화장품, 의류 등 임차인의 다양한 제품을 할인된 가격으로 판매하는 이벤트를 기획했다. 공실로 남아있는 빌딩의 공간을 무료로 대여해 주고 임차인들은 자사의 제품을 할인된 가격으로 판매하는 패밀리 세일을 여러 차례 진행을 했다. 그때마다 판매 물품이 동이 나고 매출도 예상치를 훨씬 웃도는 등 모두가 만족스러운 결과를 얻을 수 있었다. 임차인들은 자사 홍보를 할 수 있는 기회이기도 했고 재고로 남을 수 있는 제품을 소진할 수 있는 좋은 기회로 활용할 수 있어 반응이 좋았던 이벤트 중에 하나였다.

임차인들을 위한 이벤트로 빌딩의 공실이나 유휴공간을 활용하여 재미있는 실내체육 행사를 기획하기도 했다. 앞서 설명한 설날이나 추석 때 임차인들이 참여할 수 있는 민속놀이 대회를 점심시간을 활용하여 개최를 했다. 누구나 쉽게 즐길 수 있는 민속 놀이인 제기차기, 윷놀이, 투호 던지기, 양궁 등의 놀이를 하면서 임차인들이 소소한 재미를 느낄 수 있는 시간을 마련했다. 간단한 놀이지만 우승자에게는 IFC에서 운영하는 콘래드 호텔 상품권이나 뷔페 이용권을 상품으로 내걸어 임차인들이 적극적으로 참여할 수 있도록 행사를 기획했다.

| IFC 로맨틱 한끼 |

또, IFC에는 누구나 사용 가능한 공개공지로 빌딩 앞에 대형 잔디밭이 있다. 이 잔디밭을 더운 여름날 퇴근길 저녁 시간대에 멋진 노천 카페처럼 꾸며 활용하였다. 푸드트럭 등을 불러서 간단한 맥주와 와인 등을 판매하는 'IFC 로맨틱 한끼' 라는 행사를 개최하기도 했다. 이 이벤트에 참여하는 임차인들에게 저렴하게 참가비를 받고 이

렇게 모은 돈은 좋은 일을 하는 자선단체에 전액 기부를 해서 참여하는 모든 사람들이 즐거움과 뿌듯함을 느낄 수 있도록 했다. 한 여름밤 도심 한가운데서 즐기는 야외 식사는 임차인들에게는 색다른 경험이 되었다. 또, 다양한 소품들을 제공하여 멋진 풍광을 배경으로 사진 찍기 좋은 분위기를 연출해 줘서 임차인들로부터 좋은 호응을 얻을 수 있었다.

이제는 빌딩도 많은 경쟁자들 사이에서 살아남으려면 고유한 콘텐츠가 있어야 한다. 임차인들에게 단순하게 공간만을 제공하는 게 아니라 빌딩이라는 커뮤니티를 활용하고 그 안의 구성원인 임차인들의 콘텐츠도 활용할 수 있도록 빌딩운영자가 플랫폼의 역할을 해 줄 수 있어야 할 것이다. 공유오피스들이 임차인들을 위해서 공용라운지에서 강연을 하거나 임차인에게 도움이 될만한 행사를 개최하고 정보를 공유할 수 있는 이벤트를 하는 것도 이와 비슷한 사례라고 할 수 있다.

빌딩에서 이벤트를 기획하는 것은 적은 예산으로 임차인에게 큰 만족을 줄 수 있는 효과적인 방법이다. 또, 일반적인 빌딩에서 찾아보기 힘든 이런 이벤트들은 SNS 같은 채널을 통해 공유되어 자연스럽게 빌딩 홍보에도 도움이 된다. 일상 속 작은 이벤트를 통해서 빌딩운영자는 임차인들에게 머물고 싶은 빌딩이라는 이미지를 심어줄 수 있다. 임차인 만족도를 높이고 빌딩에 긍정적인 이미지를 주는 행사를 통해 다른 빌딩들과 차별화를 할 수 있다. 뿐만 아니라 임차인이 더 오래 머무르고 싶게 만드는 것은 임차인과의 재계약에도 조금이나마 긍정적인 효과를 줄 수 있다.

06 편의 서비스가 많은 빌딩을 기획하라

임차인들은 하루 중 집에서 잠자는 시간을 제외하고 많은 시간을 빌딩에서 보낸다. 또, 최근에는 복합건축물들이 많이 개발되고 지상과 지하를 연계한 건축물들도 많아지면서 빌딩 안에서 생활하는 시간이 더 길어졌다. 어떤 경우는 한 번 출근하면 실내에서만 생활하다가 퇴근을 할 때도 있다. 이렇게 실내에 오래 머무는 만큼 임차인에게 필요한 서비스를 빌딩에서 제공해 준다면 빌딩 사용자들의 만족도를 크게 향상시킬 수 있을 것이다. 예를 들어, 빌딩에 상주하는 동안 없으면 불편하거나 사소한 서비스이지만 편리함을 느낄 수 있는 서비스를 기획하여 제공한다면 빌딩의 수준을 높일 수 있다.

일반적으로 가장 쉽게 해볼 수 있는 것은 빌딩의 공용공간에서 제공할 수 있는 서비스이다. 갑자기 비가 내리는 날을 대비해서 로비 데스크에 임차인들에게 대여해 줄 수 있는 여분의 우산을 준비해 놓는 것이다. 우산을 빌려주기도 하지만 우천 시에 임차인의 대표나 손님들이 로비에서 차를 타고 내릴 때 의전 서비스에 사용하면서 우산을 요긴하게 활용할 수 있다.

또, 로비는 다양한 방문객들이 출입을 하고 임차인을 만나기 위해서 기다리는 장소이기도 하다. 대기하는 시간을 활용하여 휴대폰이나 노트북을 충전할 수 있는 서비스를 제공하는 것도 좋다. 무선 충전기나 플러그를 사용할 수 있는 공간을 제공하면 큰 비용을 들이지 않고 빌딩 방문객들에게 좋은 서비스를 제공할 수 있다. 작은 서비스지만 외부 방문객에게 빌딩에 대한 좋은 인상을 심어줄 수 있다. 또, 오래 기다리는 사람들을 위해서 공용공간에 편히 앉을 수 있는 소파나 의자 같은 것을 둘 수도 있다. 다만, 이런 서비스는 빌딩 방문객보다는 외부 잡상인이나 임차인과 관계가 없는 외부인이 더 많이 이용하여 관리상의 어려움이 발생할 수 있다는 점도 고려해야 한다. 실제로, 이런 공간에서 잠을 잔다거나 장시간 이용하는 사람이 많아져 편의시설을 없애는 빌딩들도 있다. 정작 이용해야 하는 사람들이 제대로 활용하지 못하는 상황도 종종 발생할 수 있다.

편의 서비스 중에는 임차인의 시간을 아껴주는 것들도 있다. 그런 서비스 중 하나가 구두 광택이나 수선 서비스가 있다. 빌딩 내부에 그런 서비스가 있다면 구두를 닦기 위해서 밖으로 나가지 않아도 되고 굽을 갈거나 수선을 하는 일도 편리하게 할 수 있다. 이런 서비스를 제공하기 위해 일반적으로 외부 업체를 활용한다. 다만, 상주인원이 많은 빌딩이라면 전담으로 서비스를 할 수 있는 곳을 선정하고 이를 운영할 수 있는 공간을 제공하여 서비스의 수준을 높이는 것도 좋다. 전담 운영 업체가 임차인을 찾아와 구두를 수거하고 배송해주는 서비스를 제공한다면 임차인의 편의성은 한 층 높아질 수 있기 때문이다.

그 다음으로는 빌딩에서 많이 사용하는 것으로 퀵서비스 같은 배송 서비스가 있다. 대개 임차인들이 각각 여러 업체를 활용하다 보니 임차인들이 로비로 내려오거나 특정 장소에서 받아야 하는 경우가 많다. 필자가 있던 여의도 IFC에서는 퀵서비스 데스크를 운영하면서 임차인들의 퀵서비스 물품을 픽업해 주는 서비스를 운영하기도 했다. 특정 장소에 퀵서비스 물품들을 보관하고 유니폼을 입은 직원이 직접 배송을 해주는 시스템으로 임차인들이 전화만으로 서류를 보내고 받을 수 있는 서비스이다. 이렇게 퀵서비스 데스크를 운영하면 배송 기사들이 빌딩 내부까지 출입하지 않아도 되고 임차인들은 물품을 전달하기 위해 시간을 낭비하지 않아도 된다.

또, 임차인들 가운데는 회사 법인차량을 보유하는 경우가 많다. 빌딩 내부에 경정비를 해주거나 차량의 검사대행 또는 세차를 해주는 서비스를 기획해 보는 것도 좋다. 차량이 여러 대라면 이를 관리하는 일이 매우 번거롭다. 주차장 내부에 차량관리시설을 입점시키거나 외부 업체와의 위탁 계약을 통해 임차인에게 할인된 서비스를 제공하는 것을 생각해 볼 수 있다. 다만, 이런 서비스를 제공하려면 사전에 주차장 내부에 관련 시설이 설치 가능한지 검토를 해야하고, 인허가 관련 절차도 꼼꼼하게 살펴야 한다.

그리고 주차장 규모가 크다면 임차인 대표들의 수행업무를 하는 분들을 위한 대기공간을 마련해 주는 것도 좋다. 이런 서비스 공간을 제공하면 임차인은 내부에 수행업무를 하시는 분들을 위한 공간을 따로 마련하지 않아도 된다. 또, 대기공간에서 머물다가 차량을 가지고 신속하게 이동할 수 있는 장점이 있어 임차인들이 선호하는 편의시설이다.

임차인이 인테리어 공사를 하고 입주를 하면 빌딩의 공용공간 외에 내부공간 관리는 임차인의 몫이다. 만약 임차인이 사용하는 전용공간에 시설물이 고장 나거나 파손이 생기면 보통 인테리어 공사를 진행했던 업체를 통해 처리를 한다. 다만, 사소한 고장이나 간단한 수선 등을 인테리어 업체에 요청하면 시간도 오래 걸리고 비용도 많이 발생한다. 그래서 간단한 수선이나 보수업무를 빌딩운영팀에서 제공한다면 임차인이 편리하게 활용할 수 있는 서비스가 된다. 이런 서비스는 운영인력의 시간과 기술을 활용하는 일이기 때문에 특정 요구사항을 넘어서는 것들은 유료로 운영을 하거나 횟수 제한 등을 통해서 적정 수준의 서비스를 제공하는 방안을 생각해 볼 수 있다.

그리고 임차인들이 건강관리를 할 수 있도록 피트니스센터 등을 입주시키고 임차인들에게 할인 혜택을 제공하는 것도 좋다. 피트니스센터와 협의해서 점심시간이나 퇴근 이후 시간을 활용하여 임차인들을 위한 요가 클래스나 건강 관리 클래스 이벤트 같은 것을 기획해 볼 수도 있다. 이외에 피트니스센터에서 활동하는 강사를 모시고 빌딩의 공실에서 임차인을 위한 원데이 건강 클래스 등의 이벤트를 열 수도 있다. 이런 행사는 피트니스센터 모객을 위한 마케팅 활동과 연계되어 시너지를 낼 수도 있다.

이런 다양한 서비스 아이디어는 각 빌딩의 환경에 맞게 기획해 볼 수 있다. 예를 들면, 어떤 빌딩은 임차인들이 퇴근을 할 때 위험하지 않도록 보안요원이 에스코트를 하는 서비스를 제공하기도 한다. 또, 호텔과 같은 컨시어지 서비스를 제공하여 외국인 고객들이 왔을 때 편리하게 이용할 수 있다. 이외에, 백화점에서 제공하는 발렛 파킹 서비스처럼 임차인의 고객이 방문했을 때 신속하게 업무를 처리할 수 있는 서비스 등으로 차별화를 꾀하는 곳도 있다.

이제는 빌딩이라고 해서 공간만을 빌려주는 게 아니라 그 공간을 더 편리하고 효과적으로 이용하는 데 도움을 주는 것에 대해서 생각해 봐야 한다. 임차인 편의 서비스에 대한 좋은 아이디어는 빌딩운영자의 입장이 아니라 빌딩을 사용하는 임차인의 관점에서 그들의 시간과 노력을 대체할 만한 것을 찾아보는 것에서부터 시작을 하면 좋을 것이다.

07 임차인 컴플레인 현명하게 대처하는 법

빌딩을 운영하면서 임차인으로부터 발생하는 컴플레인은 필연적이다. 다양한 임차인들이 함께 공간을 사용하고 저마다 원하는 서비스 수준이 다르다 보니 빌딩 운영 중에는 컴플레인이 생길 수밖에 없다. 때로는 빌딩에 대한 민원이 아닌 임차인들 간에 불편한 일이 생겨 문제가 되기도 한다. 이럴 때는 양측의 요구사항이나 불만사항을 청취하고 최선의 방안을 제안할 수 있도록 빌딩운영자가 중간에서 조율을 해야 한다.

무엇보다 빌딩운영자는 자주 발생하는 민원이나 임차인의 불만이 나올만한 것들에 대해 미리 파악을 하고 있어야 한다. 그래야 상황이 발생하면 신속하게 대처할 수 있고 또 개선을 위한 아이디어를 생각해 낼 수 있기 때문이다. 그런 준비를 한다면 컴플레인을 효과적으로 해결할 수 있는 노하우도 생기게 될 것이다.

빌딩에서 가장 자주 발생하는 민원은 새로운 임차인이 입주할 때 많이 발생한다. 예를 들면, 임차인들의 공사로 인한 소음이나 냄새 등으로 인한 민원이 가장 대표적이다. 빌딩운영규정에는 소음이나 냄새가 나는 공사는 업무시간 내에 하지 못하도록 규정하고 있지만 인테리어 공사 업체들은 이를 어기면서 공사를 하는 일들이 종종 발생한다. 이렇게 업무시간에 발생하는 소음으로 인한 민원은 임차인들의 업무에 방해가 되고 불편을 끼치는 일이기 때문에 즉각적인 조치가 필요하다.

인테리어 회사들은 공사를 빨리 끝내는 게 비용을 절감하는 것이기 때문에 무리하게 공사를 강행하기도 한다. 또, 소음이 발생하지 않는 공정이라고 작업 신고를 하고 소음이 나는 작업을 하다가 주변 임차인들의 업무에 불편을 끼치는 일도 자주 발생한다. 따라서 빌딩 운영자는 공사 감독시 규정을 어기면 공사를 중지시키거나 작업자들을 퇴거시킬 수 있다는 것을 사전에 고지해야 한다. 그리고 공사 시에 유의해야 할 사항들에 대해 충분히 고지하고 위반 시에는 강력하게 조치를 해서 공사 시에 주의를 기울 수 있도록 해야 한다. 또, 공사 중에도 현장을 자주 점검하여 민원 발생이 될만한 것들을 사전에 차단하는 노력도 필요하다.

그리고 임차인이 인테리어 공사를 마치고 바로 입주를 할 때에는 사무실도 마찬가지로 새집증후군으로 인해 사용자들이 불편을 겪을 수 있다. 이는 빌딩운영자의 잘못은 아니지만 컴플레인의 유형으로 자주 발생하는 문제이다. 주로 환기나 실내 공기에 대한 민원으로 이어진다. 이런 민원을 예방하기 위해서는 인테리어 공사 기간을 여유 있게 잡아 입주하기 전에 실내 공간의 환기를 충분히 해주는 게 필요하다. 또, 친환경 전문 업체를 통해 사무실 내부의 새로운 가구에서 발생하는 냄새나 페인트 칠 등으로 인해 발생하는 유해 공기를 없애는 작업을 입주 전에 하는 것도 큰 도움이 된다. 또, 빌딩운영팀에서는 입주 전에 업무 외 시간에도 공조기를 돌려 공기를 빼주는 조치를 취할 수 있다. 그리고 난방을 한 뒤에 실내 공기를 외부로 배출시키는 베이크 아웃(Bake-out) 등의 서비스를 지원하여 임차인이 입주할 때에는 쾌적한 실내 공간에서 일할 수 있도록 해주면 좋다.

입주 중에 가장 많이 발생하는 컴플레인은 대개 냉난방과 관련된 민원이다. 실내가 너무 덥거나 춥다는 민원은 사람마다 체감온도가 다르기 때문에 모든 사람을 만족시킬 수 있는 서비스를 제공하기는 어렵다. 다만, 빌딩운영규정에 따라 정해진 온도를 맞출 수 있도록 운영의 묘를 발휘해야 한다. 예를 들어, 급격한 온도 변화로 실내 온도를 맞추는 데 시간이 오래 걸릴 것으로 예상되면 평소의 냉난방 가동 시간보다 앞당겨 장비를 운전하여 임차인의 업무시간에 정상적인 냉난방 온도를 제공할 수 있도록 하는 것이다. 또, 주말 동안에는 빌딩이 운영되지 않았기 때문에 실내 온도를 정상화시키는 데 더 많은 시간이 필요하다. 따라서 한주가 시작되는 월요일의 운영준비는 다른 날보다 조금 더 신경을 써야만 민원이 발생하지 않는다.

보통 냉난방 관련 컴플레인은 임차인이 인테리어를 할 때 회의실이나 임원실 같은 공간 구획을 하면서 냉난방 장치를 추가하지 않거나 환기가 될 수 있는 설비를 제대로 갖추지 않았을 때 주로 발생한다. 이런 민원은 임차인이 추가 공사를 하지 않으면 근본적으로 해결할 수 없는 문제다. 그렇다고 입주 중에 추가 공사를 하는 것도 쉽지 않기 때문에 사용하는 동안 지속적인 민원이 발생할 가능성이 높고 임차인은 빌딩의 서비스 문제라고 오해를 하기도 한다. 따라서 빌딩운영자는 냉난방 관련 설비와 관련하여 인테리어 공사를 하기 전에 발생 가능한 문제에 대해서 사전에 충분히 설명을 해줘야 한다. 그런 내용을 인테리어 공사 도면 작성 시 반영하고 적절한 장비와 공간 구획을 할 수 있도록 해야 문제를 사전에 예방할 수 있다.

빌딩에서 발생하는 컴플레인 중에는 엘리베이터 이용과 관련된 민원들도 많이 발생한다. 주로 상주인원이 많아 발생하는 것으로 출퇴근 시간이나 점심시간에 사람이 몰리면서 대기시간이 길어지는 일이 생긴다. 요즘 엘리베이터는 사용량을 자동으로 감지하여 최적의 운행을 할 수 있도록 설계 되어 있다. 또, 각 시간 별 모드를 설정해 놓으면 엘리베이터가 그에 맞게 운행 준비를 하기도 한다. 예들 들어,

출근 모드이면 해당 시간에 엘리베이터가 1층에서 대기를 하는 것이다. 또, 시간대별 운행량을 파악하고 학습하여 최적의 운행 효율을 낼 수 있도록 자동으로 운전이 되는 시스템을 갖추고 있다. 다만, 이런 학습을 통한 최적의 운행을 하더라도 엘리베이터의 적정사용 인원을 초과하게 되면 인공지능 프로그램도 무용지물이 된다.

만약 지속적으로 적정인원을 초과하여 엘리베이터 사용에 불편이 생긴다면 질서를 지켜 탑승할 수 있도록 안내하고 유도하는 일을 해줘야 한다. 붐비는 시간에 차례대로 줄을 서서 탑승을 하게 하거나 엘리베이터 홀 내부가 너무 복잡해지지 않도록 보안 요원이나 안내 직원이 관리를 해주는 것이다. 이렇게 질서 유지를 하면서 탑승을 하면 조금 대기하면 탈 수 있다는 생각에 줄을 서게 된다. 무작위로 탑승을 하다 보면 오래 기다렸던 사람이 타지 못하기도 하고 먼저 타려다 불편한 일들도 발생하기도 해서 더 큰 불만이 생길 수도 있다.

또, 별도의 엘리베이터 시스템을 사용하지 않는 빌딩이라면 상주 인원의 상황을 고려하여 고층부와 저층부를 운행하는 엘리베이터를 분리하여 운행을 해보거나 짝수 층이나 홀수 층 등으로 나눠 운영해 보면서 최적의 효율이 나는 방법을 찾아보는 노력도 필요하다.

이렇게 빌딩에서는 다양한 민원이 발생하지만 무엇보다 빌딩에서 컴플레인이 발생하면 이를 해결하는 데 집중해야 한다. 임차인에게 불편을 주는 문제가 빌딩운영자의 실수나 착오로 인한 것이었다면 잘못을 인정하고 신속하게 해결하려는 태도로 임하는 것이 가장 최선의 대처 방법이다. 그리고 이때 중요한 것은 문제를 해결하는 과정에서 임차인과 지속적으로 소통을 하는 것이다.

사실 문제가 발생하여 컴플레인을 제기한 임차인은 처리결과도 궁금하지만 문제가 해결되는 과정을 알고 싶어 한다. 그런데 빌딩운영자는 문제가 다 해결된 뒤에 그 결과를 알리면 된다고 생각하기 쉽다. 그러다 보면 나의 불만에 대해서 빌딩에서는 큰 관심이 없어 진행경과를 알려주지 않는다는 오해를 할 수도 있다. 컴플레인에 대한 진행경과만이라도 임차인과의 커뮤니케이션을 통해 공유가 잘 된다면 민원문제도 의외로 쉽게 풀어나갈 수 있을 것이다.

도심의 대형 프라임급 빌딩들 중에서는 빌딩 관련 문의나 컴플레인을 접수는 받는 콜센터를 운영하기도 한다. 간단하고 기본적인 질문은 콜센터의 상담직원들이 해결을 한다. 만약 실무적인 처리가 필요한 업무라면 관련 담당자들에게 전달하여 문제를 해결하도록 한다. 그런 과정에서 민원이 접수되었음을 문자 서비스를 통해 알려주고 민원의 처리 과정과 종료여부를 임차인에게 알려주는 서비스를 제공하기도 한다. 마치 온라인 쇼핑으로 구매 한 상품의 배송과정을 보여주듯 민원의 처리과정을 알려주는 것만으로 임차인은 빌딩운영에 대한 신뢰감을 갖게 된다. 나중에 콜센터를 통해 접수된 내용들은 운영과정에서 개선이 필요한 일들이 무엇인지 확인하는 데이터로 활용하여 반복적으로 발생하는 민원들을 방지하는 데 활용한다.

빌딩은 집적된 공간을 많은 사람들이 함께 사용하는 곳이다. 따라서 빌딩을 사용하는 사람들이 서로 지켜야 하는 기본적인 사항들은 빌딩운영규정을 통해 공식화해 놓을 필요가 있다. 예를 들어, 빌딩 내부에서 진행하는 공사는 업무 외 시간이나 휴일에만 할 수 있다든지, 음식물의 취사가 금지되어 있다는 등의 기본적으로 빌딩에서 지켜야 할 것들을 문서로 명시해 놓는 것이다. 그래야 나중에 어떤 근거로 이용에 대한 제한이나 관리를 하는지 알 수 있기 때문이다.

그리고 공지사항을 다양한 채널들을 통해 정기적으로 임차인들에게 알리는 일도 필요하다.

빌딩에서 발생하는 컴플레인의 종류는 어느 정도 공통적으로 발생하는 것들도 있겠지만 모두 다 똑같은 것은 아니다. 내가 운영하고 있는 빌딩에서 발생하는 민원의 종류들을 축적하고 관리하여 그 속에서 일정한 규칙이나 빈도를 찾아내는 일도 중요하다. 예를 들어, 해결 가능한 민원, 개선만 가능한 민원 그리고 반복적으로 발생하는 민원 등으로 구분을 하고 계절적인 요인이나 반복적으로 일어나는 시기 등을 파악하는 것이다.

그런 데이터를 바탕으로 민원을 사전에 예방을 하는 노력을 하거나 시설물의 개선이 필요하거나 수선이 필요하다면 비용을 들여서라도 처리를 하는 게 중요하다. 임차인의 컴플레인에서 완벽하게 벗어나는 일은 불가능하지만 효과적으로 줄여나갈 수는 있다. 이를 위해서 빌딩운영자는 문제가 발생하여 이를 해결하는 과정에서 얻은 노하우들을 잘 활용할 수 있어야 한다.

08 임차인과 아름답게 헤어지는 방법

빌딩에 새로운 임차인이 들어올 때면 계속 성장하는 기업이 되어 오랫동안 함께 하기를 바란다. 그렇지만 임대인의 의지와는 상관없이 임차인들은 저마다 다양한 사정으로 빌딩을 떠나게 된다. 사업이 잘 돼서 아무런 문제 없이 떠나는 임차인도 많지만, 더 이상 기업 활동을 하기 어렵거나 경제적 상황이 나빠져 퇴거하는 일도 빈번하다. 특히, 이렇게 좋지 못한 상황이 되어 임차인과 헤어질 때는 가급적이면 협상이나 협의를 통해 신속하게 합의점을 찾는 게 임대인과 임차인 모두에게 도움이 된다.

평소 아무런 탈 없이 지내던 임차인에게도 이상 징후가 생길 때가 있다. 급작스럽게 회사에 불미스러운 사건들이 일어나거나 회사와 관련된 좋지 않은 뉴스들이 자주 눈에 띄게 되면 빌딩운영자도 해당 임차인을 면밀하게 모니터링을 해야 한다. 특히 관심을 더 기울여야 할 사항은 임대료와 관리비가 체납이 되는지 여부이다. 만약 평소 문제가 없었던 정상적인 임차인이었는데, 처음으로 연체가 발생했다면 먼저 원인이 무엇인지 파악해야 한다.

단순히 담당자의 실수로 인한 연체였는지 아니면 회사 내부 다른 사정으로 그런 것인지 빠른 시간 안에 상황을 파악할 필요가 있다. 처음 연체가 발생하고 나서 하루나 이틀 사이에 납부를 하는 게 아니고 그 이상의 시간이 지나 처리를 했다면 연체가 해결되었다고 안심해서는 안된다. 한 번 문제가 발생했다면 원인이 무엇이었는지 확실하게 파악하고 당분간 임차인의 상황을 주의 깊게 살펴보면서 관심을 기울일 필요가 있다. 한 번 문제가 발생했던 임차인은 다시금 연체가 발생할 가능성이 높기 때문이다.

만약 임차인의 연체가 반복적으로 발생한다면 임차인과 직접 면담을 통해 근본적인 원인이 무엇인지를 파악해야 한다. 이메일이나 전화 통화로만은 다 설명하지 못하는 것들도 있기 때문에 회사에 직접 방문을 해서 내부 분위기도 살피고 담당자를 통해 연체 발생이 되는 사정에 대해 들어봐야 한다. 이런 대화를 통해 빌딩운영자는 상황이 어느 정도 심각한 것인지를 파악할 수 있고 앞으로 어떻게 대처를 해야 할지 준비를 할 수 있다.

빌딩운영자는 연체가 발생하는 임차인과 주기적으로 소통을 하면서도 계약서에 의한 관련 절차들은 때에 맞춰 이행해야 한다. 예를 들어, 연체 발생 시에 관련 내용으로 공문을 발송하고 연체가 누적이 되면 계약서 조항에 따라 임대차계약이 해지된다는 내용을 통지해야 한다. 필요하다면 내용증명이나 배달증명 등을 통해 문서를 발송해 놔야 추후 협의가 잘 되지 못해 법적인 다툼이 일어났을 때 대처를 할 수 있다. 임차인과 좋은 관계를 유지하는 노력도 필요하지만 때에 따라서는 꼭 해야 되는 업무들은 규정에 맞게 해야 한다. 다만, 임차인의 담당자에게 어떤 근거로 그런 문서들이 발송이 될 것인지를 사전에 충분히 설명하고 업무를 진행하면 실무적으로 원만한 관계를 유지하는 데 도움이 될 수 있다.

어떤 경우는 연체대금이 누적이 되어 임차인의 회복 가능성이 없다고 판단될 때도 있다. 계약서에 따른 공문 발송에도 별다른 변화를 기대할 수 없다면 이때는 임차인과의 계약종료에 대한 협의를 시작해야 한다. 계약종료 협의를 시작할 때는 임차인이 현재 상황을 명확하게 파악할 수 있도록 퇴거 시 정산내역을 미리 설명하고 확인하는 게 좋다. 예를 들어, 지금까지의 연체내역과 각종 패널티 그리고 원상복구 공사 예상금액 등을 계산하여 보증금에서 정산하면 잔액이 얼마 정도라는 것을 미리 알려주는 것이다. 그래야 임차인도 현재 상황이 심각한 것임을 인지하고 담당자도 관련 자료를 근거로 회사 내부에 보고를 할 수 있기 때문이다.

간혹 임차인과 문제가 발생한다면 법적으로 해결하면 되지 않을까 생각하기 쉽다. 임차인을 퇴거시키는 명도소송으로 처리하면 된다고 생각할 수도 있다. 하지만 명도소송을 진행하기 위한 시간 동안에 임대인의 손해는 계속해서 더 늘어나고 설사 소송에 이겼다 하더라도 임차인의 재정상태가 지급이 불능이거나 폐업을 했을 수도 있어 실제로 그 손해를 보상 받기가 어렵다. 따라서 명도소송보다는 사전에 합의를 통해 임차인도 최대한 손해가 없도록 신속하게 퇴거할 수 있는 방안을 마련해 주는 것이 더 낫다.

그리고 빌딩운영자는 막다른 곳에 몰린 임차인과의 협상에서는 조금 손해를 보더라도 원만하게 마무리한다는 기본 전제로 업무를 진행해야 한다. 원칙적으로 임대차계약에 규정된 사항들을 전부 적용하겠다거나 너무 과도하게 많은 것을 요구하다 오히려 더 큰 손해가 생길 수도 있다. 연체가 발생한 임차인은 아마도 막다른 골목에 몰린 상황일 것이고 만약 협상제안을 받아들이지 않고 계속해서 시간을 지체한다면 연체료는 더 늘어나 임대인도 회수할 수 있는 금액이 줄어들게 된다.

임대인이 문제가 생긴 임차인에게 해줄 수 있는 가장 현실적인 배려는 현재 공간에 대한 임대차계약을 다른 임차인에게 양도를 하게 허락해 주는 것이다. 왜냐하면 임차인은 계약 해지로 인한 손해를 방지하고 인테리어 공사에 들어간 비용을 절감할 수 있기 때문이다. 다만, 이런 양도양수 계약을 하기 위한 적절한 임차인을 찾는 일은 시간이 필요한 일이다. 대개 임대차계약서상에는 양도양수 조건이 까다롭지만, 임차인이 최악의 상황에 있을 때 협조를 해주는 것도 서로의 손해를 줄일 수 있는 방법이다.

다른 대안으로는 남아있는 보증금의 일부라도 반환을 받고 최대한 빠른 시간 내에 퇴거를 할 수 있도록 협상을 하는 것이다. 시간이 흘러갈수록 임차인의 상황이 개선되지 못한다는 것은 보증금 잔액이 줄어든다는 것을 의미한다. 퇴거 시점에 최소한의 보증금 잔액을 반환받거나 보증금이 연체료 등으로 모두 상계처리가 되더라도 추가 정산 비용이 발생하지 않는 선에서 협상을 마무리하는 게 최선의 선택이 될 수도 있다.

시간을 너무 끌다 보면 회사의 상황이 악화되어 담당자가 퇴사를 하거나 폐업을 해서 사용하던 물품 등이 남아 빌딩운영자가 임의대로 처리하지 못하는 상황이 발생할 수도 있다. 결국 신규임대도 못하고 법적소송으로 처리해야 하는 최악의 시나리오로 진행이 될 수도 있다.

따라서 임차인과 아름답게 헤어지려면 임차인이 악화되는 상황을 빠르게 인지하고, 상호 간의 손해를 최소화할 수 있는 방안을 찾아 신속하게 협의해야 한다. 주식을 손절매 해야 하는 상황처럼 더 큰 손해를 막기 위해 때로는 빌딩운영자는 빠르고 냉정한 결단을 내리고 임차인과 헤어질 준비를 해야 한다.

09 차라리 공실로 놔둬라

투자 목적으로 매입한 빌딩은 공간을 파는 것이 주된 사업 전략이다. 그런데 만약 빌딩에 공실이 많다면 내 상품이 잘 팔리지 않는 것이고 사업 전략에도 문제가 생긴 것이라고 판단할 수 있다. 결국 빌딩의 임대가 잘되지 않는다면 사업이 제대로 되지 않는 것이고 임대인은 공실을 채워야 한다는 압박을 받게 된다. 물론 어느 정도 공실로 남겨 두는 기간을 견딜 수 있겠지만 재정적인 문제가 발생할 때까지 계속해서 기다릴 수도 없다.

보통 대형 빌딩들은 임차인을 선별하는 내부 가이드라인을 가지고 있다. 임차인의 계약기간, 사용면적, 신용도 등에 따라 임대기준가를 정하고 무상임대기간이나 인테리어 공사 지원금 등의 제공 기준을 정해 놓는다. 또, 임차인의 신용도를 확인하고 기준 이하의 임차인의 입주를 제한하기도 한다. 이외에도 권장하는 업종 또는 입주가 금지가 되는 업종 등의 기준을 정하기도 하고 빌딩의 운영 콘셉트에 따라 선호하는 임차인 리스트를 만들어 놓기도 한다. 이런 가이드라인을 통해 사전에 부실한 임차인을 걸러내고 운영방향에 부합하는 견실한 임차인들을 빌딩에 입주시킨다.

다만, 평상시 적용하는 임대가이드라인이 있더라도 공실 기간이 오래 지속되다 보면 기준에 맞지 않는 임차인이라도 받아서 공실을 채워야 하는 것이 아닐까 고민을 하기도 한다. 또, 임대대행을 하는 에이전트들은 빌딩의 공실을 채우는 게 우선이어서 규정에 맞지 않는 임차인을 추천하는 일도 있다. 만약 시장 상황이 좋지 못하다면 실적이나 매출을 위해 어쩔 수 없이 수준에 부합하지 않는 임차인의 입주를 검토해야 할 수도 있다.

그렇다고 빌딩에 아무 임차인이나 받아서는 안 된다. 신용도가 좋지 못한 임차인을 받았을 때 생기는 문제는 빌딩을 차라리 공실로 놔두는 것보다 더 심각한 피해를 줄 수도 있기 때문이다. 필자도 빌딩운영을 하면서 입주하고 나면 뻔히 문제가 될 것을 예상하면서도 재정적인 사정으로 인해 어쩔 수 없이 입주를 시킨 경우가 있었다.

당시 부동산 임대시장의 상황이 임차인 위주의 시장으로 주변에 공실도 많아 오랫동안 신규 임대가 되지 않아 고전을 하고 있었다. 그런 상황에서 임대팀에서 새로운 임차인의 입주를 진행하게 되었다. 임차인 정보를 검토하고 담당자와 미팅을 하고 나서 신용도에 문제가 있을 것 같은 임차인이라는 것을 알게 되었다. 임대팀의 담당자와도 확인을 했지만 빌딩운영상 어쩔 수 없는 상황이라 입주를 결정할 수밖에 없다고 했다. 임대인도 어쩔 수 없이 어려운 상황을 넘기기 위해 이런 임차인이라도 받아야 된다는 것이었다.

간략히 조사를 해보니 해당 임차인은 유사수신행위가 의심되는 업체로 사업 모델도 불투명하고 불법적인 요소가 많은 회사였다. 그래도 입주하면 공실을 해소할 수 있었고 임대료도 기준 금액보다 높게 받는 계약이어서 여러 가지 의구심에도 불구하고 임대차계약이 진행되었던 것이다.

아니나 다를까 예상대로 이 임차인은 입주하고 나서 1년이 조금 넘는 시점부터 연체가 발생하기 시작했다. 게다가 해당 회사와 관련된 고객들이 찾아와 로비에서 시위를 하기도 했다. 곧이어 불법적인 행위로 문제가 있다는 뉴스까지 보도가 되었다. 점점 임차인으로부터 발생하는 문제가 커지기 시작했고 나중에는 경찰조사까지 받는 일까지 벌어졌다.

그렇게 임차인은 더 이상 사업을 영위하기가 어려워졌고 임대차계약 해지를 위한 협의를 시작했다. 얼마 안 돼서 담당자와 연락이 잘 되지 않고 나중에는 잠적까지 하는 바람에 명도를 하는 데에도 시간이 꽤 걸렸던 기억이 있다. 이 회사는 나중에 알고 보니 금융 관련 투자를 하는 회사였는데, 불법적인 다단계 형식의 영업으로 투자자들에게 큰 피해를 주었던 곳이었다. 이 회사에 투자하여 피해를 본 사람들이 빌딩에 찾아와 소란을 피우기도 하고 시위를 하는 바람에 빌딩의 이미지에도 손상을 주기도 했다. 게다가 빌딩의 다른 임차인들도 그런 불법을 저지르는 임차인이 같은 빌딩에 있다는 것에 다소 당황한 듯 했다. 또, 이런 시위로 인해 빌딩 출입이나 업무에도 불편을 겪어야만 했다.

이렇게 악성 임차인이 빌딩에 입주하고 나서 문제가 생기게 되면 퇴거 자체도 쉽지 않고 시간도 오래 걸린다. 빌딩운영자는 퇴거 과정에서 임차인과 불편한 협의를 진행해야 한다. 또, 다른 임차인들로부터 발생하는 민원에 대응하고 해명하는 과정에서 불필요한 에너지를 낭비해야 한다. 게다가 다시 공실이 발생하면 마케팅을 위한 시간과 비용을 허비해야 한다. 불량 임차인이라도 입주하고 있는 동안 임대료 수입이 발생했다고 생각할 수도 있지만, 눈에 보이지 않는 다른 피해를 생각한다면 이익보다는 손해가 더 많을 것이다.

만약 재정적으로 최악의 상황이 되어 어쩔 수 없이 신용도가 낮은 임차인을 꼭 받아야 한다면 몇 가지 안전장치를 만들어서 대비를 해야 한다. 무엇보다 불법적인 가능성이 있는 업체는 입주검토 자체를 원천 차단해야 한다. 이런 곳들은 언젠가는 꼭 문제가 발생하기 때문이다. 그리고 앞서 살펴본 것처럼 임대료 연체 같은 재정적인 문제뿐만 아니라 외부인들의 항의 방문이나 시위 같은 2차적인 문제까지도 빌딩에서 대응해야 하는 일이 생긴다.

그 다음 대안으로는 보증금을 일반적인 임대기준보다 더 받는 것이다. 신용도를 보강하는 가장 쉬운 방법으로는 재정적인 문제가 생겼을 때 이를 해소할 수 있는 장치를 마련해 놓는 것이다. 임차인의 입장에서도 보증금을 반환 받기 위해 노력을 하기 때문에 위험을 조금이나마 감소할 수 있는 수단이 된다. 또, 임대인은 연체가 오래되고 원상복구까지 하지 못한다 하더라도 이를 보증금에서 차감할 수 있기 때문에 안전장치로 활용이 가능하다.

마지막으로는 제소전화해를 활용하는 방법이 있다. 제소전화해는 단어의 의미 그대로 소를 제기하기 전에 미리 화해를 하는 것이다. 임대인과 임차인이 미리 정한 기준에 합의하여 입주 전이나 또는 그 시점에 미리 법원에 가서 판결을 받는 것이다. 예를 들면, 제소전화해 조항으로 임대료와 관리비가 3개월 이상 연체가 되면 명도를 한다는 조항을 넣어 놓는 것이다. 이렇게 미리 제소전화해를 신청하여 판결을 받아 놓으면 해당 조항과 관련된 문제가 발생했을 때 확정판결을 받은 것과 같은 효과를 가진다. 따라서 임차인이 화해조항을 어기는 문제가 발생하면 명도소송을 제기하지 않고 제소전화해를 통해 강제집행을 하는 시간과 비용을 절감하는 효과가 있다. 일반적으로 임차인에게 문제가 발생하고 나서 명도 소송을 준비하면 그 시간이 오래 걸린다. 그러는 동안 임차인에게서 발생하는 연체는 늘어나고 소송이 끝나도 회수할 수 있는 비용이 남아 있지 않는 경우가 대부분이다. 따라서 제소전화해는 그런 시간이 지체되는 것을 막을 수 있는 효과적인 법적장치이다.

이렇게 다양한 안전장치를 마련하는 것도 좋겠지만 원칙적으로는 임대가이드라인에 맞는 임차인을 입주시키는 게 가장 바람직한 방법이다. 불량 임차인이라도 받아서 재정적인 문제를 해결하려 하기보다는 차라리 공실로 놔두는 것이 돈을 버는 것이라는 관점의 접근방식도 때론 필요하다.

PART 7

빌딩관리는 가족 대신 전문가에 맡겨라

PART 7 빌딩관리는 가족 대신 전문가에 맡겨라

01 빌딩관리는 가족 대신 전문가에게 맡겨라

빌딩운영은 일반 주거용 부동산과는 달리 관리를 하기 위한 전문성이 필요하다. 다른 직업이 없이 빌딩운영과 관리업무에 전념을 하지 않는다면 전문업체에 위탁운영을 맡기는 게 효과적이다. 왜냐하면, 소형 빌딩이라 하더라도 내부에 있는 건축설비들은 전문가들을 통해 관리해야 하고 경우에 따라 외부업체에 위탁운영을 해야 하기 때문이다.

또, 건물의 운영과 관리를 위해 직원도 채용해야 한다. 빌딩에 설치된 기계, 전기, 소방, 건축 등의 설비들을 관리할 직원에서부터 미화, 주차, 보안 등의 업무를 처리해 줄 직원도 필요하다. 이런 직원의 채용과 관리를 하는 것도 쉬운 일이 아니다. 채용공고에서부터 면접 그리고 근무 이후 퇴사 등의 업무를 직접 관리하면서 챙기는 것은 생각보다 많은 노력이 필요하다.

게다가 새로운 임차인이 입주하면 인테리어 공사도 해야 하고, 공실이 생기면 마케팅을 통해 신규 임대를 해야 한다. 또, 정기적인 수선공사도 하고 노후화된 곳이 있다면 이를 개선하기 위한 리노베이션 공사도 해야 한다. 이처럼 빌딩의 운영과 관리는 전문성을 가지고 해야 하는 일들이 많다. 비용을 아끼겠다며 직접 관리업무를 한다거나 가족이나 친인척에게 맡기기보다는 전문업체에 위탁을 하는 게 효과적이다.

보통 빌딩의 운영과 관리를 전문적으로 하는 회사를 부동산자산 관리회사라고 한다. 자산관리회사에 업무를 위임하면 자산관리 수수료가 발생하지만 전문적인 관리를 통해 그 이상의 효과를 볼 수가 있다. 자산관리회사들 중에는 중소형 빌딩을 전문으로 하는 회사들도 있고, 어느 정도 규모가 있는 대형 부동산만을 관리하는 회사들도 있다.

대형 빌딩들의 경우 부동산자산운용회사나 부동산투자회사들이 투자수익을 목적으로 매입을 하는데, 이때 부동산자산관리회사에 일상적인 운영을 위탁하는 것이 일반적이다. 부동산 투자가 주업인 전문투자자들은 부동산 투자 상품을 발굴하고 투자전략을 수립하여 수익을 창출하는 게 주된 업무이다. 주요 업무 외에 다른 일들은 외부 업체에 위탁관리를 맡기는 게 효과적이기 때문에 아웃소싱을 통해 해결을 한다.

보통 부동산 자산관리(PM: Property Management)를 자산관리회사에 위탁하는 데 드는 비용은 평당 금액을 기준으로 계산을 하는 게 일반적이다. 상황이나 면적에 따라 다르겠지만 대형 상업용 부동산의 자산관리 위탁 비용은 월간으로 계산되고 평당 500원 ~ 1,500원 수준에서 형성이 된다. 부동산 자산의 연면적 크기나 운영과 관리의 난이도에 따라 자산관리 수수료는 달라진다. 이 비용은 부동산자산관리를 하는 인력을 투입하는 데 드는 비용이라고 보면 된다.

부동산자산관리회사는 빌딩의 예산을 수립하고 운영하며 임차인 관리 등 전반적인 빌딩운영 업무를 담당한다. 그리고 빌딩의 시설관리와 서비스관리를 하는 인력은 다시 시설관리(FM : Facility Management)를 전문적으로 하는 회사에 위탁한다. 이런 관계를 정리해 보면 빌딩의 소유자는 자산관리회사인 PM회사와 계약을 체결하고 다시 PM회사가 시설관리회사인 FM회사들과 하도급계약을 맺는 방식의 구조가 된다.

시설관리회사들은 빌딩의 시설과 서비스를 운영할 인력을 채용하고 외부 전문업체들을 활용해야 하는 경우에 계약을 맺고 업무를 처리하기도 한다. 위와 같은 업무위탁 관계를 통상적으로 많이 활용하는데, 이는 정해진 것은 아니고 협의에 따라 계약형태와 관계를 변경하기도 한다.

빌딩의 자산관리자를 보통 Property Manager(PMer)라고 부른다. 관리 형태는 자산관리자가 현장에 상주하면서 관리하는 방식과 본사에서 간접 관리하는 방식으로 나눠볼 수 있다. 시설관리를 하는 FM회사는 현장에 상주하는 게 기본이지만 PMer는 현장의 규모가 작고 원격 관리가 가능하다면 본사에서 간접 관리하는 방식으로 운영하기도 한다. 그런 경우 자산관리 수수료는 현장에 상주하는 것에 비해 저렴하다는 장점이 있다.

이렇게 부동산자산관리회사에 빌딩운영을 맡기게 되면 비용이 발생하기는 하지만 여러 가지 면에서 장점이 있다. 보통 부동산자산관리회사 내에는 임대팀이 함께 있는 경우가 많다. 따라서 자산관리를 하고 있는 빌딩에서 공실이 생기거나 신규 임차인을 찾아야 한다면 협업을 통해 임차인을 찾는 데 도움을 받을 수도 있다.

또, 임대 시장에 대한 정보를 가지고 있기 때문에 자산관리를 하는 빌딩의 임대료 수준이 적정한지 확인이 가능하고 주변 경쟁 빌딩에 대한 정보를 파악하기가 용이하다. 임대팀에서는 새로운 임차인을 제안하면서 빌딩에 적정 임대료 수준을 파악하고 그에 맞는 정보도 제공할 수 있기 때문이다. 보통 자산관리업무를 담당하는 회사를 전속 임대대행 회사로 선정하여 시너지를 낼 수 있도록 하는 경우도 많다.

또, 빌딩운영을 하다 보면 각종 사건과 사고 등이 발생하는데, 업무시간이 아닌 야간이나 휴일에 문제가 생기기도 한다. 이때 본사 인력을 지원하거나 위기 대응 시스템을 활용하여 문제를 신속하게 해결해 주기도 한다. 국내 유명 자산관리회사들 중에는 빌딩 관리를 위한 중앙통제센터 등을 운영하는 곳도 있고, 관리하는 빌딩들을 정기적으로 방문하면서 사전점검 및 사고예방 활동 등을 하는 팀을 운영하는 곳도 있다. 이런 시스템을 갖추고 있기 때문에 사고 예방은 물론 어쩌다 한 번씩 발생하는 큰 위기 상황도 잘 대처할 수 있다.

실제 사례로 여름철 폭우로 빌딩이 지하 주차장까지 침수가 되는 사고가 발생했던 적이 있었다. 해당 회사는 긴급 상황으로 판단을 하고 본사 인력과 주변 빌딩에 있는 인력들을 지원하여 침수 현장을 밤샘 작업을 통해 빠르게 복구하고 비상 발전기를 가동시켜 빌딩업무를 정상화시켰던 일화도 있다. 만약 전문업체가 관리하지 않았다면 침수 복구를 하는 데 더 많은 시간이 걸렸을 것이고 그로 인한 빌딩과 임차인의 피해도 더 커졌을 것이다.

부동산자산관리회사는 아무래도 유사한 종류의 빌딩을 운영해 본 경험이나 노하우가 많다. 그런 전문성을 가지고 빌딩운영을 하기 때문에 전반적으로 빌딩 관리 수준을 한 단계 높일 수 있다. 비용을 들인 만큼 전문가들의 빌딩운영 노하우를 전수받을 수 있는 좋은 기회가 된다.

이렇게 자산관리회사의 네트워크를 통해 빌딩의 임대 마케팅이 잘 되어 임대수익이 상승하고, 운영 노하우를 통해 빌딩운영이 효율적으로 된다면 수익향상과 비용절감이 가능하다. 그러면 자산관리 수수료가 전혀 아깝지 않을 것이다. 어떤 분야든 마찬가지이겠지만 전문성을 요하는 일은 해당 분야의 전문가에게 위탁을 하고 자신의 분야에 집중하는 게 더 효율적이라는 사실은 부동산 자산관리 분야에도 적용된다고 할 수 있다.

02 비용은 낮추고 품질은 높이는 아웃소싱 관리

아웃소싱은 업무의 일부를 제3자에게 위탁하는 것을 말한다. 아웃소싱을 하는 이유는 경영 효율의 극대화를 위한 방안으로 활용한다. 내가 잘 할 수 있는 핵심에 집중하고 나머지는 또 다른 전문가에 위탁하여 생산성을 높이는 전략이다. 그런 점에서 빌딩운영은 아웃소싱의 집합체라고 말할 수 있다. 빌딩운영에 있어 대부분의 업무는 외부업체를 활용한 아웃소싱을 통해 처리하기 때문이다.

투자 목적으로 매입하는 상업용 부동산의 운영형태를 보면 이 말의 뜻을 이해할 수 있을 것이다. 보통 전문 투자자들은 빌딩을 부동산 펀드나 리츠 같은 투자 기구를 활용하여 투자상품을 만든다. 그 뒤에 빌딩의 직접적인 관리와 운영은 전문 업체에 아웃소싱을 맡기는 게 일반적이다.

보통, 부동산 투자상품을 만든 부동산자산운용회사는 실질적인 자산의 운영과 관리를 부동산자산관리회사에 위탁을 한다. 그리고 빌딩의 임대를 담당할 임대대행과 마케팅을 할 수 있는 회사를 선정한다. 부동산운영을 위탁 받은 부동산자산관리회사는 빌딩의 시설인 건축, 기계, 소방, 전기 등의 설비를 운영할 인력과 서비스를 담당할 미화, 안내, 보안, 주차 등의 시설관리 인력을 채용하고 관리할 시설관리업체를 선정한다.

이렇게 빌딩은 크게 소유자를 대신하여 자산의 운영과 계획을 담당하는 자산관리(Property Management) 인력과 빌딩의 시설관리와 서비스 업무를 처리하는 시설관리(Facility Management) 인력으로 구성이 되어 일상적인 업무를 처리한다. 또, 빌딩에는 시설관리 인력이 운영과 관리가 가능한 일도 있지만 그렇지 못한 업무들도 많다. 시설관리 인력들이 할 수 없는 업무들이나 전문적인 장비들로 처리해야 하는 일들도 상당히 많은 편이다.

예를 들어, 빌딩에 설치된 냉동기나 보일러, 전기설비 등의 유지보수를 위해서 전문 업체들에게 정기적인 관리나 점검을 위탁하게 된다. 이런 장비들은 제조업체나 관련 회사들을 통해 관리하는 것이 효과적이어서 외부 업체를 활용한다.

또, 빌딩에서 사용하는 각종 소모품들을 정기적으로 구매하거나 건물의 외벽 청소나 실내 카펫 청소처럼 인력이 많이 필요하고 전문적인 장비나 기술이 필요한 일들은 외부 업체에 맡겨서 처리를 한다. 이런 식으로 빌딩의 운영과 관리는 아웃소싱으로 처리해야 하는 업무들이 많은 편이다. 그래서 빌딩운영자는 아웃소싱을 하면서 그런 업무를 처리하는 업체들의 품질수준이나 가격의 적정성 등에 대한 주기적인 확인이 필요하다.

결국 빌딩의 운영과 관리를 하는 데 있어 아웃소싱을 어떻게 관리하느냐에 따라 비용과 품질에도 큰 차이가 날 수밖에 없다. 따라서 아웃소싱 업체를 선정하고 관리하는 내부기준을 수립하는 것이 좋다. 일반적으로 자산관리회사나 시설관리회사들은 이런 아웃소싱 업무를 처리하기 위해서 협력업체 리스트를 만들어서 운영을 하기도 한다. 이는 전문성을 가진 업체들을 미리 선별을 해놓고 필요에 따라 활용하기 위함이다.

빌딩운영을 하다 보면 아웃소싱 업체들과의 협력 관계도 굉장히 중요하다. 사고나 고장이 발생해서 갑자기 긴급한 공사나 점검을 해야 하기도 하고 필요한 경우에는 운영상 필요한 전문적인 조언을 들어야 하기 때문이다. 그래서 빌딩운영과 관리에 협조적이고 믿고 처리해 주는 협력업체를 많이 보유하는 것도 필요하다. 그런 좋은 관계를 유지하기 위해서는 빌딩운영팀도 그에 맞는 대우와 협력관계를 유지할 수 있는 노력을 해야 한다. 예를 들어, 용역 업무가 종료되면 대금 지급을 신속하게 처리해 주거나 원활한 업무 처리를 위해 빌딩 차원에서 도움을 줄 수 있도록 협조를 해주는 것이다. 협력업체를 빌딩을 위해 함께 일하는 동반자라고 생각한다면 더 나은 관계를 형성할 수 있을 것이다.

또, 아웃소싱 업체를 통해 업무를 위탁하면서 정기적으로 업체들의 신용도를 점검하고 필요에 따라서는 경쟁 입찰을 통해 시장 가격이 적절한지 확인하는 것도 필요하다. 그렇다고 무조건 저가업체를 선정하는 것이 아니라 적정 수준의 서비스인지 정도를 알아보는 것이다. 또, 아웃소싱의 단계가 복잡하다 보니 그런 관계를 이용해 비리나 불미스러운 일이 발생하는 일도 있는데, 이를 위해 업체 담당자와 정기적인 점검이나 면담을 통해 부당한 일이 발생하고 있는지 확인할 필요도 있다.

이처럼 부동산 운영과 관리에는 아웃소싱 업무가 많다 보니 견실한 업체들과 좋은 관계를 맺는 것이 빌딩운영에도 긍정적인 영향을 줄 수 있다. 아웃소싱에 대한 정확한 기준을 수립하고 정기적인 점검만 잘 해도 빌딩의 비용은 절감하고 품질 높은 서비스를 통해 빌딩의 가치를 높일 수가 있다.

03 빌딩과 임차인 모두 병들게 하는 인테리어 공사

임차인이 새로운 빌딩에 입주를 하면 인테리어 공사를 하고 쾌적한 공간을 만들기를 원한다. 임직원들에게 좋은 환경을 제공하면 업무 효율도 높아지기 때문에 공을 들여서 준비를 한다. 그런데 이런 인테리어 공사관리를 제대로 하지 못하면 문제가 발생한다. 잘못된 인테리어 공사는 각종 설비에 문제를 일으켜 빌딩을 병들게 하고 결국 임차인의 실내 환경에도 좋지 못한 영향을 끼친다.

빌딩의 인테리어 공사는 간단한 경우도 있지만 임차인이 원하는 콘셉트의 공간을 만들기 위해 대대적으로 큰 공사를 하기도 한다. 이때 실내의 기본구조만 남기고 건축, 전기, 기계, 소방 등의 시설들을 전부 변경하는 공사를 한다. 일반적으로 오피스빌딩의 인테리어 공사는 면적이나 공사 범위에 따라 다르지만 최소 1~2개월부터 대형 면적을 사용한다면 6개월 이상 걸리기도 한다.

보통 빌딩에는 임차인의 인테리어 공사를 대비해서 공사규정이나 가이드라인이 있다. 이런 공사규정을 만들어 놓으면 빌딩에 대해 잘 모르는 공사 업체들이 건물 상황을 신속하게 파악하고 무엇을 준비해야 할지 알 수 있다. 이 가이드라인에는 어떤 자재를 써야 하고 공사 시의 유의사항들이나 빌딩의 특성을 설명해 놓은 정보들이 들어있다. 이를 활용하면 공사 편의성을 높여 공사기간을 단축시키고 결국 임차인의 입주 스케줄도 제때 맞출 수가 있다. 무엇보다 공사규정을 통해 공사 시 주의할 점들을 명확하게 전달하면 공사로 인해 빌딩에 피해를 주거나 민원이 발생하는 것을 어느 정도 예방할 수 있다.

그리고 인테리어 공사 시작 전에는 임차인과 공간에 대한 인수인계를 명확히 해야 한다. 인수받은 임대공간이 어떤 상태였고 임대차기간이 종료된 이후에는 인수받았던 상태 그대로 원상복구를 해야 된다는 것을 확인해야 한다. 임대공간 내 주요 장소나 설치물에 대한 현장 사진을 남기고 임차인에게 인수인계 확인서를 받아놔야 추후에 서로 문제가 생기지 않는다. 대개 원상복구 범위에 대한 협의 시에 분쟁이 발생하는 원인은 업무를 했던 담당자가 바뀌어서 협의했던 내용을 확인할 수 없거나 동일한 담당자라 하더라도 서로 이해도가 달랐기 때문이다. 따라서 원상복구 협의에 관한 내용들을 사진과 문서로 남겨놓는 것이 좋다.

이렇게 공간에 대한 인수인계가 완료되면 임차인의 인테리어 회사와 미팅을 통해 공사 계획서와 공사도면 등을 받아 검토를 한다. 엄격한 규정이 있는 빌딩에서는 인테리어 회사도 적격한 회사인지 사전에 검토를 하는 곳도 있다. 또, 해당 빌딩 인테리어의 경험이 많은 회사들을 추천 리스트로 만들어 놓기도 한다. 왜냐하면 인테리어 업체 중에는 영세한 곳이 많고 재무적으로 불안정하여 공사 이후에 문제가 생기는 회사들이 많기 때문에 사전검토를 통해 제대로 된 업체를 선택하여 공사를 할 수 있도록 추천 리스트가 있다면 안정장치의 역할을 해줄 수가 있다.

인테리어 공사를 하는 과정에서 가장 중요한 부분 중에 하나는 공사기간이다. 인테리어 회사는 공사기간을 단축하는 게 비용과 직접적인 연관이 있어 최대한 서둘러 공사를 끝내고 싶어 한다. 임차인도 입주 일정이 정해져 있어 계획된 공사기간을 넘겨서 입주하는 것을 원하지 않는다. 마찬가지로 임대인도 공사가 빨리 종료 돼야 관리 업무도 줄어들고 민원도 발생하지 않기 때문에 신속하게 공사가 마무리 되는 게 좋다. 그렇지만 무리하게 공사기간을 단축하려다 보면 공사가 부실해 지거나 안전상 문제가 생길 수 있다. 따라서 사전에 제출한 공정계획표가 적절한지 검토하고 그에 따라 공정관리가 될 수 있도록 관리해야 한다.

원칙적으로는 업무시간 내에는 공사를 할 수 없겠지만 임차인의 입주 준비 기간 단축이나 공사를 원활하게 진행할 수 있도록 소음이나 분진이 없는 공사는 업무시간 내에도 할 수 있도록 해주는 게 좋다. 다만, 인테리어 공사는 각 공정을 하도급 형태로 위탁해서 진행하기 때문에 공정의 관리와 통제에 어려움이 있을 수 있다. 따라서 공사와 관련한 규정이나 규칙을 위반했을 경우 주의를 주고 이를 어겼을 경우 공사중지나 퇴거명령 등 강력한 조치를 취해야 한다. 그래야 민원이나 사고가 발생하지 않도록 예방해야 할 수 있다.

인테리어 공사 중에 문제가 될 수 있는 것은 소음, 분진, 악취 등의 발생으로 업무 중인 다른 임차인들에게 불편을 끼치는 것이다. 따라서 소음과 분진 등이 나는 공사는 업무 시간 외에 진행하도록 해야 한다. 또, 공사 현장에 발생하는 먼지는 최소화할 수 있도록 작업 종료 후에 청소를 하게 하고 공사 중에는 사무기기의 전선이나 통신선이 지나는 OA Floor 바닥 밑으로 들어가지 않도록 공사 전에 보양이나 마감을 할 수 있도록 관리해야 한다. 이런 곳은 인테리어 공사 이후 카페트나 바닥재로 마감을 해서 눈에 보이지 않기 때문에 공사 중에 철저한 관리가 필요하다. 또, 천장 내부 공사도 마찬가지다. 천장 위로 지나가는 배관이나 환기구 등의 공사를 제대로 하지 않고 마감재로 덮어버리면서 시간이 지나고 나서 문제가 발견되는 일도 자주 일어난다. 문제가 생겨도 인테리어로 마감한 경우에는 뜯어내고 다시 공사를 해야 하는 일도 발생할 수 있어 사전 점검이 중요하다.

또, 페인트 칠이나 냄새가 나는 물질을 도포해야 할 때는 가급적이면 주말에 걸쳐 작업을 하고 건물 운영팀과 협조를 통해 환기가 충분히 될 수 있도록 해야 다른 임차인들에게 피해를 주지 않는다. 특히, 소방관련 공사를 할 때는 어쩔 수 없이 소화장비인 스프링클러에 물을 빼놓는 공정이 발생하는데, 이 때에 화재가 발생하면 대형사고로 이어질 수 있기 때문에 공사의 관리 감독과 순찰을 강화해야 한다.

그밖에 입주하고 나면 제대로 점검을 할 수 없는 천장이나 바닥 등은 공사기간 중에 도면대로 제대로 시공이 되었는지 확인을 해야 한다. 그리고 전기나 통신선이 지나가는 EPS실(Electrical Pipe Shaft)이나 TPS(Telecommunication Pipe Shaft) 등의 배선들에는 네임테그를 부착하고 임차인별로 잘 정돈 될 수 있도록 해야 한다. 이런 곳은 평상시에 문제가 없을 때는 괜찮지만 사고발생시에 미리 준비를 해놓지 않으면 긴급하게 대처하는 데 어려움을 겪을 수 있기 때문이다. 특히, 한 층에 여러 임차인들이 입주해 있을 경우에 각종 전선들이 제대로 구별이 될 수 있도록 정리를 해놓을 필요가 있다.

그리고 입주 후에 가장 많은 문제가 발생하는 것이 냉방 및 난방과 관련된 것이다. 이를 예방하기 위해서는 임차인이 인테리어 공사를 마치고 입주하기 전에 공사업체를 통해 공기순환이 제대로 되는지 TAB(Test, Adjust and Balancing) 테스트를 통해 풍량이 정상인지 확인하고 문제가 있다면 보완할 수 있도록 조치를 해야 한다. 특히, 칸막이로 공간이 구획된 곳이나 공기를 보내는 공조기의 가장 말단부분 등이 문제가 많이 발생하는 곳이다. 칸막이로 인해 공기가 제대로 순환되지 못할 가능성이 높고 풍량이 약하면 말단부분까지 적정한 냉난방이 되지 않을 가능성이 높기 때문이다. 이런 문제를 예방하려면 전망을 위해 각진 자리를 활용한 공간이나 사람들이 많이 들어

가는 회의실 같은 곳은 추가 냉난방 장비를 설치하도록 권고를 해야 한다. 인테리어 공사 업체에게는 물론 임차인의 담당자에게도 충분히 설명을 해줘야 한다.

공사가 완료되고 입주 초기에는 인테리어 자재에서 뿜어 나오는 냄새 때문에 민원이 발생하기도 한다. 따라서 임차인이 자체적으로 친환경처리를 하도록 하게 하거나 난방 이후에 환기를 시키는 베이크아웃(Bake-out) 등을 통해 유해한 화학물질이 배출 될 수 있도록 하는 준비도 필요하다. 새 가구에서 발생하는 냄새나 화학물질 등이 잘 배출 될 수 있도록 가구나 서랍 등을 개방해 놓으면 도움이 된다. 그리고 빌딩운영팀을 통해 환기시간을 늘려달라고 요청을 하면 한결 나아질 수 있다.

인테리어 공사는 쉽게 생각할 수 있지만 빌딩운영자의 입장에서는 신경을 써야 하는 일이 많다. 무엇보다 임차인이 주관하여 공사를 한 것인데 나중에 문제가 발생하면 빌딩운영팀으로 민원이 제기될 수밖에 없다. 빌딩의 일반 사용자들은 지금 당장의 불편함을 해결하고자 하지 그게 어떤 원인 때문에 발생했는지 별로 알고 싶어하지 않는다. 따라서 인테리어 공사는 정해진 기간 내에 보이지 않는 곳의 공정까지 완벽하게 시공할 수 있도록 관리하는 게 중요하다. 시간에 쫓겨 성급하게 처리한 곳은 나중에 분명히 문제가 발생한다.

그리고 공사를 마무리하고 철수한 인테리어 회사는 다른 현장의 일을 하고 있을 것이기 때문에 하자보수에는 크게 적극적으로 임하지 않는 경우가 많다. 하자 처리를 하는 데 시간이 오래 걸리거나 여러 번 요청해야 할 수도 있다. 따라서 인테리어 공사는 짧은 시간이지만 철저한 관리를 해야 입주하여 머무는 기간 동안 쾌적하고 편안하게 지낼 수 있다.

04 화장실 하나만 바꿔도 건물이 달라진다

빌딩에서 화장실은 임차인 만족도에 중요한 영향을 주는 공간 중에 한 곳이다. 하루에도 여러 차례 출입하고 사용하는 이 공간의 편의성과 관리상태로 빌딩 서비스의 수준도 평가해 볼 수 있다. 최근에는 고층빌딩이 많아지고 임대 공간의 효율을 극대화하려 공용공간의 면적을 협소하게 설계하기도 한다. 그러다 보니 상대적으로 화장실의 개수가 많지 않아 상주 인원이 조금만 늘어나도 불편이 생기는 빌딩들이 있다. 그래서 임차인들이 입주를 검토할 때 화장실이 충분한지 확인을 하기도 한다.

그런 불편함을 없애기 위해 어떤 빌딩에서는 건축할 때부터 경쟁빌딩보다 화장실의 개수를 늘려 이를 빌딩의 장점으로 부각시키는 곳도 있다. 화장실은 건축설계 때부터 반영하지 않으면 운영하면서 추가하거나 증설하기가 쉽지 않기 때문에 빌딩의 규모나 추후 상주인원을 고려하여 설치해야 한다. 설계 시에는 크게 대수롭지 않게 여길 수도 있겠지만 추후 사용빈도를 생각하면 심도 있는 고민이 필요한 공간 중에 하나이다.

화장실을 늘리면 당연히 좋은 점도 있겠지만 빌딩운영자의 입장에서는 고려해야 할 사항들도 많아진다. 우선 미화팀에서 관리해야 하는 범위가 늘어나는 것을 생각해야 한다. 한 층에 좌변기나 소변기가 한 개씩만 더 많아져도 고층빌딩에서는 그 숫자가 크게 늘어난다. 결국 이는 인력의 추가증원이 필요할 수도 있다.

건물의 공용부분 중에서 화장실은 건물 운영자가 매일 같이 관리해야 하는 공간으로 이 화장실을 어떻게 관리하느냐에 따라 운영예산 절감, 임차인의 만족도, 민원감소 등 건물의 많은 부분이 달라질 수 있다. 우선 빌딩운영예산 중 소모품으로 사용되는 것 중에서 큰 비중을 차지하는 게 화장지와 손을 닦는 데 사용하는 페이퍼 타올이다. 이런 소모품을 어떤 것들을 사용하고 관리방식을 어떻게 하는지에 따라 운영예산에도 영향을 줄 수 있다.

사소한 것 같지만 화장지의 품질도 잘 따져봐야 한다. 너무 저렴한 제품을 사용하다 보면 사용 시 불쾌감을 느낄 수 있고 별것 아닌 것으로 빌딩 서비스 수준에 불만이 생길 수도 있다. 예를 들어, 적지 않은 관리비를 받는 프라임급 빌딩에서 저가의 휴지를 사용한다면 임차인은 수준 이하의 서비스를 받고 있다고 생각할 수도 있다.

실제로 친환경 재생용지로 만든 화장지를 사용하려 했지만 품평 과정에서 하얗게 표백되어 있지 않아 색깔이 보기가 좋지 않다는 이유로 사용하지 않은 적도 있다. 표백 성분이 들어있지 않아 유해하지 않고 오히려 좋은 휴지임에도 불구하고 저가이고 고급스럽지 못할 것이라는 오해로 인해 사용을 할 수 없었다.

또, 화장지는 빌딩에 설치된 좌변기에서 물에 잘 녹는지를 확인할 필요가 있다. 좌변기가 막히는 것은 대부분 과다한 휴지 사용으로 인해 발생한다. 이렇게 화장실 내부에 문제가 생기면 미화 직원이나 시설팀이 이를 처리하는 게 쉽지 않아 운영 인력들의 시간을 소비해야 한다. 그래서 사소한 것 같지만 화장실에 맞는 제품을 선택할 필요가 있다. 실제로 운영을 하면서 화장지 샘플 테스트를 위해 일부러 다량의 휴지를 넣어보고 물에 잘 녹는지 또는 막힘이 없는지 등을 확인하는 게 좋다. 단순히 가격만을 보고 선택을 하는 게 아니라 빌딩에 잘 맞는 품질의 제품을 선택해야 운영상 문제를 최소화할 수 있다.

또, 화장지의 사용량이 많거나 분실이 많다면 점보롤 형태의 화장지 사용을 검토해 볼 필요가 있다. 화장지 사용량이 많으면 매번 이를 점검하면서 교체를 해야 하기 때문에 인력의 낭비가 발생한다. 또, 화장지를 이동하고 보관하는데 부피가 커서 업무 효율성이 떨어지기 때문에 점보롤 형태의 제품을 사용하는 게 효과적이다. 이런 제품이 저가일 것이라고 느끼는 임차인들도 있을 수 있기 때문에 외부 케이스를 고급스러운 제품으로 설치하면 이런 오해를 조금이나마 줄일 수 있다.

최근 건축되는 빌딩에서는 운영비용절감과 친환경 빌딩 인증을 위해 절수형 수전을 설치하거나 대소변을 구분하여 물을 내릴 수 있는 기능을 가진 좌변기 등을 설치한다. 또, 세면대에서 사용되는 물을 정수해서 양변기나 소변기의 물로 재활용하는 설비가 설치된 곳이 있다. 또, 손을 닦을 때 사용하는 페이퍼타올 대신에 건조기를 설치하는 곳도 있다. 다만, 건조기는 소음이 큰 단점이 있어 화장실 실내의 구조에 따라 위치나 설치 여부를 미리 확인하는 게 좋다. 최근에는 위생에 대한 사람들의 관심이 커지면서 손 세정을 위한 거품비누나 물비누 등도 좋은 제품으로 사용을 하면 임차인의 만족도를 높일 수 있다.

그리고 청소를 담당하는 미화 직원 분들의 청소 방법에도 신경을 써야 한다. 예를 들어, 한 가지 청소용품으로 여러 곳을 청소를 하거나 이미 사용했던 페이퍼타올로 세면대 주위를 닦는 등의 비위생적인 청소 방법은 임차인들에게 불쾌감을 줄 수 있다. 화장실의 점검과 관리는 임차인이 사용하고 있는 동안에도 해야 할 경우가 많다. 임차인이 가까이서 비위생적인 청소 방법을 목격하게 되면 빌딩운영에 대한 신뢰도는 떨어질 수밖에 없다. 따라서 청소 방식에 대한 사전 교육 등을 통해 위생적으로 화장실을 관리할 수 있도록 해야 한다.

임차인들에게 더 믿음을 주기 위해 청소했던 시간표를 볼 수 있게 하거나 담당자가 누구인지 알 수 있게 하는 것도 좋은 방법이 될 수 있다. 또, 직원들에게 업무 효율을 높일 수 있는 좋은 품질의 청소 용품을 제공하고 주기적으로 교체를 해줘서 효과적으로 미화 서비스를 제공할 수 있도록 해야 한다.

무엇보다도 화장실은 청결하게 관리할수록 사용자도 더 깨끗하게 사용할 수밖에 없다. 빌딩에서 가장 청결해야 하는 곳이 화장실이 되어야 한다는 마음으로 관리한다면 임차인도 주의하면서 사용할 것이다. 이처럼 화장실 운영에 영향을 끼치는 것들을 점검해 보고 관리한다면 장기적인 측면에서 운영비용의 절감을 통해 빌딩 수익개선에 큰 도움이 될 것이다. 더불어 임차인의 만족도도 함께 향상시킬 수 있을 것이다.

05 로비를 보면 빌딩의 가치가 보인다

빌딩에서 로비는 방문하는 사람들이 처음 마주하게 되는 장소이다. 즉, 빌딩의 첫인상을 결정하는 얼굴이나 마찬가지이다. 그래서 빌딩 로비가 어떻게 운영되는지 살펴보면 이를 통해 다른 공간들은 어떻게 관리되는지 미루어 짐작해 볼 수 있다. 어떤 것들을 주의 깊게 보면 좋은지 하나씩 살펴보도록 하자.

우선 로비에 들어서면 그곳에서 근무하는 인원들을 살펴보자. 보안 근무자가 어느 위치에 몇 명이 있는지를 살펴보면 그 빌딩의 보안 수준을 확인할 수 있다. 보안 직원이 아예 없거나 나이 드신 분이 지키고 있는 빌딩보다는 유니폼을 입은 근무자들이 돌아다니는 곳이 훨씬 더 안전한 느낌을 받을 수 있다. 또, 이는 외부 고객들이 방문했을 때 이곳은 함부로 출입할 수 없는 곳이라는 생각이 들게 만든다.

이런 보안 수준의 강도는 빌딩에 스피드 게이트가 설치되어 있는지 여부에 따라 달라진다. 출입을 위해서 카드가 있어야 하기 때문에 방문객들은 사전에 방문을 위한 절차를 거쳐야 한다. 안내 데스크의 직원을 통해서 출입을 하는 단계를 거치는 것만으로 보안 수준이 올라간다. 이렇게 스피드 게이트가 있는 빌딩은 이를 위해 안내 데스크를 운영해야 하고 출입 관리를 위한 시스템도 갖추고 있어야 한다. 운영상 비용이 더 들어가지만 임차인은 그만큼 더 나은 서비스를 받는 것이다.

이런 시스템이 갖춰져 있으면 임차인은 따로 안내 데스크를 운영하지 않아도 되고 특별히 보안에 신경을 쓰지 않아도 된다. 게다가 출입을 제한해야 하는 고객이 있다면 사전에 막아주는 일까지 해결해 주기 때문에 임차인에게 도움이 된다. 결국 출입하기 불편한 빌딩일수록 반대로 보안 수준이 높은 곳이 된다. 실제로 이런 스피드 게이트만 있어도 잡상인들의 출입 통제가 용이하고 외부인 출입으로 인해 발생하는 도난 사고 등을 방지해 민원을 줄일 수 있다.

그 다음으로 빌딩 로비의 미화 상태를 살펴보는 것도 중요하다. 바닥이 대리석으로 되어 있다면 광이 잘 나있고 바닥상태가 깨끗하게 관리되어 있는지 여부를 보면 된다. 만약 로비에 화장실이 있다면 그 안의 청소 상태나 관리수준 등을 보면 빌딩을 관리하는 미화팀의 전반적인 수준을 알 수 있다. 공용공간에서 제공하는 미화 서비스의 수준이 임차인의 전용공간에도 그대로 적용될 것이기 때문이다.

또, 최근에는 호텔이나 리조트 같은 곳에서만 하는 향기 마케팅을 빌딩의 로비공간에 활용하는 빌딩들도 있다. 빌딩 로비에 들어섰을 때 좋은 향기가 날 수 있도록 공조기를 통해 미리 조향된 원료를 섞어 내보내는 것이다. 빌딩을 방문한 사람들은 로비에서 기분 좋은 향기를 느낄 수 있고 고급스러운 분위기를 만드는 데 도움이 된다.

그리고 빌딩의 엘리베이터 사용 현황을 지켜보면 많은 정보를 알아 낼 수 있다. 빌딩의 상주 인원의 상황이나 편의성도 확인할 수 있다. 이를 확인하기 위해서는 특히, 출퇴근 시간이나 점심 시간대의 엘리베이터의 사용량을 살펴보면 좋다. 유동 인구가 가장 많은 시간에 엘리베이터가 밀리지 않고 불편함 없이 사용되는지 확인하면 빌딩에 적정 인원이 근무를 하고 있는지를 짐작해 볼 수 있다. 빌딩의 쾌적성은 아무래도 상주인원이 많으면 떨어질 수밖에 없기 때문이다. 새로운 곳으로 이전하기 위해 빌딩을 비교하면서 엘리베이터의 편의성을 확인하려면 빌딩운영팀에게 물어봐서 확인을 하는 것도 좋겠지만 더불어 직접 현장에서 사용현황을 살펴보는 게 좋다.

또, 로비에서 찾아낼 수 있는 정보 중에는 임차인의 입주 현황이 있다. 보통은 로비 한쪽에 층별 임차인 명단을 정리해 놓은 디렉토리가 있다. 빌딩에 어떤 임차인들이 들어와 있는지 입주현황을 확인해 보면 빌딩의 가치를 어느 정도 판단해 볼 수 있다. 예를 들어, 우량 임차인들이 많이 입주해 있는지 또는 어떤 업종의 회사들이 많이 분포해 있는지 등을 분석해 보면 빌딩의 가치를 판단해 볼 수 있다. 우량 임차인이거나 업황이 좋은 임차인이 많을수록 빌딩의 임대수익도 높을 가능성이 있고 이는 빌딩의 가치와 연관이 있기 때문이다. 또, 임차인의 명판 표기 공간에 비어 있는 곳이 있다면 이를 공실이라고 미루어 짐작해 볼 수 있어 대략적인 공실률도 추정해 볼 수 있다.

　이처럼 누구나 출입할 수 있는 공간인 로비를 잘 살펴보면 빌딩이 어떻게 운영이 되고 있는지 간접적으로 유추해 볼 수가 있다. 빌딩의 로비로 모든 것을 판단하기는 어렵겠지만 빌딩의 가치나 수준을 어느 정도 판단해 볼 수 있는 요소들을 여러 곳에서 발견할 수 있다.

06 가장 많이 쓰는 것부터 관리해라

빌딩을 운영하면서 비용의 절감은 수입을 늘리는 일만큼이나 중요하다. 왜냐하면 빌딩의 수익을 개선하는 방법은 수입을 늘리거나 비용을 줄이는 것 둘 중에 하나이기 때문이다. 빌딩에서 수입은 임대차계약을 통해 결정된다. 하지만 빌딩에서 비용항목은 다양하기 때문에 어떤 것을 선택적으로 줄여야 할지 결정하기가 쉽지 않다. 만약 빌딩의 비용을 절감하고자 한다면 운영비용 중에서 가장 큰 비중을 차지하면서도 사용 빈도가 높은 것부터 점검하는 게 좋다. 그런 기준에서 비용을 가장 큰 순서대로 나눠 보면 운영 인력 인건비, 에너지 비용과 각종 소모품 비용 등을 들 수 있다.

빌딩을 운영하려면 각 분야별 인력이 필요한데, 이런 인건비가 빌딩운영에 있어 가장 많은 비용을 차지한다. 빌딩의 인원은 크게 시설을 운영하는 직무별로 건축, 기계, 전기, 소방 등의 인력과 임차인의 서비스를 담당하는 미화, 보안, 안내, 주차 등의 인원으로 나눠볼 수 있다. 빌딩의 인력은 서비스 수준과도 직결이 된다. 높은 서비스 수준의 관리가 필요하다면 그만큼 많은 인력이 필요하고 그런 수준에 맞는 관리비를 받는 빌딩일 것이다.

빌딩 인력을 효율화하려면 그런 인력을 대체할 만한 장비나 도구, 그리고 운영관리를 위한 시스템 등이 갖춰져야 한다. 그만큼 빌딩의 운영수준이 높거나 관리체계가 확립되어야 가능하다. 특히, 빌딩의 주요 장비를 운영하고 관리하는 시설인력들은 경험과 능력을 갖춘 인력으로 채용해야 한다. 빌딩의 운영장비가 자동화가 되고 컴퓨터 시스템들도 고도화되어 가고 있지만, 기계장비의 점검과 운영은 현장을 살피는 게 중요하기 때문에 역량이 있는 전문인력과 적정 인원이 유지되어야 원활한 운영이 가능하기 때문이다. 적정한 인력이 편성되지 않은 빌딩의 경우 업무 강도가 높아 이직률이 높아지게 된다. 그런 상황이 반복되면 빌딩운영이 안정화 되지 못하고 직원들의 실수가 잦아져 민원으로 이어지는 일도 생긴다. 게다가 시설을 운영하는 인력 중에는 야간 근무자도 필요한데, 야간 교대근무 환경이 좋지 못하다면 인력 구성에 어려움이 생길 수도 있다.

미화 서비스는 빌딩에서 제공하고자 하는 서비스 수준에 따라 적정 인원이 필요하다. 빌딩의 청소 범위나 주기에 따라 필요한 인원을 확보해야 한다. 보통 프라임급 빌딩의 경우 서비스 수준을 높이기 위해 임차인이 사용하는 전용공간의 청소를 업무시간이 끝난 후에 진행한다. 또, 임대차계약과 빌딩운영규정에 임차인 내부의 청소 범위가 정해져 있는 경우도 있다. 예를 들어, 카페트나 바닥의 흡진 주기, 쓰레기통 수거 범위 그리고 전용 공간 청소 등 상세한 범위를 기재하기도 한다.

보안이나 안내 직원도 빌딩의 보안관리 시스템이나 출입구의 위치 등 상황에 따라 인원을 배치해야 한다. 예를 들어, 스피드 게이트가 설치되어 있다면 이를 운영할 보안인력이 필요하다. 또, 출입관리를 빌딩에서 처리해야 한다면 이를 관리할 안내 직원들도 필요하다. 또, 보안 요원들도 업무 외 시간에 공용부나 외부 순찰이나 임차인 내부 점검 등을 해야 한다면 이에 맞는 교대 근무자도 필요하다.

이렇게 빌딩의 운영인력을 구성하는 것은 빌딩마다 상황이 다를 수밖에 없다. 만약 인력을 효율화하고 싶다면 빌딩의 운영현황을 전체적으로 검토해 보고 서비스 수준을 조정해도 문제가 없는 분야를 찾거나 시스템으로 보완할 수 있는 부분이 있는지 등을 확인하고 이를 결정하는 게 좋다. 예를 들어, CCTV를 추가로 설치하고 무인경비 시스템이 갖춰져서 야간에 보안 요원이 없어도 빌딩운영에 문제가 없다면 인력을 감축할 수 있을 것이다. 또, 미화 청소 장비를 더 나은 것으로 구매하거나 사람보다 더 많은 범위를 처리할 수 있는 기계 장비를 구매하여 업무 효율을 높여 인력을 조정할 수도 있다.

다음으로 빌딩운영을 하는 가운데 크게 차지하는 비용은 전기, 수도, 가스와 같은 수도광열비이다. 빌딩에서 전기 사용량 중에서 큰 비중을 차지하는 것은 조명이다. 최근 준공된 빌딩들에서는 에너지 효율과 수명이 긴 LED 조명을 사용하는 곳이 많다. 만약, 준공한 지 오래된 빌딩이어서 일반 형광등을 사용하고 있다면 전기 소비량도 크고 무엇보다 형광등 수명이 짧아 이를 교체하는 데 드는 시간과 에너지의 낭비가 크다. 그래서 형광등을 사용하는 빌딩은 대대적인 리노베이션 작업을 통해 LED로 교체를 하기도 한다. 투자비용이 들기는 하지만 오래된 형광등으로 인해 발생하는 에너지 낭비와 교체를 위해 소요되는 인력의 낭비를 줄일 수 있다.

그리고 실내 냉난방을 위해 드는 에너지 비용도 큰 비중을 차지한다. 특히, 여름철에 냉방을 위해 사용하는 전기요금은 사용량에 따라 요금이 커지는 누진제 방식이어서 제대로 관리하지 않으면 많은 요금을 납부해야 한다. 만약, 기온이 높은 날이 많아진다면 이로 인해 냉방을 위한 에너지 비용이 증가하여 빌딩운영에 부담이 될 수도 있다. 최근에 건축되는 대형 빌딩들은 빙축열 방식의 냉방장비를 설치하여 에너지를 절감한다. 지하공간에 얼음을 얼릴 수 있는 대형탱크를 설치하고 심야의 값싼 전기를 활용하여 얼음을 만들고 이를 낮시간에 녹여 냉방을 하는 방식이다. 이런 냉난방 설비가 있다면 냉방

비용을 절감할 수 있다.

이외에 에너지 비용을 절감할 수 있는 다른 방법으로는 빛과 열의 차단율이 높은 블라인드를 설치하는 것도 효과적이다. 요즘은 채광이나 조망을 위해 통유리로 된 커튼월 방식의 공법으로 지어진 빌딩들이 많다. 한 여름에 강한 햇빛이 들어올 때 블라인드를 통해 막아주는 것도 실내 온도를 낮추는 데 도움이 된다. 만약 공실이 있는 공간이 있다면 여름철에는 블라인드를 내려놓는 것도 실내 온도를 낮추고 에너지 비용 절감을 위해 도움이 된다. 이와는 반대로 겨울철에는 빛이 충분히 들 수 있게 해주는 게 난방에 도움이 된다.

다음으로 수도 사용량을 관리하는 데는 절수형 수전이나 좌변기를 설치하는 게 도움이 된다. 수전에 센서가 설치되어 있어 필요할 때만 자동으로 물을 쓸 수 있게 해주어 물의 사용량을 최소화시켜주는 제품을 활용하면 된다. 최근에는 친환경 건축물 인증을 받기 위해서 물의 재활용이 가능한 정수 설비를 설치하여 이를 좌변기에 사용하는 물로 재활용하는 설비들을 갖춘 빌딩들도 많아지고 있다. 그뿐만 아니라, 빗물을 모아 조경 용수로 활용하는 시설을 갖추기도 한다.

마지막으로 빌딩을 운영하는 데 다양한 소모품이 들어간다. 청소소모품에서부터 기계 설비를 위한 소모품까지 말 그대로 한두 번 쓰고 버려지는 물품들이 많다. 이런 소모품들은 보통 정기적으로 구매를 한다. 따라서 비용절감을 위해서는 입찰을 하거나 대량 구매를 통해 경쟁력 있는 가격에 구입할 수 있는 구매처를 확보할 필요가 있다. 또, 소모품을 관리하는 대장을 만들어 불필요하게 소비되거나 낭비되는 일이 없는지 관리하고 정기적으로 감사를 통해 제대로 사용하고 있는지 확인하는 일도 해야 한다.

빌딩의 비용관리는 어느 날 갑자기 개선되거나 나아지기는 어렵다. 왜냐 하면, 항상 동일한 패턴으로 빌딩을 운영하고 관리하던 습관이 남아있기 때문이다. 따라서 빌딩운영에 사용되는 비용을 지속적으로 모니터링하면서 객관적인 수치와 기준을 설정하는 일도 필요하다. 만약 이를 초과했다면 비용 관리에 문제가 있다는 것을 인식하고 이를 해결할 수 있는 방안을 찾는 노력을 해야 빌딩의 운영비용을 절감할 수 있다.

07 빌딩도 정기적인 건강검진을 받아라

빌딩은 겉으로 보면 단순한 건축물이지만 그 속에는 여러 가지 다양한 건축설비들이 있다. 빌딩을 운영하는 것은 이런 건축 설비들을 작동시켜 마치 하나의 생명체를 살아 움직이게 하는 것에 비유해 볼수 있다. 사람의 몸에 심장이나 간 같은 기관이 있는 것처럼 건물 내부에 있는 각각의 장비도 그런 역할을 한다. 예를 들어, 사람의 피가심장을 통해 온몸의 혈관을 통해 돌아가는 것처럼 빌딩 중앙의 기계실에서 보내지는 냉수나 온수가 배관들을 통해 빌딩 곳곳으로 운반된다. 이외에도 임차인들이 갈 수 없거나 보이지 않는 곳에 각종 기계실이나 전기실 등이 있다. 그곳에 설치된 다양한 장비들은 빌딩을살아 움직이게 하는 중요한 시설물이다.

건물에는 건축설비, 전기설비, 기계설비, 소방설비 등이 있는데 이런 설비들 가운데 주기적인 점검을 해야 하는 것들이 많고 경우에 따라서는 의무적으로 법적인 점검을 해야 하는 것들도 있다. 따라서 빌딩의 운영과 관리를 위해서는 기본적으로 어떤 설비들이 있는지 알고 있어야 한다. 빌딩의 설비들은 아래와 같이 시설별로 구분할 수있고 각각의 세부항목으로 구성된다.

시설 구분	항목	비고
건축	내부, 외부마감	석재, 철재
	창호, 방수, 도어	커튼월, 유리창
전기	수변전설비, 비상발전설비	발전기, 전기차충전소, 무정전전원장치(UPS)
	수송설비	엘리베이터, 에스컬레이터
	전력설비, 동력설비	통신선로(TPS), 전기선로(EPS)
	옥외 및 경관 조명, 승강설비	각종 조명

기계	열원설비	냉동기, 빙축열설비, 보일러
	공조설비, 환기설비	공조기
	급배수설비	각종 배관
	위생설비	저수조, 화장실, 중수조
소방	소화 및 제연 설비	소화전, 제연댐퍼, 스프링클러
	피난설비	피난계단, 피난안전구역
	경보설비	감지기, 자동화재속보설비
자동 제어 및 관제	설비자동제어 (BAS)	방재실 운전 설비
	조명자동제어	실내 및 실외 조명
	엘리베이터 자동제어	엘리베이터
	CCTV, 건물에너지관리시스템(BEMS)	보안 및 에너지 관리
	주차관제시스템	주차장 관리
가스	난방용	보일러
	영업용	조리도구
통신	전화 및 인터넷	휴대폰 중계기
	무선통신설비	무전기
	비상방송설비	비상방송
신재생 에너지	열병합발전	
	연료전지, 지열설비	
	태양광, 태양열	

| 건축 설비의 구분과 장비 |

　빌딩의 기계실과 전기실 그리고 각종 배관이 지나는 통로나 전선들이 지나는 선로 안에는 다양한 기계장비들이 있다. 따라서 이 많은 것들을 주기적으로 관리하기 위해서는 장비현황 및 관리대장을 만들고 정리할 필요가 있다. 또, 사용상 안전과 직결되거나 에너지 사용과 관련된 설비들 중에서는 정기적인 점검이나 법적점검 받아야 하는 것들도 있다.

　특히, 건축물 안전점검이나 소방점검 같은 법적 필수사항들은 정해진 시기에 제대로 검사를 받아야 하는 것들이다. 빌딩의 안전과 관련된 점검은 시간이 걸리더라도 철저하게 받아야 한다. 간혹 업체에 따라서 제대로 점검이 되지 않았음에도 서류상으로는 처리를 해주기도 하고 시간을 아끼기 위해 일일이 다 점검을 하지 않는 경우도 있어 빌딩 관리자는 점검을 진행하면서 누락되거나 미진한 부분이 없는지 꼼꼼하게 확인해야 한다.

그리고 이런 시설들을 운영하기 위해서 빌딩에서는 법적으로 선임해야 하는 필수인력을 보유해야 한다. 선임인력에 대한 기준은 빌딩마다 상황이 다르기 때문에 적용되는 것도 있고 그렇지 않은 것들도 있기 때문에 관련법규를 검토해서 적법한 인력을 보유하고 있는지 살펴야 한다. 아래 도표는 빌딩운영을 위해 선임해야 하는 법적인력에 대한 사항과 관련법규를 정리한 것이다. 빌딩운영 시에 필요한 것들이 무엇인지 확인하고 누락된 것들이 없는지 잘 살펴보도록 하자.

선임자 명칭	관련 법규
총괄재난관리자	초고층재난관리법
소방안전관리자, 관리보조자	소방시설법
전기안전관리자, 관리원	전기사업법
승강기안전관리자	승강기시설 안전관리법
기계식주차장치관리인	주차장법
에너지관리자	에너지이용합리화법
특정가스사용시설 안전관리자	도시가스사업법
고압가스사용시설 안전관리자	고압가스안전관리법
위험물안전관리자	위험물 안전관리버
검사대상기기조종자	에너지이용합리화법
방사선안전관리자	원자력안전법
무선설비관리자	전파법
안전보건총괄책임자	산업안전보건법
안전관리자	산업안전보건법
보건관리자	산업안전보건법
환경기술인	대기환경보전법
수도시설관리자	수도법
실내공기질관리자	실내공기질관리법
오수정화조관리자	하수도법

| 빌딩운영을 위한 법적 선임 사항 |

빌딩의 설비들은 기계이기 때문에 정기적인 일정 관리를 통해서 주기적인 점검을 진행해야 한다. 그리고 문제가 발견되면 즉시 수선을 하거나 필요하다면 성능 개선을 위한 리노베이션을 검토하는 게 좋다.

무엇보다도 빌딩도 사람이 정기적으로 건강검진을 받는 것처럼 관련법규와 시설물의 상태에 따라 점검을 받아야 한다. 그래야 사전에 위험을 제거하고 안전하게 빌딩을 사용할 수 있다. 또, 이런 점검들을 통해 빌딩에 대한 수선계획이나 장비교체 계획도 수립할 수가 있다. 기계는 설치하고 나서 어느 정도 사용하고 나면 노후화 되고 효율도 떨어지기 때문에 적정한 시기가 되면 전면 교체를 하는 것이 더 경제적일 때가 있다. 따라서 빌딩운영자는 점검 이후에 보고서가 나오면 이를 분석해서 추후 빌딩운영계획 수립시에 반영을 해야 한다.

사람도 정기검진 이후에 몸에서 문제가 발견되면 치료를 받거나 운동을 통해 개선해 나간다. 빌딩도 이런 정기검진 이후에 고장 난 곳이 있다면 수선을 하거나 문제를 예방할 수 있는 방안을 마련해야 한다. 특히, 신축빌딩이 아닌 연식이 오래된 빌딩일수록 이런 점검을 철저히 받아야 할 필요가 있다.

08 대우 받고 싶은 만큼 잘 대해줘야 할 사람들

빌딩에서는 각종 시설을 관리하고 서비스를 제공하는 인력들이 임차인과 가장 가까운 곳에서 만난다. 임차인과 접점에 있어 최전방에 있는 것이다. 이렇게 시설관리나 서비스를 제공하는 인력을 운영하는 회사를 보통 FM(Facility Management)회사라고 부른다. 이런 FM 서비스는 빌딩운영의 근간이 된다. 그래서 FM 회사에서 제공하는 인력의 경험과 능력에 따라 건물운영 수준도 달라진다.

이런 FM 인력은 빌딩운영에 중요한 역할을 하는 데 반해 이직이나 퇴사도 잦은 편이다. 또, 빌딩의 운영비용을 절감하고 최소 비용으로 관리를 하려는 곳에서는 급여나 대우가 그리 좋지 못한 경우도 있다. 게다가 근무 환경마저 열악한 곳들도 있다. 그러다 보니 급여를 조금 더 주는 곳이나 업무 강도가 낮은 곳으로 이직하는 일들이 빈번하다. 그렇지만 임차인에게 좋은 서비스를 제공하기 위해서는 이런 FM 인력들의 잦은 이직은 운영에 있어 위험 요소가 된다.

빌딩운영에 노하우가 쌓인 직원들이 많아야 운영상 실수도 없고 업무 효율성도 올라가는 것은 당연한 일이다. 그러기 위해서는 FM 인력들에 대한 적합한 대우와 근무환경을 제공하는 게 기본이 되어야 한다.

무엇보다도 업무 후에 휴식을 취할 수 있는 휴게공간을 마련해야 한다. 출근 전후 시간에 복장을 갈아 입을 수 있는 공간과 교대 근무자들이 휴식을 취할 수 있는 장소가 필요하다. 또, 작업 이후에 간단하게 씻을 수 있는 샤워시설 등도 갖추는 것이 좋다. 운영 인원이 많다면 구내 식당을 운영하면 좋겠지만 그렇지 못하다면 식사시간에 음식을 먹을 수 있는 공간과 환경을 갖춰야 한다. 특히, 시설 근무자들은 작업을 하면서 유니폼이나 근무복이 더럽혀 질 수도 있고 외부 작업 이후 환복이 필요한 경우가 있어 락커나 휴게 시설들도 잘 갖춰져 있어야 한다.

그리고 빌딩의 근무자들에게 적절한 보상을 통해서 근속 기간을 늘리고 서로 업무적으로 협력할 수 있는 분위기를 조성해 주는 것도 좋다. 정기적으로 우수직원을 선발하여 휴가를 보내주거나 작은 선물을 주는 것도 직무 만족도를 높일 수 있는 방법이다. 급여 외에도 업무에 성과가 나면 보상이 있다는 것만으로도 열심히 일하는 직원들의 사기를 높일 수 있다. 또, 직원들에게 유니폼을 지급하고 업무 관련 장비들도 좋은 제품을 지급해주면서 업무 생산성을 높일 수 있도록 지원을 해주는 것도 필요하다.

무엇보다 중요한 것은 직원들에게 내가 일하는 곳에 대한 자부심을 심어주는 것도 좋은 방법이다. 필자가 일했던 여의도 IFC에서는 필수 근무자들을 제외하고 매년 모든 FM회사의 임직원들을 한 자리에 모아서 빌딩에 대해서 소개를 하는 시간을 가졌다. 여의도 국제금융센터 IFC는 어떻게 기획이 되었고 개발이 된 빌딩인지를 설명해 주었다. 그리고 IFC에 근무하는 우리가 추구하는 서비스 목표는 무엇인지 모든 직원들과 함께 공유하는 시간을 가졌다. 빌딩의 주요 운영자들이 누군지 소개도 하고 다른 회사 소속이지만 한 곳에서 일하는 가족처럼 만들기 위해 행사를 기획했다. 짧은 시간이지만 내가 일하는 곳이 어떤 곳인지 제대로 알게 되고 조금이나마 자긍심을 갖고 일할 수 있게끔 하기 위한 노력이었다.

이외에도 IFC에서 일한다는 자부심을 심어 주기 위해서 유니폼도 기성품을 주는 게 아니라 별도 디자인을 해서 지급을 했다. 유니폼을 제작하기 전에 최대한 직무별 편의성을 높이기 위해 직원들의 의견을 청취하여 디자인에 반영하고, 각 직무별로 도움이 될 수 있는 소재를 선택하였다. 유니폼 선정 시에는 직원들이 직접 투표에도 참여하여 내가 원하는 옷을 선택할 수 있도록 하기도 했다. 특히, 로비에서 근무하는 보안이나 안내팀은 외부 방문객들과 마주하는 일이 많다 보니 디자인도 신경을 더 쓰고 매년 새로운 디자인의 유니폼을 지급해서 근무를 하는 데 자부심을 가질 수 있도록 했다.

이외에도 주말에 전직원들이 모여서 체육대회도 열고 함께 점심도 먹으면서 업무에서 벗어나 서로 간에 대화도 나누고 게임을 통해 협동하며 시간을 보내기도 했다. 같은 곳에서 일을 해서 얼굴을 알지만 서로 친해지지가 어려웠는데, 이런 행사를 통해 대화도 나누면서 조금 더 가까워질 수 있는 계기가 되기도 했다.

실제로 빌딩운영을 하다 보면 각 직무별로 협업을 해야 할 때가 있는데, 대개는 스스로 나서서 협업을 하려고 하지는 않는다. 예를 들어, 미화를 담당하는 부서에서 화장실을 청소하다 세면대에 문제가 생겼다는 것을 발견하면 기계장비를 다룰 수 있는 설비팀에 직접 전달을 하면 신속하게 고장난 것을 고칠 수 있다. 그런데 담당자가 누군지 모른다면 이를 처리하는 데 시간이 더 걸릴 수밖에 없다. 이런 활동을 통해 얼굴을 익히고 대화도 나눠가면서 서로에 대해 조금 더 가까워지면 협업을 하는 데 큰 도움이 된다.

무슨 일이든 서비스를 제공하는 사람이 어떤 마음을 갖느냐에 따라 그 수준도 달라진다. 내가 일하는 곳에 대한 자부심을 가지고 맡은 직무에서 보람을 느낄 수 있어야 임차인들에게도 좋은 서비스를 제공할 수 있다. 따라서 빌딩운영자는 근무자들이 그런 마음을 가질 수 있도록 좋은 환경을 만들어 주면서 함께 서비스 수준을 향상시킬 수 있도록 노력해야 한다.

PART 8

빌딩에 잠재된 위험을 제거하라

PART 8 빌딩에 잠재된 위험을 제거하라

01 모르면 더 위험한 부동산 관련 리스크

만약 부동산을 사옥 용도로 사용한다면 위험의 측면보다는 공간을 사용 수익하는 것을 더 중점적으로 살필 것이다. 반면 부동산을 투자의 대상으로 바라본다면 사옥과는 다른 관점에서 접근해야 한다. 부동산 펀드나 리츠 상품을 만드는 투자 전문가들은 부동산을 바라볼 때 무엇보다 발생 가능한 위험들이 어떤 것들이 있을지 다각도로 살펴본다. 그리고 그런 위험에 대해서 투자자들에게 사전 고지를 한다. 따라서 투자형 부동산 자산을 관리하는 담당자라면 이런 위험들에 대해서 알고 있어야 한다. 그래야 대처 가능한 위험에는 대비를 하고 불가피한 경우에는 이를 최소화할 수 있기 때문이다.

빌딩을 운영하면서 발생하는 가장 기본적인 위험은 공실이 발생할 수 있는 위험이다. 공실의 종류는 크게 두 가지로 나눠볼 수 있다. 첫 번째는 처음부터 임대가 잘 되지 않아 남아있는 악성공실이다. 나머지 한 가지는 기존 임대차계약이 종료되어 잠시 발생하는 공실이다.

악성공실을 해소하려면 많은 노력을 해야 한다. 경제상황이나 주변 경쟁빌딩의 현황을 파악하여 임차인에게 무상임대나 인테리어 공사 지원금 등의 경제적 혜택을 제공하는 것을 고려해 볼 수 있다. 그리고 에이전트들에게 더 많은 중개보수를 지급하는 프로모션을 통해 더 많은 가망 임차인들에게 공실을 소개할 수 있도록 할 수도 있다.

악성공실이 아닌 빌딩운영 중에 계약만료나 중도해지로 공실이 발생하는 경우에는 계약해지 통보 이후에 바로 임대마케팅을 시작해야 한다. 그래야 새로운 임차인이 들어오는 기간을 단축하고 그동안에 발생하는 임대료 손실을 줄일 수 있다.

다른 위험으로 임차인 관련 위험이 있다. 예를 들면, 임차인에게 신용위험이 발생하는 것이다. 빌딩의 사용자인 임차인에게 신용위험이 발생하면 임대료를 납부하지 못하는 상황으로 이어질 수 있다. 최악의 경우는 연체가 발생하다가 임대차계약마저 해지되어 공실이 발생하는 시나리오다. 이런 임차인의 신용위험을 최소화하기 위해서는 입주 시에 기업의 신용평가를 하고 위험업종 선별 통해 신용위험이 있는 임차인을 걸러내야 한다. 또, 최근에는 기업의 이미지나 사회적 평판도 매우 중요하게 여긴다. 멀쩡했던 기업이 비도덕적인 행동이나 불미스러운 일에 관여되어 기업의 신용도가 추락하는 일도 벌어지기 때문이다. 따라서 임차인의 신용위험에 관하여 경제적인 측면뿐만 아니라 사회적인 측면도 살펴봐야 한다.

또, 부동산은 다양한 법의 적용을 받는데, 이와 관련하여 법적 위험도 존재한다. 법적 위험 중에 가장 큰 위험은 아무래도 세금관련 위험이다. 세금의 변동은 직접적으로 수익률에 영향을 주기 때문에 법적 리스크 중에서 가장 큰 위험이다. 이런 위험은 투자자가 자체적으로 통제할 수 없는 위험이다. 예를 들어, 재산세 세율이 인상되거나 양도소득세가 인상되면 그 만큼 비용에서 차감되어 수익이 줄어들 수밖에 없다.

그리고 빌딩투자는 그 금액이 크기 때문에 자기 자본만으로 매입하는 경우는 별로 없다. 또, 수익률을 극대화하기 위해서 일부 투자

금액은 대출을 통해 조달해 레버리지 효과를 기대하기도 한다. 이 경우 금리가 상승하면 이자비용이 더 늘어나게 된다. 결국 이자율로 인해 수익률이 하락하는데, 이는 소유자에게는 위험이 된다. 금리변동 위험은 외부 시장의 변화로 인한 것이고 통제할 수 없는 위험이다.

빌딩은 토지와 건축물로 구성되어 있는데, 그 중 건축물 안에 설치된 기계설비나 장비들은 언제든 고장이 날 수 있다. 또, 예상치 못한 자연재해가 발생해서 빌딩에 손상이 생길 수도 있다. 그런 환경에서 빌딩은 임차인이 편히 사용할 수 있도록 최상의 상태를 유지해야 한다. 이런 물리적 위험에 대비해서 평소 관리를 잘하고 정기적인 수선도 제때 해줘야 한다. 부동산 투자 시 이런 물리적 위험을 최소화하기 위해서는 매입할 당시 빌딩의 상태를 점검하는 물리적 자산실사를 철저하게 진행해야 한다. 그리고 이를 바탕으로 매입 후 수선 계획을 미리 잡아놓고 실행하여야 발생 가능한 위험에 대비를 할 수 있다. 만약 노후화된 장비가 있다면 교체나 수선 시기를 예측하고 미리 예산을 확보해 놓아야 한다. 이외에도 돌발적으로 발생할 수 있는 사고에 대비한 재원을 미리 책정해 두는 것도 필요하다.

마지막으로 빌딩투자에 있어 가장 큰 위험은 매각 관련 위험이다. 빌딩투자는 자산의 형태가 규격화 되어 있지 않고 투자 금액도 큰 특징이 있다. 그렇기 때문에 내가 매각하고자 한다고 해서 원하는 시기에 즉각 팔리지 않을 가능성이 높다. 즉, 환금성이 낮기 때문에 발생하는 위험이라고 할 수 있다. 보통 부동산 매각을 하기 위해서는 상대인 매수자가 있어야 하고, 이 매수자는 빌딩을 매입하기 위해 검토하는 데 시간이 필요할 수밖에 없다. 투자 의사 결정을 위한 수익성 검토에서부터 물리적인 상태를 점검하는 데 시간이 필요하고, 투자자금을 확보하는 데에도 일정 기간이 소요된다.

빌딩투자자는 투자자금을 원하는 시기와 금액에 회수할 수 있어야 한다. 다만, 투자 시장이 침체되거나 경제상황의 변동으로 인해 투자금 회수가 어려워질 수 있는 위험도 도사리고 있다. 그리고 부동산 투자를 하면서 기대하는 이익 중에는 매입 당시보다 더 높은 가격에 매각하여 발생하는 자본차익이 있다. 그런데 여러 가지 문제로 매각이 제대로 이루어지지 않고 매입시점보다 시세가 낮아질 수 있는 가격변동의 위험도 존재한다. 부동산 시장도 경기 사이클에 따라 호황과 불황을 오가기 때문에 시장의 변동성은 항상 존재하는 위험요소 중에 하나이다. 이것도 마찬가지로 스스로 통제할 수 없는 시장 위험이다.

이처럼 부동산 투자는 위험요소가 상당히 많은 투자이다. 부동산 전문가들이 만들고 운영하는 부동산 펀드나 리츠 같은 경우에는 보통 투자 상품의 위험등급을 총 6단계로 나누는데, 그 중 가장 위험한 1등급인 '매우 높은 위험' 다음인 2등급의 '높은 위험'으로 분류할 만큼 부동산은 그 위험도가 높다는 것을 인지할 필요가 있다. 따라서 부동산 투자 시에는 이와 관련된 위험을 다방면에서 검토하고 분석하여 위험 발생 시 피해를 최소화할 수 있는 대응방안도 함께 마련해 놓아야 한다.

02 특별하고 세심한 관리가 필요한 임차인들

빌딩에 입주하는 임차인들 중에는 특별한 관리가 필요한 회사들이 있다. 일반적으로 빌딩에 입주하는 임차인들의 대부분은 임차공간을 업무 용도로 사용을 한다. 이외에 빌딩에 입주하는 임차인들의 편의를 증진시키는 근린생활시설로 사용하고자 입주하는 곳도 있다. 이런 임차인들 중에는 임대공간 안에 특수한 장비를 설치하거나 화재나 안전사고 등이 발생할 가능성이 높은 곳들이 있다. 따라서 빌딩운영자는 이런 임차인들의 특성과 운영방식을 미리 알고 문제가 발생하지 않도록 적절한 관리와 예방조치를 할 수 있어야 한다.

우선 빌딩에 들어오는 임차인들 중에는 병원이나 검진센터 같은 곳들이 있다. 이런 의료 관련 임차인들은 편의 서비스를 제공하는 곳이기 때문에 빌딩 내에 입주하면 임차인들에게 편리한 시설이 된다. 그만큼 효용이 높고 빌딩에도 도움이 되는 측면이 많다. 반면 단점은 병원 관련 시설이 들어오면 자연스럽게 외부인의 출입이 많아진다. 따라서 임대차계약을 협의하는 과정에서 임차인들과 고객들이 출입하는 데 불편함이 없도록 동선을 분리할 수 있는지 살피는 게 좋다. 예를 들어, 오피스 임차인과는 분리된 엘리베이터로 출입이 가능하게 하거나, 전용 출입 동선으로 분리해서 출입하도록 하는 게 좋다. 또, 병원에서 발생하는 의료 폐기물의 처리와 관리도 철저하게 해야 한다. 폐기물의 보관장소나 처리 방법에 대해 입주 전에 잘 협의를 해야 한다. 특히, 폐기물을 반출하거나 보관하는 과정에서 발생할 수 있는 감염이나 전염으로 인한 문제가 생기지 않도록 각별히 주의를 해야 한다.

건강검진센터 같은 경우는 대형 면적을 사용하기 때문에 우량한 임차인이 될 수 있다. 다만, 외부 손님들의 방문이 많은 특성이 있어 엘리베이터 사용이나 출입을 하는 데 특별한 관리가 필요하다. 예를 들어, 검진 방문객을 안내하는 데스크를 따로 설치하거나 직원을 배치하여 출입을 원활하게 할 수 있도록 대비해야 한다. 또, 검진센터 내부에는 대형 장비들이 반입되어야 하는데, 특수 장비 같은 경우에는 건물 설계하중을 벗어나 구조보강을 해야 하기도 한다. 또, 전기 사용량이 많은 경우도 있기 때문에 입주 전에 문제가 생길 소지가 없는지 확인하는 것이 좋다.

그리고 지하나 1층에 입주하는 임차인들 중에는 음식점이 들어오는 경우가 많다. 특히, 화기를 많이 쓰는 음식점이나 기름으로 조리하는 음식이 많은 식당은 화재예방 시설을 제대로 갖출 수 있도록 입주 공사 때부터 신경을 써야 한다. 보통 빌딩에서 화재가 나는 경우 이런 식음관련 임차인들의 공간에서 발생하는 일이 많다. 예를 들어, 조리 중에 생기는 기름 때가 누적되어 환기구에서 불이 나는 사고도 자주 일어난다. 또, 뜨거운 음식을 조리하다가 발생하는 수증기나 연기 등으로 인해 화재 경보기가 작동하는 등의 사고가 빈번하게 발생한다. 따라서 이런 사고를 미리 예방하기 위해서는 빌딩운영팀에서 정기적인 점검을 통한 안전 지도가 필요하다.

요즘은 건강에 대한 관심이 많아 빌딩 내에 휘트니스센터를 유치하는 곳도 늘고 있다. 이런 임차인의 특징은 샤워시설이나 사우나와 같이 물을 사용하는 공간이 필요하기도 하고 이외에 온수 보일러 같은 시설을 추가 설치하기도 한다. 따라서 인테리어를 할 때 제대로 공사를 하지 않으면 운영 중에 누수사고가 일어날 가능성이 있다.

또, 운동기구를 사용을 하는 과정에서 발생하는 진동이나 실내 분위기 연출을 위한 음악으로 인해 민원이 발생할 수 있다. 이를 대비해서 방진시설이나 방음설비를 제대로 설치해야 다른 임차인들의 민원을 줄일 수 있다. 또, 휘트니스 사업자 중에는 회원제로 운영하다가 재정적으로 문제가 발생했을 때 사업장을 폐쇄하거나 다른 사업자에게 사업권을 넘기고 떠나는 등의 문제가 종종 발생한다. 따라서 입주시 사업자의 재무 건전성이나 브랜드 인지도를 확인하는 것도 매우 중요하다.

특히, 이런 리테일 업종의 임차인과의 계약을 할 때는 가급적이면 개인보다는 법인과의 계약을 추진하는 게 좋다. 일반적으로 법인들이 재무 건전성과 신용도가 개인보다는 좋은 편이고 업무를 처리하는 데 조금 더 수월하기 때문이다. 모두가 다 그런 것은 아니지만, 개인이 사업을 하다 보면 다양한 이유로 제때 업무를 처리하지 못하는 경우가 많다. 반면 법인은 각자 담당한 업무를 처리하는 게 정해져 있기 때문에 사무 처리가 명확하고 업무적으로 대응하기가 편하다. 무엇보다 퇴거시에 원상복구 협의나 비용 정산 등의 업무 처리가 수월한 장점이 있다.

다음으로 주의를 기울여야 하는 임차인은 상주인원이 많은 경우이다. 특히, 콜센터나 영업지점을 운영하려는 목적으로 입주를 하면 동시간대에 많은 인원이 상주하게 된다. 이때 가장 큰 문제는 냉난방 관련 민원이 발생하는 것이다. 설계기준보다 많은 인원이 몰리면서 발생하는 민원은 빌딩 자체 설비로는 해결하기가 어렵다. 따라서 입주시에 냉난방 장비 등을 보강하게 하거나 적정 인원이 상주할 수 있게끔 공간 사용을 여유 있게 할 수 있도록 조율하는 것이 최선이다.

이외에는 금융 관련 회사들 중에는 전력의 상시 제공이 필요한 임차인들도 있다. 금융 관련 임차인들 중에서 외환, 증권 등 금융거래를 하는 곳은 전력 공급이 끊어지면 절대로 안되는 회사들이다. 만약에 증권 거래를 하는 회사에 일시적인 정전으로 짧은 시간 동안일지라도 거래가 정지되면 이로 인해 발생하는 손해는 수천만 원에서 수십억 원에 이를 수도 있다. 이런 임차인들은 그런 상황에 대비하기 위해 자체적으로 추가 발전기를 설치하거나 빌딩의 비상 발전 설비의 지원을 받아 정전사고에 대비한다. 입주 전에 비상시를 대비한 설비를 했더라도 사고는 언제나 발생할 수 있기 때문에 빌딩운영 중에 긴장하면서 관리해야 하는 임차인 중에 하나이다.

빌딩에는 대부분 일반 사무 회사들도 입주를 하지만 경우에 따라서는 위와 같이 세심한 관리가 필요한 곳들도 종종 입주를 한다. 평상시 이런 임차인들과 관련된 경험이 없다면 입주 검토 시에 놓치는 사항들이 발생할 수 있다. 따라서 입주 검토 시에 관련 사례들을 사전에 조사해 보거나 비슷한 임차인이 있는 빌딩운영자를 인터뷰 하는 등의 방법을 통해 발생 가능한 문제를 사전에 알아보는 노력도 필요하다. 그리고 무엇보다도 임차인과 입주 협의 시에 임차인의 요구 사항들을 충분히 청취하는 일도 중요하다. 그런 내용을 바탕으로 빌딩에 입주했을 때 문제없이 운영이 가능할지 판단한 후에 입주 결정을 하는 것이 좋다.

03 빌딩사고를 노리는 블랙 컨슈머를 조심하라

빌딩에는 많은 사람이 머물고 있기 때문에 항상 사고의 위험이 도사리고 있다. 게다가 임차인들의 고객이나 일반 방문객 등 빌딩에 대해 잘 알지 못하는 다양한 사람들이 드나든다. 그러다 보니 처음 방문한 사람들에게 낯선 환경으로 인해 사고가 종종 발생한다. 물론 사고를 예측하기는 어렵겠지만 어떤 유형들의 문제가 많이 발생하는지 미리 알고 있다면 예방을 하거나 빠르게 대처 할 수 있을 것이다.

빌딩 내 사고는 보통 공용공간에서 많이 발생한다. 공용공간은 사람들이 많이 모이기도 하고 이동을 하는 동선이 많다 보니 사고의 위험이 높을 수밖에 없다. 보통 로비에서 사고가 많이 일어난다. 비가 오는 날에는 빗물로 인해 바닥이 미끄러워 낙상 사고가 자주 발생한다. 특히, 대리석 바닥은 물이 떨어지면 더욱 위험한 상황이 생길 수 있다. 또, 회전문이 설치된 바닥도 석재여서 마찬가지로 위험한 공간이다. 따라서 비가 온다는 일기 예보가 있으면 레인 카펫을 미리 설치하거나 회전문 바닥이나 외부 공간의 계단 등에는 미끄럼 방지 테이프 등을 부착하여 사고를 예방하는 것이 좋다. 그리고 지나가는 사람들도 평소보다 더 주의를 기울일 수 있도록 '미끄럼 주의' 표지판 등을 곳곳에 비치하여 사고 예방에 힘을 써야 한다.

또, 로비에서는 각 층으로 이동하기 위해 사용하는 엘리베이터에서 갇힘 사고가 발생할 수 있다. 특히, 신축 건물의 경우 엘리베이터 운행이 안정화가 되어 있지 않아 사용 중에 멈추는 일이 종종 일어난다. 엘리베이터 중에서 고층 빌딩을 운행하는 것들은 이동 속도가 빠르고 오가는 층이 높다 보니 내부에 갇혔을 때 느낄 수 있는 공포감이 클 수밖에 없다. 고소공포증이나 폐소공포증 등이 있는 사람들에게는 불안감을 증폭시킬 수 있다.

엘리베이터의 주요 부품들은 전자제품이나 마찬가지이기 때문에 원인을 알 수 없는 고장이나 하자 등으로 인해 운행이 멈추는 경우도 많다. 사고가 나서 원인 파악을 하더라도 예방을 하는 일이 쉽지 않은 경우도 있다. 제조사나 운영사에서는 단순히 부품 교체를 하거나 개선을 하겠다는 정도로 일이 처리가 돼서 임차인의 민원에 명확하게 대응하기가 어렵다. 따라서 신축 빌딩이라면 사용 전에 충분한 시운전을 하는 게 최선의 방법이다.

그리고 엘리베이터 사고가 발생했을 때는 빌딩운영팀에서 대처하기보다는 유지보수를 하는 업체를 통해 처리하도록 하는 게 바람직하다. 아무래도 인명 사고가 발생할 수도 있기 때문에 조금 시간이 걸리더라도 전문적인 지식을 보유한 제조사나 관련 유지보수 회사를 통해 문제를 해결하는 게 좋다. 빌딩운영팀에서는 사고 처리를 하기 전까지 엘리베이터 내부에 있는 승객들에게 현재 상황을 알려주고 처리 과정에 대한 안내를 하여 기다리는 동안 심리적 안정을 취할 수 있는 역할을 하면 된다.

다음으로, 빌딩 내 화재 사고는 사용자의 부주의로 일어나는 경우가 많다. 대부분 임차인들이 업무용 시설인 사무실로 쓰기도 하지만 지하나 저층부에 음식점 같은 근린생활시설을 구성하는 아케이드가 있을 경우 그런 임차인들 가운데서 화재 사고가 발생하는 빈도가 더 높다. 아무래도 음식을 만들기 위해서 화기를 쓰는 일이 많기 때문이다. 이렇게 주방에서도 화재가 발생하지만 물품을 보관하는 창고에서 담뱃불이나 누전 등으로 인해 화재가 나는 일도 있다.

그리고 빌딩에서는 입주를 위한 인테리어 공사 도중 화재 사고가 나기도 한다. 이외에 임차인들이 난방 장비를 오랫동안 켜놓다가 화재로 이어지는 일도 종종 발생한다. 이렇게 사용자의 부주의로 일어나는 화재 사고를 줄이려면 예방을 위한 순찰 활동이나 사용자에게 주기적으로 위험성을 알리고 주의를 환기시키는게 최선의 방법이다.

빌딩에는 화재소화시설인 스프링클러나 소화전 등이 설치되어 있다. 초기 화재가 발생하면 자동으로 작동하는 시설들이다. 이런 자동소화설비들이 오작동이 자주 발생 한다는 이유로 빌딩운영팀에서 장비가 자동으로 작동되지 않도록 해놓거나 수동으로 조작하는 경우가 종종 있다. 예를 들어, 화재 감지기를 통해 화재신호가 감지되면 소방서로 직접 연락이 가는 자동화재속보기가 있는데, 이를 수동으로 해놓고 운영하는 일이 있다. 화재 감지기가 오작동을 하면 임차인들이 대피하거나 영업 중인 임차인들에게 피해가 갈 수 있어 그 연결을 수동으로 해놓는 것이다. 이런 운영방식은 실제 사고가 발생했을 때 더 큰 문제로 이어질 수 있기 때문에 건물 운영팀에서는 정상적인 방법으로 운영할 수 있도록 점검과 교육을 해야 한다.

또, 빌딩에는 계절마다 반복되는 자연적 재해로 인한 위험도 있다. 폭우로 인한 빌딩의 누수와 침수사고는 빈번하게 일어난다. 비가 많이 오게 되면 노후화된 빌딩에는 옥상이나 창문 등에 누수가 발생한다. 또, 폭우로 인해 우수관의 배수가 제대로 되지 않거나 지하로 출입하는 계단 또는 주차장 출입구 등으로 물이 흘러 넘쳐 들어오는 침수사고가 일어나기도 한다. 따라서 비상시를 대비해 넘치는 물을 막을 수 있는 차수막을 미리 설치해 놓거나 비상용 배수펌프 등을 비치해 놓는 게 좋다.

겨울철에는 눈이나 얼음 등으로 빙판이 생겨 빌딩 주변에서 낙상 사고도 많이 발생한다. 높은 빌딩에서는 고드름이나 얼음 등이 매달려 있다 떨어지기도 한다. 특히 높은 지붕이나 경사면이 있는 외벽에 그늘이 지는 곳은 수시로 순찰을 하거나 얼음이 떨어지지 않도록 보완 공사를 하는 게 좋다.

또, 눈이 많이 내린 날에는 차량들이 지붕이나 바퀴에 눈을 달고 지하주차장으로 들어온다. 이런 눈이 녹으면서 생긴 물이 방수가 되어 있지 않은 주차장 바닥으로 흘러내려 다른 층에 있는 차량을 오염시키는 일도 발생한다. 따라서 눈이 오는 날에는 차량이 진입하기 전에 눈을 제거하거나 주차장에서 녹은 눈을 제거하여 사고를 예방해야 한다. 이와 함께 눈이 많이 오는 날을 대비한 제설계획을 세우고 쌓인 눈을 쉽게 제거할 수 있는 블로워나 제설장비 등을 준비해서 적은 인원으로도 효과적인 작업을 할 수 있도록 하는 게 좋다. 이외에 염화칼슘이나 모래 등을 비치하고 제때 살포하여 눈으로 인한 사고 예방에 힘써야 한다.

이렇게 빌딩을 운영하면서 발생하는 일반적인 사고는 가입되어 있는 보험을 통해 처리할 수 있다. 빌딩운영 중에 발생하는 사고로 인해 남에게 손해를 끼쳤을 때 이를 담보해 주는 보험이다. 주의해야 할 것은 빌딩에서 일어나는 사고가 보험으로 처리된다는 것을 알고 보상이나 합의금을 노리는 블랙컨슈머도 있다는 것이다.

예를 들어, 엘리베이터 사고의 경우 경미한 고장으로 특별한 외상은 없는데 정신적으로 충격을 받았다면서 보상을 요구하는 일도 종종 있다. 이처럼 상대방이 불순한 마음을 먹고 억지를 부리면 문제가 쉽게 해결되지 못하고 협의를 하는 과정이 길어져 불필요한 시간과 에너지를 쏟아야 할 수도 있다.

또, 빌딩에서 주차장 운영을 위해 보험에 가입한다는 것을 아는 사람들 중에서 이를 이용하여 편익을 취하려는 사람들도 있다. 예를 들어, 주차를 해놓았는데 문콕 테러나 다른 차량에 의해 파손이 되었다면서 관리 소홀로 보상을 해달라는 사람도 있다. 요즘 주차장에는 출입 시에 사진 촬영을 하는 장비들이 설치되어 어느 정도 예방이 가능하지만 사각지대나 CCTV가 잡지 못한 상황이라면 골치 아픈 문제로 진행될 수 있다.

이런 사고로 인해 실제 피해가 발생한다면 당연히 보상처리를 해야하지만 불순한 목적이 감지되면 적절하게 대처하는 것이 좋다. 빌딩운영자가 협의를 통해 해결하려 하기보다는 보험사를 통해 처리하면서 전문가들에게 맡겨 해결하도록 하는 것이 시간과 노력을 아낄 수 있는 좋은 방법이다. 그리고 때로는 원리와 원칙에 따라 강경하게 대응하거나 사용자의 부주의에 대해서도 충분히 설명하여 불순한 의도가 통하지 않는다는 것을 보여주는 것도 필요하다.

04 평소 반복된 훈련이 위기에 빛을 발한다

빌딩은 도심지역의 부족한 토지를 효율적으로 사용할 수 있는 장점이 있다. 서울 주요 도심에 있는 빌딩들은 대부분 고층 건물들이 많다. 높은 용적률을 활용하여 적은 토지 면적의 효율을 극대화할 수 있도록 층수가 높은 빌딩들이 대부분이다. 그만큼 연면적도 크다 보니 그 안에서 활동하는 상주인원도 많다. 보통 연면적이 2만평 정도의 오피스빌딩에는 대략 3,000명 내외의 상주인구가 근무를 한다. 임대면적 7평당 1명 정도가 상주한다는 계산이 나온다. 물론 빌딩마다 다르겠지만 많은 인원이 모여서 근무한다는 특징에는 변함이 없다. 이런 고층 빌딩은 평상시에 아무 문제가 없다면 근사하고 멋있는 곳이다. 하지만 예상치 못한 사고가 발생해서 제대로 대피하지 못하면 큰 인명 피해가 발생할 수도 있는 공간이다.

여러 가지 사고 중 가장 위험한 것은 아무래도 빌딩 내 화재 사고다. 빌딩에는 초기 화재를 진화할 수 있도록 법적으로 스프링클러나 소화전을 설치하도록 의무화 되어 있다. 또, 연기의 확산을 억제하고 배출하는 제연시스템이 갖춰져 있다. 다만, 이는 화재가 발생했을 때 대피할 수 있는 시간을 어느 정도 벌어주는 역할을 하는 것이지 화재를 완벽하게 막아주지는 못한다.

그래서 빌딩운영팀에서는 빌딩에서 발생할 수 있는 재난 및 재해에 대비한 훈련을 정기적으로 실시해야 한다. 예를 들어, 빌딩운영을 하는 근무자들로 구성된 재난 대응팀을 구성하여 운영하고 비상시를 위한 비상연락망도 구축해 놔야 한다. 그리고 임차인들도 위기시에 각 층에서 대피를 지휘할 수 있는 담당자를 지정하고 비상연락망에 포함하여 문제가 생겼을 때 임차인들에게도 신속하게 연락이

갈 수 있도록 해야 한다. 위기 시에는 평소 잘 생각나는 것들도 제대로 기억이 나지 않기도 한다. 사고가 발생했을 때는 위험을 신속하게 알리는 것만으로 그 피해를 줄이고 대피를 위한 지원을 받을 수 있다. 따라서 비상연락망을 갖추고 위기 시에 한꺼번에 문자나 알림을 보낼 수 있는 체계를 구축해 놓는 것도 큰 도움이 될 수 있다.

특히, 고층 빌딩이라면 위기 시를 대비한 대피 훈련을 정기적으로 실시해야 한다. 평소 반복된 훈련을 해놔야 실제상황이 발생했을 때 본능적으로 대처를 할 수 있기 때문이다. 빌딩에서 피난 대피 훈련을 직접 진행하다 보면 임차인들도 위기 시에는 평소와 많이 다르다는 것을 몸소 체험하게 된다. 실제로 훈련을 해보면, 30층 규모의 빌딩에서 비상계단을 통해 내려오려면 10분 내외의 시간이 소요되는데 1층에 다다랐을 무렵에 대부분의 사람들이 숨을 거칠게 쉬면서 땀을 닦는 모습을 볼 수 있다. 계단을 오르는 일이 어렵지 내려오는 것은 쉽다고 생각했다가 실제로 한번 경험을 하고 나면 위기시에 어떤 마음으로 대비를 해야 하는지 체감할 수 있다.

그리고 평소 자기가 근무하고 있는 빌딩에 대해 상식적으로 알고 있어야 하는 것들도 있다. 예를 들면, 초고층 빌딩에는 화재가 발생하면 스프링클러를 통해 물이 분사되어 초기 소화를 하고 연기를 배출하는 제연 시스템이 작동한다. 그렇게 화재가 번지는 것을 억제하는 사이에 임차인들은 비상계단을 통해 대피를 해야 한다. 평소에 비상계단의 위치가 어디에 있는지 잘 파악해 놔야 한다. 비상계단이 여러 개인 경우 가장 가까운 곳은 어디인지 알아두어야 신속하게 대피를 할 수 있다. 평소 출근하거나 이동을 할 때 엘리베이터만으로 이동했지 계단을 사용해 본 일이 많지 않아 실제로 비상계단의 위치를 모르는 임차인들도 많다.

또, 빌딩에서 화재가 발생하면 엘리베이터 탑승은 금물이다. 운행 중 화재로 전력 공급이 끊어지면 그대로 중간에 멈춰 탈출하기가 불가능 할 수도 있다. 더욱 위험한 이유는 엘리베이터가 움직이는 공간이 굴뚝이 되어 불길이나 연기가 이동하는 통로가 되기 때문이다. 그런 이유로 화재가 발생했다면 옥상보다는 1층으로 대비하는 게 좋다. 불은 위로 올라가기 때문에 아래쪽으로 가는 통로가 막힌 경우를 제외하고는 지상으로 대피를 하는 게 안전하다. 최근에 지어진 빌딩에는 화재 시 구난용으로 사용할 수 있는 엘리베이터가 설치된 곳도 있지만 소방관이 동승하여 안전하게 운행될 경우에만 탑승해야 한다.

그리고 비상계단을 이용할 때는 좁은 공간이기 때문에 다른 사람과 부딪치거나 좁은 계단에 발을 헛디뎌 다칠 수 있는 위험이 있다. 한꺼번에 많은 사람이 몰리면서 대피를 하다 더 큰 사고가 날 수 있어 각별히 유의해야 한다. 평소 빌딩에서 진행하는 대피 연습에 참여하면서 침착하게 내려갈 수 있도록 동선을 숙지해야 한다. 또, 훈련 중에 중요한 것은 지상으로 나가는 위치를 제대로 알고 대피를 해야 한다는 점이다. 보통 지하에서 지상으로 탈출하기도 하고 윗층에서 아래층으로도 대피를 하기 때문에 탈출을 해야 하는 통로는 1층으로 연결된 곳이다. 비상계단을 통해 대피를 하다 보면 층에 대한 감각이 떨어져 어느 곳에서 빠져 나와야 할지 판단을 못할 수도 있다. 또, 건물의 구조에 따라 1층이 아닌 다른 층에서 대피가 가능한지도 평소 훈련을 통해 알아두는 것이 좋다.

이런 비상 시를 대비한 훈련은 빌딩 자체적으로 실시하기도 하지만 임차인 내부에서도 대비를 할 필요가 있다. 회사 내에 재난대응 조직을 구성하고 비상 시를 대비하여 확성기, 훈련용 조끼, 음료수 등을 구비해 놓는 것이 좋다. 대형 글로벌 회사들의 경우에는 테러나 지진 등으로 인한 위험에 대비해 내부규정에 따라 전 직원에게 비상 시 사용이 가능한 키트를 제공하기도 한다. 키트 안에는 비상 식량, 손전등, 보온 이불 등 유사 시에 활용할 수 있는 물품들이 들어 있다. 평상시 빌딩에서 사고가 잘 일어나지 않는다고 해서 이런 훈련들을 소홀히 여기기 쉽다. 그렇지만 단 한 번의 사고로 큰 피해가 발생할 수 있기 때문에 훈련을 하는 것이다. 따라서 빌딩운영자는 자산을 잘 운영하고 관리하는 것은 기본이고 임차인의 안전도 중요하게 생각해야 한다. 이를 위해 비상 시 대응 훈련에 대한 계획을 세우고 임차인들이 참여할 수 있도록 정기적인 훈련 프로그램을 마련해야 한다.

05 절대 아깝다고 생각하면 안 되는 비용

빌딩운영을 하다 보면 다양한 사고가 발생한다. 그런 때를 대비하는 방편으로 보험에 가입하는 것이 좋다. 보험에 가입하는 것은 금전적 손해에 대비하는 목적이 크기는 하지만 사고 처리 업무를 대신해 준다는 점에서 업무 효율을 높일 수 있는 방안으로 활용할 수 있다. 빌딩운영자는 빌딩의 특성, 임차인 구성 등을 감안하여 필요하다고 생각되는 보험들을 알아보고 적합한 상품을 선택하는 것이 좋다.

빌딩과 관련하여 보험가입주체는 크게 빌딩소유자, 빌딩운영자, 임차인, 외부 공사 관련자 등으로 나눠 볼 수 있다. 빌딩소유자는 빌딩을 보유하면서 발생할 수 있는 위험을 대비하기 위해 영업배상책임보험에 가입할 필요가 있다. 빌딩 내부에서 발생하는 사고로 인한 배상 책임이나 작업 등을 하다가 발생하는 사고에 대한 배상 책임을 위한 보험이다. 또, 주차장에서 발생하는 사고에 대비한 주차장 배상책임보험도 가입해야 한다.

그리고 빌딩의 재산을 담보로 하는 재산종합보험이 있다. 보통 보험을 판매하는 회사에서는 이런 재산손해위험, 기업휴지위험 등을 포괄 담보하는 종합보험 형태의 패키지보험을 만들어서 판매하기도 한다. 다양한 위험들에 대해 보장을 하는 상품을 만들어서 보험 가입자들이 편하게 가입할 수 있도록 커스터마이즈를 해놓은 것이다. 또, 최근에는 빌딩을 노리는 테러가 증가하고 있어 테러보험에 가입을 하는 빌딩들도 있다.

부동산을 위탁 관리하는 회사들도 보험에 가입을 한다. 빌딩운영자로서 부동산자산관리회사는 업무 중에 발생할 수 있는 위험에 대비하여 영업배상책임보험 등에 가입할 필요가 있다. 특히, 소유자를 대신해서 빌딩을 운영하다 대형 사고가 발생하는 경우 책임 소재와 배상 의무가 따르기 때문에 보험 가입시에 피보험자로 함께 등재를 한다거나 빌딩운영자에게 구상권 청구가 들어와서 큰 손해를 볼 수 있기 때문에 사전에 충분한 협의를 통해 보험 적용 범위를 정할 필요가 있다.

다음으로 임차인도 보험에 가입한다. 빌딩소유자와 마찬가지로 영업배상책임보험과 재산보험에 가입을 할 수 있다. 건물에서 발생하는 사고를 대비하여 건물주가 가입하는 보험도 있지만 보험 가입 범위에 따라서 사고 시에 원하는 보상을 제대로 받지 못할 수도 있다. 이런 경우를 대비하여 임차인도 따로 보험에 가입을 하는 것이 좋다. 건물에 따라서는 입주 조건에 임차인에게 보험 가입을 요구하는 곳도 있다.

또, 빌딩운영 중에는 다양한 회사들이 출입하여 인테리어 공사를 하거나 유지보수 업무들을 처리한다. 이렇게 외부업체들이 출입하여 작업을 하다가 사고가 발생하기도 한다. 이런 업무들은 특성상 원도급자가 하청을 주는 경우가 많다. 따라서 하도급 관계로 업무를 처리하더라도 해당 회사가 사고 시를 대비한 보험에 가입을 했는지 확인해야 한다. 그런 복잡한 관계가 싫다고 하면 계약서에 재하도급을 주지 못하도록 규정하여 계약을 맺은 회사가 직접 업무를 처리하도록 할 수도 있다.

그리고 이런 작업을 위해 출입하는 근로자들의 위험에 대비해 근로재해 및 산업재해보험에 가입을 하고 있는지 확인해야 한다. 빌딩운영자는 빌딩과 관련된 업무를 하는 회사들과 계약을 맺거나 업무를 진행할 때에는 사고 시 충분한 보상이 가능한 보험에 가입한 업체인지 미리 확인을 할 필요가 있다. 특히, 영세한 업체들은 안전관리를 제대로 하지 않는 경우도 많고 보험에 가입하지 않은 외국인 노동자들에게 업무를 하게 하는 경우가 있어 주의를 해야 한다.

또, 빌딩에서는 임차인이 입주를 할 때 진행하는 인테리어 공사와 퇴거 시에 해야 하는 원상복구 공사가 자주 일어난다. 빌딩 내 임차인 공간에서 공사를 진행할 때도 보험이 필요하다. 이런 종류의 공사는 기간도 오래 걸리고 동시에 여러 작업을 해야 하다 보니 사고발생 가능성이 높다. 따라서 공사를 진행하는 회사가 공사 기간에 위험을 담보할 수 있는 영업배상책임보험 등에 가입을 하도록 해야 한다. 이런 보험 가입 의무와 관련된 내용은 빌딩 임대차계약을 협의할 때 임차인에게 명확하게 전달해야 한다. 왜냐하면, 보험 가입으로 인해 공사를 진행하는 인테리어 회사의 비용이 늘어나기 때문이다. 보험 가입 비용만큼 임차인의 공사 비용이 증가한다는 것을 사전에 충분히 설명을 해줘야 업무가 원활하게 진행될 수 있다.

보험은 만에 하나 일어날 수 있는 불의에 상황에서 재산을 지킬 수 있는 수단이다. 이런 종류의 보험에 가입하면 보험료를 되돌려 받을 수 없는 소모성 비용이지만 절대 아깝다고 생각하면 안 된다. 빌딩은 단순히 내가 보유한 자산만이 아니라 임차인의 재산과 영업 활동을 위한 공간이기 때문에 빌딩에서 사고가 났을 때 배상해야 할 범위가 크다는 것을 생각해야 한다. 한 번의 실수로 발생한 위험으로 인해 모든 것을 잃을 수 있다. 따라서 보험 관련 비용의 지출을 절감하려고 노력하지 말고 가장 최적화된 보험상품을 찾아 보험료가 아깝다는 생각을 하지 말고 활용해야 한다.

06 세금은 완벽할 것이라 맹신하지 말자

빌딩을 보유하고 운영하다 보면 다양한 세금이 부과 된다. 세금은 크게 국세와 지방세로 나뉜다. 이렇게 세금은 나라와 지방자치단체에서 부과하는 것이라 보통 계산이 정확하거나 완벽할 것이라고 생각한다. 빌딩을 소유하고 있으면 재산세와 종합부동산세 외에 도로점용료, 교통유발부담금, 면허세 등의 다양한 세금들이 부과된다.

이런 세금은 제각각 부과 기준도 다르고 빌딩의 임대 상황이나 현황들도 매번 바뀌기 때문에 세금이 잘못 부과되는 일이 종종 일어난다. 또 법률이 개정되어 적용되는 기준이 다른데도 소급 적용이 되지 않아 잘못 부과되는 일도 있다.

실제로 필자가 운영하던 빌딩에서는 교통유발부담금이 잘못 부과된 것을 찾아낸 경우도 있었다. 교통유발부담금은 바닥면적의 합계에 단위부담금과 교통유발계수를 곱하여 산정하는데, 건축물 종류마다 다르게 부과하는 교통유발계수가 잘못 적용이 되어있었던 것이다. 보통 세금이 고지되면 큰 의심없이 납부를 하는데, 세금의 계산방법을 알고 있으면 잘못 부과되어 있는지 확인할 수 있다.

세금이 부과될 때는 자세한 산정 내역없이 부과된 금액에 대한 고지만 있는 경우가 대부분이다. 세금 부과에 대한 자세한 내역이 필요할 때는 국세를 관할하는 국세청이나 지방세를 담당하는 부서에 요청하면 자세한 산정내역서를 받을 수 있다. 세금 부과가 되는 산정내역서를 토대로 관련 법령을 검색하여 찾아보면 세금 계산방법에 대해 알 수 있다. 만약 더 궁금한 것이 있다면 담당 공무원에게 문의하면 설명을 들을 수 있다.

한번 잘못 부과된 세금은 일반적으로 담당자가 찾아내지 못하면 계속해서 그대로 부과되는 경우가 많다. 많은 분량의 업무를 자동으로 분류하여 처리하고 계산하다 보니 그 과정에서 오류가 발생할 수 있다. 물론 세금 관련 담당자가 있지만 민원을 제기하지 않는 이상 내 세금만 특별히 면밀하게 검토를 해주지는 않는다. 그리고 담당 공무원들은 대개 순환 보직이어서 일정 기간이 지나면 다른 부서로 옮기다 보니 담당자에 따라 해당 업무에 전문성이 떨어지는 경우도 있다. 따라서 세금이 고지가 되면 최근에 법령이 바뀐 것은 없는지 살펴보고 빌딩에 적용된 계산이 제대로 되어 있는지 직접 확인해 봐야 한다.

세금이 과오납 되거나 잘못 청구가 되면 경정 청구 등을 통해서 이를 환급 받을 수 있기는 하다. 다만, 이런 과정은 시간도 오래 걸리고 불필요한 에너지를 낭비해야 하고 절차도 까다롭고 복잡하다. 따라서 세금이 고지가 되고 잘못된 사항이나 의심되는 부분이 있다면 납부기일 전에 담당자에게 알리고 변경된 사항이 적용된 뒤에 납부를 해야 업무가 수월해 진다.

빌딩에서 세금이 잘못 부과된 다른 사례로 도로점용료 계산이 문제가 경우도 있었다. 보통 빌딩에서 도로점용료가 발생하는 구간은 주차장으로 출입하는 입구가 공공보도와 겹치는 곳이다. 빌딩에 차량이 출입하기 위해서 어쩔 수 없이 공공보도를 사용해야 하는 경우에 부과되는 세금이다. 도로점용료 같은 세금은 계속해서 동일한 금액이 고지가 되었을 터이기에 그 계산이 정확할 것이라고 생각하기가 쉽다. 그런데 그간 부과되었던 도로점용료의 계산이 처음부터 잘못되었던 것이었는데 그 동안 누구도 의심하지 않았던 것이었다. 그러다 빌딩 매입을 검토하면서 도로점용구간 면적에 대해 확인을 하는 과정에서 면적 계산이 잘못되어 있었던 것을 발견하였다. 계산 방식이 잘못된 점이 없었기 때문에 쉽게 발견하지 못했던 사례였다. 도로점용료는 사용하는 면적의 크기에 따라 세금이 부과되는데 잘못된 면적으로 고지가 되고 있었던 것이다.

이처럼 세금이라고 해서 모두 완벽하지는 않다. 요즘은 법령들도 자주 바뀌고 세금 청구를 해야 하는 것들이 많아지고 있다. 그래서 세금 계산이 복잡해지고 경우의 수도 많아지기 때문에 오류가 발생할 위험이 항상 존재한다. 따라서 세금이 고지가 되면 주기적으로 검토하고 의심이 되는 부분이 있다면 세무사나 담당 공무원을 통해 정확한 검토를 할 필요가 있다.

그리고 세금은 납부 기한을 경과하게 되면 가산금이 추가가 된다. 경우에 따라서는 그 금액이 크기 때문에 정확한 세금 납부일자를 알고 기일에 맞춰 납부를 해야 한다. 고지서가 도착하지 않았다고 해서 세금 납부를 안 해도 된다고 생각하다 나중에 독촉장을 받고 가산금까지 납부하는 일도 종종 발생한다. 따라서 세금은 원칙에 따라 납부해야 한다는 생각으로 미리 챙겨야 한다.

PART 9

더 많은 수익을 내기 위해 알아야 할 것들

PART 9 더 많은 수익을 내기 위해 알아야 할 것들

01 들어올 돈은 빠르게 받고, 나가야 할 돈은 나중에 줘라

빌딩운영은 임차인이라는 고객을 위해 공간을 판매하는 것으로 하나의 기업을 운영하는 것이나 마찬가지이다. 실제로 부동산 펀드나 부동산투자회사는 부동산에 투자를 해서 수익을 내는 것이 주된 사업으로 투자상품의 운영보고서나 재무제표 등을 만들어서 관리하기도 한다. 제품을 파는 기업과 다름없이 현금흐름에 대한 관리와 통제를 한다.

기업 운영에 있어 자금 흐름을 통제하고 관리하는 일은 매우 중요하다. 흑자도산이라는 말이 있는 것처럼 정상적인 매출이 일어나도 제대로 현금흐름이 관리되지 않아 당장 부채를 갚지 못한다면 도산할 수도 있기 때문이다.

이처럼 기업이 현금을 어떻게 관리하고 운영하느냐에 따라 존폐에 영향을 주는 것처럼 부동산 투자에 있어서도 현금흐름은 중요하다. 부동산을 운영하는 과정에서 현금흐름의 관리에 신경을 쓰는 일이 크게 중요하지 않을 것 같지만 장기적으로 봤을 때는 분명히 큰 차이가 나타난다. 단순히 수입이 많이 들어오도록 관리하는 데 그치지 않고 더불어 비용적인 측면도 고려해야 한다. 그렇게 빌딩을 운영하는 전반에 걸쳐 재무적인 흐름을 원활하게 만들 필요가 있다.

우선 돈의 시간가치라는 측면에서 생각하고 빌딩운영 자금을 관리해야 한다. 돈의 가치는 시간이 흐름에 따라 증가한다. 그래서 우리가 은행에 돈을 저축해 놓으면 이자를 받는 것이고 누군가에게 돈을 빌리면 이자를 지급해야 하는 것이다. 빌딩운영을 하는 데 있어 돈의 시간가치를 기준으로 바라보면 받을 돈은 빠르게 받고 줘야 할 돈은 최대한 늦게 지급하는 것이 유리하다.

빌딩을 운영하다 보면 자금을 보관해야 하는 일도 있고 비용으로 지급을 해야 하는 일도 있다. 한 달 동안에도 현금의 유입과 유출이 빈번하게 발생한다. 빌딩운영을 할 때 어떤 과정에서 그런 자금의 흐름이 일어나는지 살펴보고, 어떻게 효과적으로 운영을 해야 돈의 시간가치를 극대화 할 수 있을지 알아보도록 하자.

빌딩을 매입하면 투자자금이 크기 때문에 보통 부동산 담보대출을 통해 일정 규모의 금액은 금융기관을 통해 차입을 한다. 그러면 대출금액에 대한 이자를 정해진 기준에 따라 정기적으로 상환해야 한다. 이는 빌딩을 보유하고 있는 동안 정기적으로 발생하는 자금의 유출이 된다. 반대로 임차인으로부터는 입주시에 보증금을 받는다. 나중에 반환해야 하는 돈이기는 하지만 보통 임대기간 중에는 임대인이 은행에 보관하게 되고 여기서 발생하는 이자수익을 향유한다.

빌딩운영에 있어 가장 큰 현금의 유입은 임차인으로부터 매월 받는 임대료와 관리비이다. 보통 빌딩의 임대료와 관리비는 선납 개념으로 해당 월에 대한 비용을 미리 납부하는 것이다. 따라서 임대인은 가급적이면 이 돈을 월초에 받는 것이 유리하다. 앞서 돈의 시간가치의 개념에서 보면 하루라도 더 빨리 돈을 받는 것은 그만큼 도움이 되기 때문이다.

이자 금액이 큰 차이가 없다고 생각할 수 있겠지만 임대료와 관리비 금액이 크다면 며칠 사이의 이자금액도 적지 않은 돈이 될 수 있다. 무엇보다도 선납 개념의 임대료라면 가용할 수 있는 현금을 미리 받아놓은 것이기 때문에 자금 활용을 할 때에도 여유가 생긴다. 보통 부동산 펀드나 부동산투자회사들의 임대차계약서를 보면 매월 10일 전후로 임대료와 관리비를 납부하도록 되어 있다.

반대로 빌딩에서의 현금 유출은 운영을 하기 위해 아웃소싱 계약을 맺은 여러 업체에 대한 비용지급이 대부분이다. 이런 비용들은 임차인으로부터 받은 관리비로 지급하게 된다. 원칙적으로 관리비를 받은 만큼 해당 월에 비용으로 사용해야 하는 돈이지만, 나중에 대수선 공사나 긴급하게 처리해야 되는 공사 등이 발생할 경우를 대비하여 일정 비율 정도의 관리비 수익을 여유 자금으로 보관하기도 한다. 관리비 수입이 남았다고 이를 수익으로 인식하기보다는 미래를 대비한 운영재원으로 생각해야 한다.

앞서 설명한 것처럼 자금의 유출은 가급적이면 최대한 늦추는 것이 좋다. 대부분의 용역은 그 서비스가 완료되고 업체에서 대금 청구를 할 때 지급을 한다. 보통 용역계약서에 단서 조항으로 지급 기한을 정하는 일이 많은데, 이때 자금 지급을 유연하게 하고 최대한 나중에 지급할 수 있는 조건을 작성하는 것도 운영에 도움이 된다.

다만, 이런 조항이 있다고 하더라도 관련 협력업체들의 자금 운용에도 문제가 생기면 안되기 때문에 작업이 완료되고 나면 간결한 청구 절차를 통해 신속하게 업체에 용역비를 지급할 필요도 있다. 또, 무엇보다도 자금 지급기일이 정해져 있다면 이를 정확하게 지켜 주는 것이 상호 간의 신뢰도를 높일 수 있는 가장 좋은 방법이다. 무엇보다 아웃소싱 업체를 빌딩운영을 함께 하는 동반자로 여겨야 한다. 왜냐하면 빌딩을 운영하다 보면 급하게 처리해야 할 일들이 많은데, 평소 좋은 관계를 유지해야 협력회사로부터 도움도 받을 수 있기 때문이다.

이처럼 받아야 할 돈은 빨리 받고 지출해야 하는 돈을 최대한 늦게 지급하면 며칠이라도 돈을 보유하는 기간이 늘어나 이자수익을 늘릴 수 있는 장점이 있다. 뿐만 아니라 수입으로 처리할 수 있는 자금이 먼저 확보가 되면 지급해야 할 비용을 처리하고 운용하는 데에도 부담을 덜 수 있다.

다시 한번 강조하지만 빌딩운영을 하면서 현금흐름에 관심을 둬야 한다. 특히, 공실이 늘어나 현금 유입이 원활하지 않다면 더욱 세심한 관리가 필요해진다. 왜냐하면 공실이 생긴다고 해서 그만큼 운영비용이 감소되지 않기 때문이다. 임차인 한두 곳이 퇴거한다고 해서 갑자기 인력을 감축할 수 있거나 에너지 비용이 크게 감소되지는 않는다.

또, 돈의 시간가치는 자금의 운용단위가 커지면 어떻게 관리하느냐에 따라 수익에 차이가 생긴다. 예를 들어, 100만원의 1%는 만원이지만 100억의 1%가 일억이라는 것을 생각해야 한다. 운영 규모가 큰 빌딩을 담당하고 있는 운영자라면 작은 차이가 빌딩의 자금 운용에 큰 영향을 줄 수 있다는 생각을 가지고 현금흐름을 관리해야 할 것이다.

02 이자율이 빌딩에 미치는 영향을 파악하라

모든 투자에 있어 이자율은 중요한 영향을 미친다. 빌딩투자도 마찬가지다. 일반적으로 빌딩 매입을 할 때 전부 자기자본만으로 투자하는 것이 꼭 좋은 것은 아니다. 투자금액이 크기도 하지만 대출을 적절하게 잘 활용하면 투자 수익률을 더 높일 수 있기 때문이다.

아래 예시는 빌딩투자에 있어 대출을 활용하여 레버리지를 일으켰을 때와 그렇지 않았을 때의 수익률을 비교한 것이다. 만약 빌딩에서 발생하는 현금흐름이 양호하고 자산의 담보가치가 우수하다면 적정한 대출을 활용하는 게 투자수익률 측면에서 유리하다. 만약 빌딩의 운영이 원활하다면 수익률이 배가되는 양의 레버리지가 있는 반면 이와는 반대로 마이너스 레버리지도 있다. 정상적인 상황에서는 차입을 통해 수익률이 좋아진 만큼 반대로 상황이 악화되면 그만큼 수익률도 나빠지게 된다. 이는 양날의 검이나 마찬가지여서 대출을 활용하는 데 신중해야 한다.

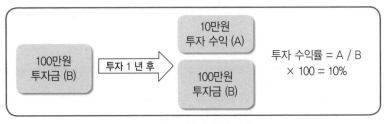

[일반적인 투자 수익률]

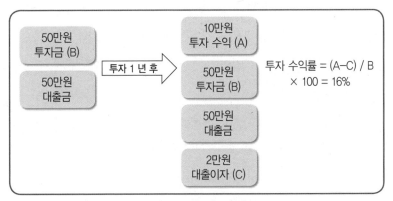

[대출을 활용한 투자 수익률]

| 레버리지 효과 계산식 |

일반적으로 부동산 담보대출은 금융기관과 계약 체결 시 약정에 따라 정해진 기간 동안 이자를 납부하고 일정 기간이 지나면 원금을 상환을 해야 한다. 경우에 따라서는 일정 기간 이후 중도상환을 하는 조건을 넣기도 한다. 부동산 전문 투자자들은 경기 변동에 따라 이자율의 변화나 투자 자산의 가치변화를 활용하여 대출금 운영전략에 활용한다.

그 중 가장 대표적인 것이 리파이낸싱이다. 보통 빌딩을 건축할 때 토지 등을 담보로 하여 건설이나 운영에 필요한 자금을 대출받아 공사를 진행한다. 이때 공사는 진행 중이고 건물이 완성되기 전이기 때문에 대출 이자율이 높을 수밖에 없다. 그렇지만 빌딩의 공사가 완료되어 준공이 되면 건물이라는 자산이 생기게 되고 그 가치도 올라간다. 게다가 임차인이 입주를 하고 나면 임대수익이 발생하는 자산이 된다. 이렇게 개발 과정을 통해 토지 이외에 건축물이라는 자산이 생기면 그만큼 담보 가치도 올라가고 자산의 안정성도 커진다. 그래서 준공 이후에는 기존 대출조건보다 더 낮은 이자율로 대출이 가능해진다. 이렇게 부동산 개발을 하는 사업자 입장에서는 기존 대출을 상환하고 새로운 대출로 갈아타는 리파이낸싱을 통해 이자 비용을 줄일 수 있다.

준공 전후뿐만 아니라 기존 대출을 리파이낸싱을 통해 변경하기 위해서는 현재 대출조건을 잘 살펴야 한다. 대출금의 중도상환은 가능한 것인지 또는 중도상환을 하더라도 위약금이 있다면 그 금액이 어느 정도인지 확인하고 새로운 대출로 변경했을 때의 비용도 계산해 봐야 한다. 그래서 만약 중도상환하는 게 더 낫다면 새로운 대출로 변경을 하면 된다.

부동산 투자에서 대출을 잘 활용한 예는 여의도 국제금융센터 IFC의 리캡 사례가 대표적이다. 리캡(Repapitalization)은 자본구조재조정이라는 용어인데, 투자자금을 조기에 회수하기 위해 자산을 담보로 차입을 일으켜 인수구조를 변경하는 것을 말한다. IFC가 어떻게 리캡을 통해 대출을 활용했는지 조금 더 자세히 살펴보도록 하자.

여의도 국제금융센터 IFC는 서울시가 보유하고 있던 대지를 활용하여 글로벌 보험회사인 AIG가 개발해서 준공을 했다. 그 뒤에 운영하다가 2016년 캐나다의 대체투자자산운용사인 브룩필드가 약 2조 5,500억원에 인수를 했다. 브룩필드는 투자자금 중에서 1조 8,050억

원을 대출을 활용하였고 담보인정비율(LTV)은 약 70% 였다. 나머지 차액인 약 7,500억원 가량을 자기자본으로 투자를 한 것이다.

브룩필드가 초기에 IFC를 매입했을 때에는 3개의 오피스빌딩 중에서 가장 큰 Three IFC의 공실이 70% 정도로 꽤 높은 수준이었다. 그러나 보유하고 있는 동안 임대도 성공적으로 진행되었고 그와 함께 자산가치가 크게 향상되어 감정가가 3조 2,000억원 가량이 되었다. 또한 시장의 금리도 낮아졌고 대출계약조건에 따라 중도상환 수수료가 낮아지는 시기가 되었다. 그래서 2019년에 자본재조정을 통해 자기자본과 대출금을 변경하는 작업을 진행했다. 공실이 해소되면서 자산가치가 향상되었기 때문에 이를 담보로 더 많은 차입을 일으킬 수 있었다. 그렇게 늘어난 대출금으로 투자원금의 상당 부분도 배당으로 조기 회수할 수 있었다.

IFC의 사례를 보면 담보대출을 적절하게 활용하였고 운영하면서 빌딩의 공실을 줄일 수 있도록 공격적인 임대마케팅을 했다. 공실이 줄면서 자산가치도 자연스럽게 향상되었고 시장상황도 저금리로 대출을 갈아타기 유리한 환경이 되어 투자금을 회수하기에 최고의 조건을 만들어 냈다. IFC를 인수하면서 대규모 공실도 시간이 지나면 충분히 해소가 가능하다는 판단이 주효했던 것이다. 그리고 시장의 이자율도 떨어지면서 대출을 활용하면 레버리지 효과를 극대화할 수 있었던 것이었다.

이처럼 이자율은 빌딩운영에 있어 많은 영향을 줄 수 있다. 평소 빌딩을 운영하면서 이자율이 어떤 영향을 줄 수 있는지 시뮬레이션을 해보고 이자율 변동에 따른 전략을 세워야 한다. 빌딩에 투자하는 전문가들은 대출을 활용한 투자를 하고 있기 때문에 이자율 변동에 따른 민감도 테스트를 진행한다. 이자율이 오르고 내리면 내 투자수익률에 어떤 영향을 주는지 사전에 확인 하는 것이다.

　마찬가지로 빌딩을 투자하기 전 뿐만 아니라 운영을 하는 도중에도 시장의 이자율 변화에 따른 민감도 테스트를 통해 여러 가지 시나리오를 예상해 봐야 한다. 그렇게 변동되는 시나리오가 현재 대출에는 어떤 영향을 주는지 살펴봐야 한다. 그리고 빌딩운영자라면 그중 최악의 시나리오가 닥쳤을 때는 어떤 전략으로 대비를 해야 할지 한 번쯤 생각해 봐야 할 것이다.

03 손익분기점이 깨지는 공실률

빌딩은 수입의 원천인 임대만 잘 된다면 크게 걱정할 일이 없다. 다만, 누구나 공실이 없는 빌딩운영을 꿈꾸겠지만 여러 가지 변수나 상황 변화 때문에 빌딩에는 언제든 공실이 발생할 수 있다. 국내외 전반적으로 경기가 악화되어 오피스빌딩에 대한 임차 수요가 감소할 수도 있다. 또, 아무 문제 없이 입주하고 있던 임차인도 내부 사정으로 인해 갑작스럽게 퇴거를 할 수 있다. 또, 멀지 않은 곳에 대형 빌딩이 신축되면서 임차인들이 옮겨 갈 수도 있다.

이처럼 빌딩을 운영하다 보면 항상 좋은 경우만 있을 수 있는 것은 아니기 때문에 최악의 상황도 생각을 해야 한다. 빌딩투자와 운영을 전문적을 하는 투자자들은 스트레스 테스트를 통해서 빌딩에서 손익분기점이 깨지는 상황에 대한 시나리오를 만들어서 대비를 한다. 여러 가지 시나리오로 손익분기점이 깨지는 지점을 찾아낼 수도 있지만 가장 기본적으로 해보는 것은 임대율과 관련한 스트레스 테스트이다. 예를 들어, 내가 운영하는 빌딩에서 비용을 감당할 만큼 수익을 내지 못해 역마진이 나는 공실률은 얼마인지를 확인하고 이에 대한 시나리오를 준비하는 것이다.

이런 시나리오는 여러 상황을 가정하여 만들어 볼 수 있다. 예를 들어, 현재 외부에 마케팅을 하고 있는 임대기준가를 유지하면서 임대가 되지 않아 공실이 발생했을 때 공실률이 몇 %까지 되면 손익분기점에 도달하는지 확인하는 것이다. 다른 측면의 접근은 공실을 없애기 위해 임차인에게 무상임대 등의 혜택을 공격적으로 제공했을 때 임대기준가가 떨어지는 것과 같은 효과가 나타나는데 이를 감안한 시나리오도 만들어 볼 수 있다. 신규 계약으로 3년 계약을 한 임차인에게 매년 무상임대를 2개월을 주느냐 또는 3개월을 주느냐에 따라 현금흐름이 어떻게 되는지 등을 살펴볼 수도 있다.

또, 현재 있는 주요 임차인들의 재계약 진행 여부를 예측하기도 하고, 공실을 해소할 수 있는 신규계약에 대한 예상 시나리오를 만들어 베스트 시나리오와 워스트 시나리오 등으로 구분하여 운영계획을 예상해 보기도 한다. 이렇게 여러 가지 상황들을 가정하고 예측을 해보면 위험에 대비를 할 수 있고 운영예산을 짜는 데 기본요소로 활용할 수도 있다.

신축빌딩의 경우 이런 시나리오의 준비는 더욱 중요하다. 누구나 사업을 시작할 때는 성공을 할 것이라는 희망으로 시작한다. 당연히 잘 되었을 경우를 먼저 생각하게 마련이다. 그렇지만 좋은 상황보다는 예상치 못한 일이 닥치거나 통제 불가능한 변수가 생길 가능성도 높다. 빌딩임대의 경우는 건축 전에 사전 마케팅을 통해 입주 시작 시점부터 많은 임차인들이 최대한 빠르게 입주해야 비용을 절감하고 수익을 극대화할 수 있다.

특히, 대형 개발 프로젝트 같은 경우에는 사업 전략의 수립이 매우 중요하다. 여의도 국제금융센터 IFC 프로젝트 사례를 살펴보면 준공 후 공실이 어느 정도 발생할 수밖에 없다고 예상을 하였으나, 전략적으로 준비하고 대응하여 성공한 케이스라고 볼 수 있다. IFC는 One IFC (21,217평), Two IFC (19,134평), Three IFC (39,611평)의 오피스빌딩 3개동과 쇼핑몰 그리고 호텔로 구성된 부동산복합개발의 전형적인 형태이다. 전체 연면적이 약 15만 평으로 그 중에서 오피스빌딩이 차지하는 면적이 약 52%였다. 쇼핑몰과 호텔의 운영은 준공 전에 잘 해결되었지만 오피스빌딩의 공실해소가 프로젝트 성공의 핵심이었다.

IFC가 준공이 되어갈 때쯤, 여의도 권역에 초대형 오피스빌딩 공급으로 인해 공실률이 더 높아질 것이고 이를 해소하는 데에도 시간이 걸릴 것이라는 부정적인 의견이 지배적이었다. 게다가 준공이 되기 전의 건물을 임대해야 하는 쉽지 않은 상황이었지만 IFC는 One IFC의 임차인 유치를 위해 공격적으로 마케팅을 진행했다. 그 결과 One IFC 약 80%에 해당하는 면적을 준공 전에 임대계약을 체결하는 성과를 거두기도 했다.

IFC에서는 사전임대가 어느 정도 완료된 One IFC를 먼저 임시사용승인을 받아 오픈을 하고 다른 빌딩들은 공사를 진행하며 약 1년 뒤에 프로젝트 전체 준공을 완료하였다. One IFC가 사전임대를 통해 성공적으로 임대료 수입을 확보할 수 있었기 때문에 Two, Three IFC의 공실이 일정 기간 지속되더라도 견딜 수 있는 충분한 캐시 카우의 역할을 해주었다.

그리고 전략적으로 Three IFC는 랜드마크로서 희소성이 있기 때문에 Two IFC의 임대를 모두 채우고 난 후에 임대를 시작하는 것으로 전략을 세웠다. IFC를 바라보던 사람들은 Three IFC의 장기간 공실로 인해 어려움을 겪을 것으로 예상했지만 One IFC와 Two IFC의 임대만으로 충분히 운영이 가능한 상태였다.

이후 Three IFC를 순차적으로 임대를 하면서 랜드마크로서의 장점을 활용해 대형 임차인을 확보할 수 있었다. IFC에서는 인접 경쟁 빌딩인 파크원의 준공이 다가오자 임차인에게 공격적으로 무상임대를 제공하고 에이전트들에게 파격적인 인센티브를 지급하면서 빠르게 공실을 해결하기도 했다. 나중에 문제가 발생하였을 때 해결을 하기보다는 문제가 발생하기 전에 선제적으로 대응하는 것이 IFC 초기 운영을 성공적으로 이끌어 낼 수 있었다.

　이렇게 빌딩에 있어 공실은 언제든지 발생할 수 있는 것이지만 그런 상황에 어떻게 대처하느냐에 따라 그 운영성과는 크게 달라진다. 모든 일에 최상의 상태를 예측하기보다는 최악이 되었을 때 어떤 모습일지 그려보는 것도 의미가 있다. 그런 상황을 예측해 보는 것만으로도 위험이 닥쳤을 때를 대비한 시나리오를 미리 만들어 볼 수 있다. 무엇보다도 실제 상황이 발생했을 때 조금 더 침착하게 대처할 수 있는 대응 능력을 배양할 수 있는 좋은 훈련법이 될 수 있다.

04 죽은 임대공간을 심폐소생술로 살려내자

빌딩에는 임대가 잘 되지 않는 소위 죽은 공간이 있다. 예를 들면, 사람의 발길이 잘 닿지 않는 지하층이나 계단실 아래 사람들의 눈에 잘 보이지 않는 공간 또는 로비의 구석 같은 공용공간에 유휴공간들이 바로 그런 곳들이다. 빌딩운영자는 정상적으로 임대가 되지 않는다고 해서 쉽게 마케팅을 포기하는 것보다는 눈을 조금만 돌려 그런 공간을 원하는 임차인을 찾고 시너지를 낼 수 있도록 활용하는 방안을 모색하여야 할 것이다.

특히, 이런 공간들은 정상적으로 임대를 하는 다른 기준층보다는 더 경쟁력 있는 가격 제안이 가능하다. 그래서 그런 곳을 활용하여 사용자의 수익도 극대화할 수 있다면 서로에게 이득이 될 수 있다. 임대인 입장에서는 임대료 수익도 얻을 수 있지만 임차인이 공간을 사용하게 되면 공실을 따로 관리하지 않아도 되고 건물도 활성화 시킬 수 있는 장점이 있다. 남들이 눈여겨보지 않는 이런 곳을 임대공간으로 활용하는 사례를 살펴보도록 하자.

빌딩의 지하공간은 외부에 노출되지 않고 사람들의 출입동선도 불편하다. 처음부터 지하 아케이드 형태로 꾸미거나 사전에 철저하게 계획하지 않았다면 지하층은 죽은 공간이 되기 쉽다. 그런 상황에서 임대가 잘 되지 않는다면 꼭 지하에 입주해야만 수익이 나는 임차인을 찾는 것도 공실을 해소할 수 있는 방법이 될 수 있다.

예를 들어, 그런 임차인으로 공유주방업체를 들 수 있다. 코로나가 유행하면서 배달 음식과 도시락 등의 수요가 폭발적으로 증가하고 공유경제모델의 다양한 방식 중의 하나로 공유주방업체들이 많이 생기고 있다. 음식 조리가 가능하도록 미리 주방시설을 갖춰 놓은 공간을 대여해 주는 사업으로 공유주방은 배달수요가 많은 업무 지역이나 사람들이 많이 모여 있는 도심지에 위치해야 한다. 그런 곳에 직장인이나 일인가구들의 수요가 많기 때문이다.

다만, 이런 곳의 지상층은 임대료가 높아 공유주방이 입점하기가 어렵다. 따라서 이런 입지에서는 임대료 낮은 지하층에 입주를 해야만 수익이 발생할 가능성이 높다. 게다가 공유주방은 전화 주문이 대부분이기 때문에 눈에 띄는 곳에 위치할 필요가 없다. 이런 공유주방업체들은 주요 도심 빌딩의 지하를 입주 가능한 곳으로 검토해 볼 수 있다.

그리고 빌딩 내 지하공간에 있더라도 사람들이 꼭 찾아올 수밖에 없는 임차인을 입점시키는 것도 방법이다. 즉, 방문 목적성이 뚜렷한 임차인이면 지하공간에 입주를 하더라도 운영을 하는 데 문제가 없기 때문이다. 만약 빌딩 내 상주인구가 많고 주변 빌딩에 직장인들이 많은 곳이라면 구내식당을 입점시키는 것도 좋다. 주요 도심지에는 물가가 비싸 점심 한 끼 비용도 만만치가 않다. 또, 매번 메뉴를 고민하지 않고 점심 해결이 가능한 구내식당이 있으면 편리하다. 이런 곳은 한 번 입소문이 나면 사람들이 알아서 찾아오는 공간이 될 수 있다.

이외에도 빌딩에서 목적성을 가지고 방문하는 곳은 문구점이다. 사무실이 많은 빌딩 인근에는 각종 소모성 문구류의 구입이나 복사 및 제본 등을 할 수 있는 문구점이 근처에 있기 마련이다. 이런 문구점은 상품보관을 위해 넓은 공간이 필요하고 판매 제품의 단가가 높지 않아 임대료가 저렴한 지하층에 입점을 하는 곳이 많다.

또, 지하공간은 빈번하게 드나들지 않고 물건만 보관해 두는 용도로 활용하는 것도 좋다. 예를 들어, 임차인들을 위한 창고 용도로 임대계획을 세우는 것도 한가지 방법이다. 보통 임차인들 중에는 중요한 서류를 일정 기간 보관해야 하거나 자주 보지는 않지만 정기적으로 확인해야 하는 것들도 있다. 또, 부피를 많이 차지해서 사무공간에 두기 어려운 물건들도 있다. 만약에, 임차인들을 위해 조성된 창고가 빌딩 지하에 있다면 접근성도 뛰어나고 저렴한 가격으로 임대를 해주면서 공실도 해결할 수 있다.

만약 지하에 있는 공간이 임대가 잘 되지 않을 것 같다고 판단되면, 차라리 창고로 사용할 수 있도록 기본적인 시설을 미리 준비해놓는 것도 좋다. 또, 최근에는 도심형 창고만을 전문적으로 운영하는 회사들도 많아졌다. 이런 곳을 타겟으로 마케팅을 하는 것도 고려해 볼 수 있다.

임대공간은 아니지만 빌딩 지하에 있는 주차장을 활용하여 추가수익을 얻는 방법도 있다. 부동산자산관리회사처럼 주차장만을 전문으로 운영하고 관리하는 회사들도 있다. 규모가 큰 대형 빌딩들의 주차장을 위탁운영 형태로 관리를 하는 것이 주된 비즈니스이다. 이런 회사들과 위탁계약을 통해 주차장을 운영하게끔 하고 그곳에서 발생하는 운영수익을 나눠 가지는 사업 형태도 있다.

주차장 운영을 전문으로 하는 업체들은 주차운영시스템을 최신장비로 설치를 하고 무인으로 운영하면서 비용을 절감한다. 그리고 다양한 요금제도를 운영하기도 하고 주말이나 휴일 등에 사용하지 않는 주차 공간을 이용하여 마케팅을 통해 수익을 극대화 한다. 주차 공간을 관리하는 일은 전문성이 필요하고, 게다가 수익을 내는 것은 쉽지 않은 일이다. 그런 공간을 주차전문업체를 통해 수익이 나는 곳으로 탈바꿈 시킬 수 있다면 위탁운영을 검토해 보는 것도 필요하다.

그리고 지하공간을 꼭 수익을 내야 하는 공간으로만 여기지 않고 다른 관점에서 활용도를 높이는 방법도 생각해 볼 수 있다. 예를 들어, 빌딩 안에서 부가 서비스를 제공하기 위해 입점한 구두수선 업체를 위한 작업 공간으로 제공하거나 빌딩의 근무자들을 위한 휴게공간이나 편의시설 등으로 꾸며 활용할 수도 있다. 시설관리 직원들의 락커룸이나 샤워실 등을 만들고 근무자들의 복지공간으로 활용하여 더 나은 서비스를 제공할 수 있는 환경을 만드는 것도 도움이 된다.

앞서 설명한 것처럼 지하공간은 접근성과 시인성 등 여러 가지 면에서 단점이 많을 수밖에 없다. 하지만 지하공간도 나름대로의 장점을 활용하여 임대계획을 세운다면 죽은 공간이 아닌 새로운 임대수익을 창출할 수 있는 공간이 될 수 있다. 또, 사람들이 찾아오기를 기다리는 게 아니라 지상보다는 지하를 선호할 수밖에 없는 임차인을 타겟으로 적극적으로 마케팅을 하는 노력이 필요하다.

05 임차인이 아니어도 임대료를 받아라

　빌딩운영수익은 꼭 임대차계약을 체결하고 오랫동안 머무는 임차인에게서만 발생하는 것은 아니다. 빌딩에서 발생할 수 있는 수익 중에는 임대수익 외에 부가수익도 있다. 수익에서 차지하는 비중이 크지는 않지만 관심을 가지면 추가수익은 물론 빌딩 활성화에도 도움을 줄 수 있다. 빌딩에서 부가수익을 창출할 수 있는 것들이 어떤 게 있는지 알아보도록 하자.

　빌딩에 입주하는 임차인들 중에서 회사의 이름을 홍보하고 싶어하는 곳들도 있다. 만약 주요 도심의 대로변에 있는 빌딩에 회사명이나 로고가 붙어 있다면 자연스럽게 회사를 홍보할 수 있다. 그런 광고 효과를 활용하고자 하는 임차인이 있다면 계약을 통해 부가수익을 얻을 수 있다.

　예를 들면, 입주 시 임대차계약 조건에 따라 아예 빌딩의 이름을 바꾸거나 빌딩에 회사 이름을 홍보할 수 있도록 하고 이에 따른 사용계약을 하기도 한다. 대형 빌딩들의 이름은 사람들의 입에 오르내리는 일이 많기 때문에 그런 홍보효과를 활용하는 것이다. 주로 대형 면적을 사용하는 키 테넌트나 앵커 테넌트가 입주했을 때 활용할 수 있다. 빌딩의 이름까지 사용하게 하는 일은 흔하지 않지만 회사 명칭의 간판을 외벽에 설치하고 비용을 받는 것은 일반적으로 많이 사용하는 방식이다.

　이와 유사하게 빌딩 옥상에 광고탑이나 전면에 광고판을 설치하여 광고홍보대행사와 계약을 맺고 이를 통해 광고수익을 얻기도 한다. 빌딩 자체가 가지는 상징성과 시인성을 활용하면 효과적인 광고를 할 수 있기 때문에 노출이 더 많은 곳의 광고 단가가 올라가 그

만큼 수익도 증가한다. 이런 광고나 광고판은 무분별하게 설치할 수 없고 허가를 받아야 하는 것이기 때문에 광고탑을 보유한 빌딩들이 더 높은 가격에 거래되기도 한다.

이외에 엘리베이터 내부에 있는 안내 LCD 전광판을 활용하는 광고 마케팅 회사들과 사용계약을 통해 부가 수익을 창출할 수도 있다. LCD 전광판에 송출되는 콘텐츠를 기획하여 빌딩 관련 정보를 보여주는 중간에 광고를 넣는 것이다. 이를 통해 발생하는 광고 수익을 재원으로 LCD 전광판 사용 대가를 지불하는 것이다. 주로 공동주택을 운영하는 곳에서 많이 활용하는데, 최근에는 일반 빌딩에도 설치하여 부가수익을 내는 곳들도 있다. 엘리베이터 LCD 뿐만 아니라 빌딩 내의 로비나 복도 같이 유동 인구가 많은 공용공간에 LCD 전광판을 마케팅 회사의 비용으로 설치를 하고 광고를 송출하는 방식도 활용을 한다. 다만, 직접적인 광고보다는 광고처럼 보이지 않은 영상을 활용하거나 디지털 예술작품 등을 함께 송출하여 광고에 대한 거부감을 줄이기도 한다.

또, 빌딩에서는 휴대폰 통신사로부터 얻을 수 있는 부가수익도 있다. 요즘은 빌딩을 초고층으로 건축하는 경우도 많고 대형 복합개발을 하는 프로젝들이 많다. 그러다 보니 그 안에서 휴대전화를 사용하는 사람들도 많아 통화품질 유지를 위해 빌딩내부에 통신사의 중계기를 설치하기도 한다. 또, 빌딩 옥상에 중계기 안테나를 설치하여 전파가 잘 전해질 수 있도록 하고 음영지역을 없애는 등의 노력을 한다. 통신사들은 이런 장비를 빌딩 내에 꼭 설치를 해야 통화 품질을 높여 민원의 발생을 줄일 수 있다. 그래서 빌딩 안에 중계기를 설치하면 임대인에게 공간사용료 및 전기요금 등의 명목으로 사용료를 납부하는 것이다. 통신 중계기는 대부분 잘 보이지 않는 실내 천장 내부나 옥상에 설치하기 때문에 빌딩의 유휴공간을 활용하여 수익을 낼 수 있는 효과적인 방법이다.

그리고 빌딩에 있는 유휴공간이나 자투리공간을 활용하여 추가 수익을 창출할 수도 있다. 사람들의 이동이 많고 빌딩내부에 상주 인원이 어느 정도 있다면 금융기관의 현금자동인출기(ATM)를 유치하여 유휴 공간에 임대를 할 수도 있다. 은행을 방문하는 일이 줄어들고 현금 거래도 줄어드는 추세이지만 빌딩 내에 은행이 없다면 편의시설로 ATM 기기를 설치하고 부가수익을 낼 수 있다.

이외에 좁은 유휴공간을 활용할 수 있는 업종으로 꽃집이나 화원을 입점시킬 수 있다. 예를 들면, 로비나 지하 아케이드 계단실 아래 유휴공간에 입점을 시키면 좋다. 빌딩 내에 입주한 임차인들이 경조사나 각종 행사 선물로 꽃이나 화분 또는 화환을 보내는 일이 많아 안정적인 수요가 발생하기 때문에 꽃집이나 화원은 빌딩 내 임차 수요가 있는 업종 가운데 하나이다.

뿐만 아니라, 빌딩 내 유휴공간을 활용하는 것을 비즈니스 모델로 하는 회사도 있다. 기업들이 홍보목적으로 여는 팝업스토어를 활용하여 수익을 창출한다. 단기홍보를 필요로 하는 회사들을 위해 팝업스토어를 위한 공간을 찾고 기획을 해주는 것이다. 주로 상주인원이 많은 대형 빌딩의 유휴공간을 활용한다. 여기서 제품을 판매하여 발생한 수익을 빌딩과 나눠 갖기도 하고 단순히 공간만을 임대하기도 한다. 이런 팝업스토어는 트렌디한 제품들을 소개하고 매번 새로운 상품들을 볼 수 있어 빌딩의 분위기를 바꾸고 활기찬 느낌을 줄 수 있다. 무엇보다 유휴공간을 활용하는 것이기 때문에 새로운 수익원으로 빌딩의 추가수익에 도움을 주는 새로운 방식의 임대플랫폼으로 영역을 잡아가고 있다.

끝으로 빌딩에 공실이 있다면 현재 입주해 있는 임차인들에게 단기임대를 할 수도 있다. 빌딩 내의 임차인들 중에서는 갑작스럽게 새로운 임대공간을 찾아야 하는 일도 종종 발생한다. 예를 들어, 외부 회계감사팀이 일정 기간 동안 내부에 상주를 해야 하는 일도 있다. 이처럼 짧은 기간이나 사용 기간을 유연하게 변경할 수 있는 임대 공간을 찾는 것은 생각보다 어렵다. 이런 경우 대부분 회사의 회의실을 사용하게 하거나 사용 공간의 일부를 제공해야 해서 업무 환경이 불편해지기도 한다.

이럴 때 빌딩 근처에 공유오피스 같은 공간이 있으면 좋겠지만 대개는 거리가 멀거나 가격이 비싸 사용하는 데 부담이 되기도 한다. 만약 같은 빌딩 내에 유휴공간이 있어 임차인들에게 임대가 가능하다면 단기임차를 통해 원하는 공간사용을 할 수 있어 편리할 것이다.

이처럼 빌딩에서는 임대료뿐만 아니라 다른 수단을 통해 부가수익을 창출할 수 있는 요소들이 곳곳에 많다. 운영하고 있는 빌딩의 현황에 따라 다르겠지만 유휴공간이나 자투리 공간도 누군가에게 꼭 필요한 공간이 될 수 있다는 관점에서 생각해 볼 필요가 있다. 또, 계약방식이나 사용기간도 유연하게 조정이 가능하다면 추가수익을 낼 수 있는 기회도 그만큼 많아 질 것이다.

06 매출을 올려주고 임대료를 더 받는 법

빌딩의 임대료는 보통 임대기준가를 책정해 놓기 때문에, 계약하는 임대 면적에 비례하여 더 많은 면적을 써야 임대수익이 올라간다. 임대인 입장에서는 공실을 줄여야만 매출이 늘어나는 구조이다. 빌딩은 정해진 임대면적이 있고 결국 한번 임차인과 계약을 체결하고 나면 그 수익이 확정된다. 다만, 임대차계약에 따라 인상조건이 있다면 이를 적용해 임대료가 일정금액 정도는 인상될 수 있다. 결국 빌딩의 일반적인 임대차계약 방식으로는 임대료로 받을 수 있는 최대금액이 정해져 있는 것이나 마찬가지다.

빌딩의 임대를 할 때 이렇게 정해진 임대료를 받는 임대차계약 외에 임대료가 변동되는 방식의 계약형태도 있다. 바로 매출연동임대차계약이다. 부동산 업계에서는 Percentage Rent라고 부르는 매출연동임대료는 임차인의 매출과 연동하여 임대료를 책정하는 임대차계약 방식을 말한다.

예를 들어, 임차인의 월간 매출에서 서로 정한 기준 매출을 상회하는 경우 초과한 매출액의 일정 비율을 추가 임대료로 납부를 하는 것이다. 이런 계약은 당사자가 체결하는 방식에 따라 유연하게 정할 수 있지만 보통 최소보장임대료(Minimum Guarantee)를 정한다. 즉, 매출액에 관계 없이 최소한 납부해야 하는 임대료가 있는 것이다. 그리고 계약에서 정한 매출액을 초과할 경우 그 초과금액에 정해진 비율을 곱하여 추가로 임대료를 납부하는 것이다. 임대인의 입장에서는 최소보장임대료를 통해 임대료 수익을 보장받고 임차인의 매출이 증가하면 그에 따른 수익의 일부를 임대료로 더 받을 수 있는 것이다.

이런 방식은 보통 상권이 좋은 빌딩의 1층이나 아케이드에 입점하는 리테일 매장들에 적용하는 경우가 많다. 주로 커피 프랜차이즈나 유명 체인점 같은 곳이 입점을 하면 자주 활용하는 임대차계약 방식이다. 임대인도 임대료 인상 협의를 하는 것이 쉽지 않고, 영업이 잘 될 때에 임대료를 더 받는 게 낫기 때문에 이런 계약 방식을 선호한다. 이런 계약구조는 임차인이 성장해야 임대인도 더 잘 되는 선순환 구조를 통해 서로 상생할 수 있는 계약방식인 것이다.

예전에는 임차인이 입주하고 나서 매출이 잘나는 매장이라는 것을 확인하면, 임대인이 세입자를 내쫓고 직접 매장을 운영하는 사례도 종종 있었다. 하지만 이제는 그럴 필요가 없다. 매출연동임대차계약을 체결하면 임차인이 잘 될수록 임대인의 수익도 함께 늘어나기 때문이다.

최소보장임대료 + [월 발생 매출액 − 기준 매출액] × 비율

| 매출연동임대차계약 계산방식 |

따라서 이런 형태로 임대차계약을 할 경우에는 임대인은 임차인의 매출이 증가할 수 있도록 지원을 하기도 한다. 서로에게 도움이 되는 크로스마케팅을 진행할 수도 있다. 예를 들어, 식음료 매장이라면 빌딩 임차인들에게는 상시 할인혜택을 제공하거나 신제품이 나왔을 때 먼저 홍보를 하는 샘플 등을 나눠주는 등의 행사를 통해 임차인들이 더 많이 이용을 할 수 있도록 마케팅을 할 수 있다. 또, 빌딩에서는 임차인들에게 매장의 할인 행사 소식이나 신제품 홍보를 도와주는 것도 가능하다.

다만, 이런 매출연동임대차계약을 할 경우에는 정확한 매출을 확

인 할 수 있는 절차를 만들어 놓아야 한다. 임차인 입장에서는 자사의 매출내역을 공개하기 꺼리는 경우도 있는데, 임대료 납부를 위해 필요한 매출확인을 어떤 방식으로 할지 사전에 협의를 해놓아야 한다. 임대인 입장에서는 임차인이 제공하는 정보에 의존할 수밖에 없기 때문에 매출을 고의적으로 조작한다거나 현금 매출 등이 잡히지 않는 등의 문제로 분쟁이 일어날 소지가 있기 때문이다.

07 성공한 리모델링 사례를 벤치마킹하라

빌딩은 처음 신축했을 때는 세련된 디자인과 최신 사양의 장비들을 설치한다. 당연히 주변 빌딩보다 경쟁력이 뛰어나기 때문에 임대도 잘되고 더 높은 임대료도 받을 수 있다. 그렇지만 임차인들이 입주를 하고 시간이 지나면서 내부공간이나 외관은 물론 내부 기계 장비들도 노후화가 된다. 빌딩의 운영관리를 충실히 했다면 사용기간을 늘리고 양호한 관리가 가능하다. 그렇지만 어느 시점이 지나면 빌딩에 대한 전면적인 보수나 시설물에 대한 교체가 필요한 리모델링 시점이 찾아온다.

빌딩의 리모델링을 검토한다면 어떤 목적 때문에 실행하려는 것인지를 명확하게 해야 한다. 그렇지 않으면 리모델링을 하더라도 만족스럽지 못한 결과물로 인해 이도 저도 아닌 것이 될 수 있다. 최악의 결과는 돈은 돈대로 썼지만 원하는 목적을 달성하지 못하는 상황이 발생하는 것이다.

보통 리모델링의 궁극적인 목적은 시설이나 환경개선을 통하여 더 나은 임차인을 유치하여 임대수익을 늘리는 것이다. 따라서 이런 경우에 리모델링의 범위를 공용공간 개선에 초점을 맞추는 것이 효과적이다. 사람들이 많이 오고 가는 로비는 빌딩의 전체적인 분위기를 좌우하는 곳이다. 구조자체를 변경하기는 어렵겠지만 겉으로 보이는 실내 벽면이나 로비 바닥 자재를 교체하고 로비 데스크 등을 새로 꾸미는 것만으로 빌딩의 분위기를 새롭게 바꿀 수 있다.

공용공간 중에서 화장실은 사용량이 많은 곳이기 때문에 리모델링을 하고 나면 임차인들의 만족도를 높일 수 있는 곳이다. 오래된 도기나 세면대를 바꾸고 조명교체를 통해 마치 새 빌딩에 들어온 것처럼 만들 수 있다. 또, 절수형 수전이나 좌변기 등 비용 절감이 가능한 제품들로 설치하면 리모델링의 효과를 극대화할 수 있다.

다음으로는 수직 이동 수단인 엘리베이터를 교체하는 일이다. 물론 비용이 많이 드는 수선이지만 임차인들의 안전과 만족도를 생각하면 엘레베이터 교체를 검토해 볼 수 있다. 운행속도가 개선된 제품을 설치하고 고장이 덜 나고 사고의 위험이 줄어든다면 빌딩운영에 있어 큰 도움이 될 수 있기 때문이다. 만약, 전면교체를 위한 비용이 부담스럽다고 하면 엘리베이터 카 내부자재나 버튼 같은 것만 새로운 제품으로 교체를 해도 좋다. 내구성이 강하고 깨끗한 느낌을 주는 스테인레스 자재를 사용하거나 공간을 더 넓게 보이도록 거울을 부착하거나 반사가 되는 자재를 활용하는 것도 좋은 방법이다.

수익을 올리는 목적과는 다르게 겉으로 보이지 않지만 운영비용을 절감할 수 있는 시설 개선을 위한 리모델링도 있다. 빌딩의 운영비용을 절감하는 것도 수입을 증가시키는 것만큼이나 수익개선에 큰 영향을 준다. 빌딩운영비용 중에서 많은 부분을 차지하는 에너지 비용을 절감하기 위해 장비를 교체하는 것도 그런 방법 중에 하나이다.

빌딩의 냉방을 위해 설치된 장비를 교체하는 것도 에너지 효율을 높이고 임차인들에게는 쾌적한 실내 온도를 유지하여 만족도를 높일 수 있는 방법 중에 하나이다. 또, 난방을 위한 보일러 같은 장비교체도 생각해 볼 수 있다. 이와 병행하여 단열이나 보온 효과가 우수한 창문으로 교체하거나 로비나 공용공간에서 공기가 누출되는 곳을 찾아 보수하는 등의 작업을 병행하는 것도 고려해 볼 수 있다.

다음으로는 실내 공간의 전등 교체를 통해 비용을 절감할 수도 있다. 형광등이 설치된 빌딩은 LED 등으로 교체하여 전기요금을 낮추고 실내 조도를 높일 수 있다. 또, 조명의 수명도 길기 때문에 교체나 수선을 위한 인력의 손실을 줄일 수 있다. 이 밖에도 비상계단이나 주차장처럼 사람들의 출입이 빈번하지 않지만 조명이 필요한 곳은 센서가 달린 조명을 설치하여 조도를 자동 조절하여 에너지를 절감할 수 있도록 개선할 수 있다.

빌딩에서 이런 장비들을 교체하거나 새로 설치하려면 투자 비용이 많이 들어간다. 따라서 투자의사 결정을 하기 위해 투자금 회수기간을 계산해 보고 실행 여부를 결정하는 게 좋다. 말 그대로 투자한 비용을 회수하기 위해서 얼마만큼의 기간이 필요한지를 계산해 보고 판단하는 것이다. 예를 들어, 전등 교체 비용과 전등 교체를 하고 나서 에너지가 절감되는 비용을 비교하여 얼마만에 투자금을 회수할 수 있는지 계산해 보는 것이다. 회수되는 기간이 짧고 투자비용을 회수한 이후에 이득이 크다면 장비나 시설물의 교체를 통해 빌딩의 비용을 절감하는 것이다.

또, 대규모로 설치된 형광등이나 전등 그리고 소모성 제품이나 장비 등은 이를 생산하고 제공하는 관련 업체로부터 투자를 받는 방식으로 교체 공사를 하기도 한다. 예를 들어, 특정 회사의 전등을 사용할 것을 약속하고 제품개선 공사를 업체를 통해 지원받는 것이다. 물론 그 회사에서 투자금을 회수할 수 있을 기간만큼 자사 제품을 사용해야 한다는 조건을 제시할 것이다. 이는 개선 공사를 지원하는 방식으로 시장 점유율을 높일 수 있고 제품 매출에도 도움이 되기 때문에 활용하는 것이다. 이런 방식을 잘 활용하면 임대인과 제품 생산 회사가 시너지를 낼 수 있는 좋은 리모델링 방식이 될 수 있다.

다른 방식의 리모델링으로는 빌딩의 법적사항을 검토하여 수익을 극대화하는 방법도 가능하다. 여의도에 있는 오래된 빌딩들의 사례가 그 대표적인 예이다. 리모델링에서 한 발 더 나아가서 빌딩을 증축하거나 용도변경을 통해 효용을 극대화하기도 한다.

여의도에는 IFC와 파크원 같은 대형 빌딩들이 건축이 되면서 상주인원은 물론 유동인구도 증가했다. 그러다 보니 점심시간에 직장인들이 점심을 먹기 위한 식당이나 담소를 나눌만한 커피숍 같은 리테일 매장이 부족하다. 점심시간에 제대로 식사를 하려면 일찍 나오지 않으면 줄을 서기 일쑤다. 그런 상황이 오래 지속되자 주변 빌딩 중에서는 기존에 사무실로 사용하던 2~3층 등의 사무공간을 용도변경을 통해서 식당가로 바꾸어 트렌드에 맞는 식당이나 음식점 등을 입점시켰다.

또, 오래 전에 준공된 빌딩 중에서는 법적 허용용적률을 다 활용하지 않아 증축을 통해 면적을 넓힐 수 있는 빌딩들도 있다. 이런 빌딩들 중에는 아예 로비에서부터 일부 지상층을 증축하여 아케이드 형태로 꾸며 빌딩의 자산가치를 높이는 것은 물론 새로운 임차인을 입주시켜 수익을 높인 사례도 쉽게 찾아 볼 수 있다. 기준 층에 있는 사무실을 사용하는 임차인들보다 더 많은 임대료를 낼 수 있는 리테일 임차인을 입점 시키는 것만으로도 빌딩의 수익을 증가시키는 것은 물론 향후 매각 시에 더 높은 가치를 인정받을 수 있다. 부동산 투자전문가들은 이런 식으로 오래된 자산을 개선하여 가치를 높이는 방식으로 빌딩을 증축하거나, 더 높은 임대료를 내는 임차인으로 변경하는 등의 밸류애드(VALUE-ADD) 전략을 사용한다.

이렇게 빌딩은 어느 정도 내구 연수가 지나고 나면 리모델링을 통해 수익을 높이고 비용을 낮춰 그 가치를 극대화할 수 있다. 이런 리모델링이 성공하려면 이를 실행하는 적절한 시기를 선택하고 어떤 효과를 얻어내려는 것인지 확실한 목표와 전략이 필요하다. 보통 부동산 투자전문가들은 리모델링을 하는 것을 매입 초기에 실행을 한다. 즉, 투자 전 부터 미리 계획을 가지고 매수를 했다는 뜻이다.

매입 초기에 비용을 사용하면 노후화된 설비나 장비 등으로 낭비되는 비용을 줄일 수 있고 입주하고 있는 임차인의 만족도도 높일 수 있다. 또, 운영적인 측면에서 비용을 매입 초기에 집행하면 매각 할 시기에는 수입은 높아지고 비용이 줄어들기 때문에 운영수익을 극대화할 수 있는 장점이 있다. 운영수익이 좋아지면 당연히 빌딩의 가치는 높게 평가되고 더 비싼 가격에 빌딩을 매각할 수 있게 된다. 이처럼 리모델링을 하거나 빌딩 장비 교체를 위한 투자를 하더라도 그에 맞는 운영전략을 미리 준비하고 적합한 시기를 선택하여 진행을 해야 원하는 목적을 달성할 수 있다.

PART 10

잘 팔리는 빌딩에는 이유가 있다

PART 10 잘 팔리는 빌딩에는 이유가 있다

01 전문가들의 투자 기법을 역이용하라

대형 빌딩의 개발과 투자에는 막대한 자금이 들어간다. 그래서 부동산 투자와 운영 전문가들을 다양한 금융기법과 투자구조를 활용한다. 이를 통해 투자 시에 발생할 수 있는 위험을 분산하고 투자 참여자들이 안정적으로 투자 수익을 향유할 수 있도록 여러 가지 방안을 만들어 낸다. 이런 투자기법들은 법적사항들을 준수하는 것은 기본이고 각각의 투자자들이 원하는 수익 대비 위험에 대한 충분한 설명을 하고 그들을 설득해야만 진행이 가능하다.

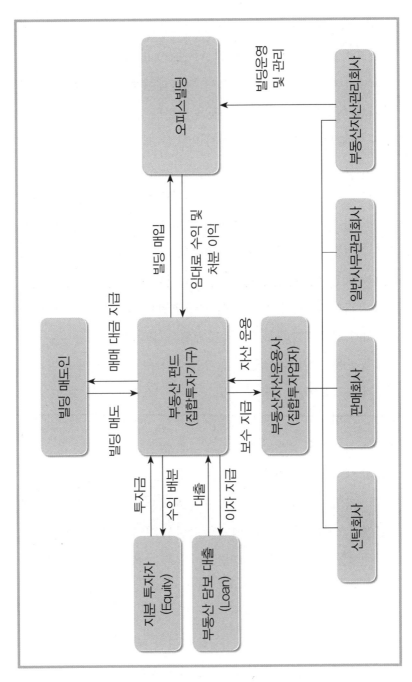

| 부동산 펀드의 기본 구조 |

빌딩을 개발하는 프로젝트에서 자금을 조달하고 투자하는 방법으로 대표적인 게 프로젝트 파이낸싱(Project Financing)이다. 부동산 개발에 대한 사업성과 준공이 되고 난 뒤 장래에 발생할 현금흐름에 대한 가능성을 보고 투자를 하는 것을 말한다. 이때 부동산 개발사업을 주도적으로 진행하는 시행사가 약속한 계약을 이행하지 못하는 경우를 대비해 보유한 토지나 자산을 담보를 확보한다. 물론 공사를 하는 시공사가 끝까지 공사를 책임지도록 하는 책임준공의 의무를 확약하기도 한다. 시공사는 이런 위험을 부담하는 조건으로 시공권을 확보하기도 한다. 이렇게 하면 개발 프로젝트 진행과정의 참여자들에게 위험을 분산할 수 있고 개발 사업이 완료될 수 있는 안전장치가 되기 때문이다. 이보다 더 강한 조건은 시행사가 부도가 나면 시공사가 이에 대한 채무 인수까지 부담하기도 한다.

부동산은 개발하는 것들도 있지만 이미 준공된 빌딩에 투자하는 경우가 대부분이다. 이때에도 투자 관련 리스크를 줄일 수 있는 방법을 모색한다. 예를 들어, 빌딩을 매각할 때에도 각자 참여자들이 원하는 목적을 달성할 수 있도록 구조화하기도 한다. 가장 대표적인 방법이 세일즈앤드리스백(Sales and Leaseback)으로 이 방법을 활용하면 매도자와 매수자가 각자가 필요한 목적을 충족시킬 수 있다. 세일즈앤리스백은 말 그대로 빌딩을 팔면서 다시 임대차계약을 맺는 방법을 말한다. 원래 소유자이면서 빌딩을 사용하고 있는 건물주가 빌딩을 매각하면서 임대차계약을 새로운 주인과 체결하여 임차인의 지위가 되는 것이다.

매도자인 소유자가 대규모 자금이 필요할 때 부동산 매각 대금을 활용하는 자산유동화 전략으로 사용하는 것이다. 기업의 입장에서는 자산가치가 높은 빌딩을 매각하면 큰 현금을 보유할 수 있다. 게다가 다시 임차인의 지위가 되어 다른 곳으로 이전하지 않아도 되기 때문에 이전 비용을 크게 절감할 수 있다. 보통 빌딩 전체를 다 사용하고 있는 기업의 사옥을 매각할 때 이런 방식을 자주 활용하기도 한다.

이렇게 세일즈앤드리스백 방식으로 빌딩을 매입하면 대형 면적을 사용하고 있는 키 테넌트(Key Tenant)와 임대차계약을 체결할 수 있어 공실의 위험도 낮출 수가 있다. 게다가 유리한 입장에서 매도자와 임대차계약을 협의할 수 있는 상황도 만들 수 있다. 상황에 따라 다르겠지만 현재 임차인과의 계약을 더 길게 유지하거나 새로운 임차인으로 변경할 계획이 있으면 계약기간을 조정하는 협상을 할 수도 있다.

세일즈앤드리스백 형태의 계약에 풋백옵션(Put-back Option)을 포함하기도 한다. 풋백옵션은 약정한 날짜나 가격에 되사 줄 것을 약속하는 거래를 말한다. 앞서 설명한 것처럼 세일즈앤드리스백을 활용한 기업이 단기간에 큰 자금 융통이 필요하여 빌딩을 매각했지만 추후에 상황이 개선될 것을 예상하고 일정 기간 이후에 다시 매각한 빌딩에 대한 매수권리를 가져가고 싶은 경우에 활용을 한다. 매수자 입장에서는 추후 자산 매각 시 잠재 매수자를 미리 확보하는 것이고, 이를 활용하여 매각가를 높일 수 있는 기회로 만들 수도 있다.

이외에 부동산 투자전문가들이 자주 사용하는 것으로 임차인의 신용도를 활용하는 책임임대차계약이라는 것이 있다. 책임임대차계약은 영어로는 마스터리스(Master Lease)라고 한다. 용어 뜻 그대로 어떤 공간에 대한 임대차를 책임지는 것을 말한다. 예를 들어, 책임임대차계약을 임차인 A와 맺었다면 빌딩에 공실이 생기면 임차인 A가

책임을 지고 모든 임대료를 임대인에게 납부해야 하는 의무가 생기는 것이다.

마스터리스의 가장 큰 장점은 건물의 주요 수입원인 임대료 수입을 안정적으로 확보할 수 있는 장점이 있다. 빌딩 소유자는 이런 형태의 계약을 통해 안정적인 현금흐름을 확보할 수 있다. 이렇게 책임임대차계약을 할 때에는 당연히 임차인의 신용도가 매우 중요하다. 만약 해당 공간에 대한 임대료를 감당할 수 없는 임차인과 책임임대차계약을 체결한다면 원래 달성하고자 했던 임대료 납부의 안정성을 확보할 수 없기 때문이다.

보통 책임임대차계약은 원 계약을 체결한 임차인이 전대차계약을 통해 임대인과 협의하지 않고 원하는 업체를 마음대로 바꿀 수 있게 하기 위해 리테일업종 계약에 주로 사용한다. 예를 들어, 푸드코트를 운영하고자 하는데, 그 안에 입점하는 여러 업체들의 공간을 원하는 종류로 꾸미고 싶은 경우에 활용할 수 있다. 책임임대차계약을 통해 해당 공간에서는 마치 내가 임대인처럼 전차인과 계약을 할 수 있다. 임대인의 입장에서는 임차인이 드나들 때마다 계약을 바꿔야 하는 불편함을 줄일 수 있고, 임대료를 확정하여 받을 수 있기 때문에 계약 시 안전장치로 활용하기도 한다.

오피스빌딩에서도 책임임대차계약이 종종 활용되기도 한다. 예를 들어, 빌딩을 개발하는 프로젝트인 경우 준공 뒤에 매도계약을 할 시점에 공실이 남아있을 수 있다. 매수자가 감당해야 하는 공실에 대한 위험을 매도자가 일정 기간 책임임대차를 통해 수입을 보전해 주는 계약을 체결하기도 한다. 매도자가 책임임대차를 했기 때문에 공실의 임대를 해소하기 위해 노력하게 된다. 이와 비슷한 예로 건설사들이 시공권을 따내기 위해서 준공 이후 일정 기간 동안 임대 공간에 대한 책임임대차계약을 조건으로 내거는 경우도 있다.

부동산 전문가들의 다양한 전략들은 주로 대형 부동산개발 프로젝트에서 빛을 발하는 경우가 많다. 여의도의 파크원은 이런 다양한 투자기법들이 적절하게 활용된 좋은 사례라고 할 수 있다. 파크원은 오피스빌딩 2개동, 백화점, 호텔로 구성된 복합개발 프로젝트이다. 통일교 소유의 주차장 부지에 지상권 설정을 통해 개발하는 초대형 프로젝트였는데, 공사 도중에 분쟁이 생겼고 그러다 소송에 휘말려 사업까지 중단되었다. 그렇게 여의도 한복판에서 진행되다가 오랜 기간 동안 방치된 프로젝트를 각 분야별 전문가들이 참여하여 위험을 분산하고 재개를 하였다. 위험은 크지만 성공했을 경우 그에 상응하는 이익을 가져갈 수 있는 구조를 만들어 프로젝트를 다시 부활시키는 데 성공한 것이다.

파크원 프로젝트에 각각의 참여자들이 어떤 역할을 했는지 조금 더 자세하게 살펴보자. 먼저 오피스빌딩 두 개 가운데 한 개는 시공을 하는 건설사에서 준공이 되면 일정 기간 동안 책임임대차를 하기로 약정을 했다. 그리고 나머지 빌딩 한 개는 선매입 계약을 통해 준공이 되면 매각을 한다는 계약을 체결하였다.

그리고 백화점은 현대백화점이 입점을 하는 것으로 하여 전체 면적을 마스터리스를 통해 운영을 하는 것으로 협의가 되었다. 또, 호텔은 소유자가 직접 운영하면서 국내에 최초로 소개되는 페어몬트 호텔 체인과 위탁운영계약을 통해 마스터리스 형태로 운영을 하는 계약을 체결하였다. 이렇게 준공 될 자산들에 대해 운영을 하고 임대를 책임질 수 있는 구조가 마련된 것이다. 이렇게 진영이 짜여지면서 대규모 투자를 해도 위험이 분산되어 투자자금 회수가 가능한 상태가 된 것이다. 그렇게 파크원은 부동산 투자전문가들이 활용하는 투자금융기법이 적재적소에 잘 활용되어 공사를 재개하고 성공적으로 준공을 할 수 있었다.

이처럼 부동산 투자전문가들은 다양한 투자 기법을 활용하여 위험을 분산시키고 프로젝트가 성공할 수 있도록 다양한 노력을 기울인다. 보통 빌딩을 매도하고자 하는 곳과 매입하려는 곳은 반대의 입장에 서있기 때문에 자신에게 유리한 쪽으로만 생각하기 쉽다. 하지만 가는 게 있으면 오는 것도 있어야 하는 것이 협상이다. 전문가들의 투자기법의 속을 들여다보면 상대방과 함께 상생할 수 있는 방안을 찾으려는 노력과 배려가 숨어있다는 것을 알 수 있다. 만약 빌딩을 운영하다가 매각에 대한 계획을 세워야 한다면 앞서 설명한 부동산 투자전문가들의 기법을 내가 운영하는 자산에도 적용하고 활용할 수 있는지 한 번쯤 생각해 보면 좋을 것이다.

02 빌딩의 가격을 계산하는 법

시장에서 사고파는 물건은 모두 가격이 있다. 빌딩도 마찬가지로 시장에서 거래가 되는데, 이때 가격은 매수자와 매도자가 협의를 해서 결정한다. 교과서의 이론처럼 시장의 수요와 공급에 의해서 부동산의 가격이 결정된다. 다만, 부동산은 사고파는 일이 빈번하지 않고 정형화 되지 않은 것들이 많아 그 가격이나 가치가 적정한지를 판단하기가 쉽지 않다. 그래서 부동산의 가격이나 가치를 평가하는 전문가인 감정평가사를 통해 적정가격을 산정하고 판단하는 게 일반적이다. 다만, 이렇게 감정평가사를 통해 공식적인 가격을 책정하더라도 시장에서 수요와 공급에 따라 변화하는 호가와 꼭 일치하는 것은 아니다. 감정평가는 부동산에 대한 적정가치를 객관적인 자료를 토대로 산출해 본 것으로 매각을 하기 위한 기준가격으로 삼으면 된다.

감정평가라는 것은 부동산, 동산을 포함하여 토지, 건물, 기계기구, 항공기, 선박, 유가 증권, 영업권과 같은 유무형의 재산에 대한 경제적 가치를 판정하여 그 결과를 가액으로 표시하는 것을 뜻한다. 감정평가사는 '부동산 가격공시 및 감정평가에 관한 법률'에 의거하여 공식적인 부동산의 가격을 평가할 수 있다. 따라서 감정평가사가 발급한 감정평가서를 통해 부동산의 가격을 확인할 수 있는 것이다.

부동산 가격을 계산하는 방법을 감정평가사처럼 세부적으로 다 알아야 하는 것은 아니지만 빌딩을 운영하면서 어떻게 가격이 책정되는지 기본적인 지식 정도는 알고 있어야 한다. 그래야 빌딩의 가치를 향상시키는 방향으로 운영계획을 세울 수 있기 때문이다. 일반적으로 감정평가사들이 부동산의 가격을 평가하는 3가지 기본방법에 대해 알아보자.

부동산 가격평가 3가지 기본방법

1) 원가방식

원가방식에서 원가법은 부동산을 다시 건축하거나 취득하기 위해서 필요한 원가를 토대로 계산을 하는 방법을 말한다. 그리고 이렇게 계산한 원가를 바탕으로 가치하락 요인 등을 반영하여 가격을 산정하는 것이다. 간단히 말해서 그 건물을 짓는 데 들어간 돈이 얼마인지를 계산해서 그 가치를 평가하는 방법이다.

2) 수익방식

수익방식에서 수익환원법은 다시 직접환원법(DCM : Direct Capitalization Method)과 할인현금흐름분석법(DCF : Discounted Cash Flow)으로 나눌 수 있다. 수익환원법은 해당 부동산에서 앞으로 발생할 것으로 기대되는 순수익이나 미래의 현금흐름을 활용하여 부동산의 가액을 산정하는 것이다. 부동산에 투자했을 때 소요되는 자금과 이를 보유하고 있는 동안 발생하는 수익을 바탕으로 부동산의 가치를 평가하는 것이다. 수익률과 이자율의 개념을 활용하여 부동산의 가격을 계산하는 것이다.

수익환원법 중 직접환원법은 빌딩을 운영하면서 발생하는 순수익을 적절한 자본환원율로 환원하여 대상 물건의 가액을 산정하는 방식이다. 자본환원율(Capitalization Rate)은 빌딩에서 발생하는 순운영이익(NOI : Net Operating Income)을 부동산의 가격으로 나눈 것을 말한다. 즉, 부동산을 매입한 가격에 대한 연간수익률의 개념이라고 할 수 있다. 100억짜리 부동산에서 연간 5억의 수익이 발생하면 Cap

Rate는 5%인 것이다. 이 개념을 활용하여 적절한 자본환원율로 부동산에서 발생하는 순운영이익(NOI)을 나눠줘서 빌딩의 가치를 계산하는 방식이다. 빌딩의 운영수익에 시장 상황을 감안한 자본환원율을 적용하여 빌딩의 가격을 계산하는 것이다.

수익환원법 중 나머지 한 가지 방식은 할인현금흐름분석법이다. 이 방법은 빌딩을 보유하는 기간 동안에 발생하는 순운영이익과 보유기간 말에 부동산 매각가격을 적절한 할인율을 적용하여 현재가치로 할인하여 부동산의 가격을 계산하는 방식이다. 여기서 화폐의 시간가치 개념을 알고 있으면 계산 방식의 이해가 쉽다.

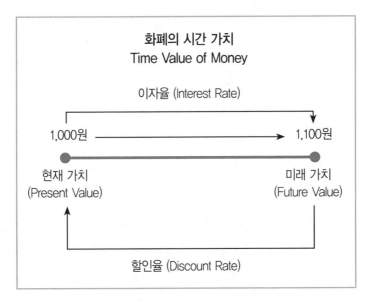

| 화폐의 시간 가치 |

할인율이란 이자율과 동일한 개념으로 이해하면 된다. 현재 100만원에 5%의 이자율이 적용되면 1년 뒤에는 105만원이 된다. 이와 반

대로 1년 뒤의 105만원을 5%의 할인율을 적용하여 현재가치로 할인하면 100만원이 되는 것이다. 할인현금흐름분석법은 내가 보유한 자산인 빌딩에서 미래에 발생 가능한 순운영이익과 미래에 매각할 빌딩 금액을 현재가치로 할인하면 얼마가 되는지를 계산하여 빌딩의 가격을 계산하는 방식이다. 즉, 1년 뒤의 이자와 원금이 현재 가치로는 얼마일지 할인율을 사용하여 계산하는 것처럼 빌딩의 미래 수익과 매각 예상 금액을 현재 가치로 환원하여 자산의 가격을 평가하는 개념이다.

3) 비교방식

비교방식에서 거래사례비교법은 내가 보유한 빌딩과 유사한 거래 사례를 비교하여 적절한 보정을 거쳐 그 가치를 산정하는 방법이다. 예를 들어, 같은 대로변에 위치한 주변 빌딩이 평당 1,500만원에 매각이 되었다면 내 빌딩의 연면적의 크기에 평당 1,500만원을 곱하여 빌딩의 가치를 평가해 보는 것이다. 보통 아파트 거래시에 일반인들도 많이 활용하는 계산 방식이다. 거래되었던 사례가 기준이 되고 이를 바탕으로 가치를 평가하는 것이다.

위에서 살펴본 빌딩의 가격을 평가하는 방법은 앞서 설명한 것처럼 법규로 정해져 있다. 보통 빌딩의 가격은 감정평가 3방식 중에서 주로 거래사례법과 수익환원법을 시장 현황에 맞게 적용하여 평가한다. 어떤 방식이 정답이라고 말할 수는 없겠지만 파는 사람은 가격을 높게 평가 받기를 원하고 사는 사람은 조금이라도 싸게 매입하고 싶어 한다. 이럴 때 감정평가사의 공인된 가격 평가가 매매가격 협상 시에 중요한 가이드라인 역할을 해준다.

부동산 가치 평가를 위해 감정평가사에게 공식적으로 의뢰할 수도 있지만 위에서 설명한 방식으로 빌딩의 가격을 직접 가늠해 볼 수도 있다. 만약 내 주변에 있는 빌딩이 거래가 되었다면 그 사례를 바탕으로 내 빌딩의 가치도 거래사례법을 통해 쉽게 계산해 볼 수 있다. 또, 부동산을 운영하면서 만든 손익계산서의 데이터를 사용하여 조금만 손품을 팔면 수익환원법으로 내 빌딩의 가격을 추정해 볼 수 있다.

이처럼 빌딩의 가격은 감정평가사에 의해 공식적인 가치를 평가받을 수 있지만 시장에 상황 변화에 따라 가격은 언제든 달라질 수 있다. 따라서 빌딩의 운영자는 주기적 정리한 데이터와 주변 시장 정보를 활용하여 내가 관리하고 있는 빌딩의 가치가 어느 정도인지 추정을 해보는 것도 필요하다. 이를 토대로 최초에 매입했을 때와 비교하여 어떤 변화가 있었는지를 살펴보면서 빌딩운영 계획을 수립한다면 보다 명확한 목표를 세우고 자산을 운영할 수 있을 것이다.

03 빌딩이 돈을 버는 공식과 법칙

빌딩에 투자를 하는 목적은 수익을 내기 위해서다. 그 목적을 달성하기 위해서는 빌딩의 주요 수익원이 무엇인지 알아야 한다. 그리고 수익을 극대화할 수 있는 방법을 찾아 실행해야 한다. 빌딩에서 발생 가능한 수익은 크게 운영수익과 자본차익 2가지로 나눠 볼 수 있다. 운영수익은 말 그대로 빌딩을 운영하는 동안 발생하는 수익이다. 자본차익은 보유하고 있는 빌딩을 매각했을 때 매입했던 가격보다 더 높은 가격에 팔았을 때 얻는 이익이다.

운영수익은 임차인으로부터 받은 임대료와 관리비 수입 중에서 운영과 관리를 위해 사용한 비용 등을 제외한 수익이다. 빌딩의 운영수익을 올릴 수 있는 방법은 2가지 방법 밖에 없다. 당연한 말 같지만 임대수입을 올리는 것과 운영비용을 절감하는 방법으로 나눠볼 수 있다.

임대수입을 향상시킬 수 있는 첫 번째 방법은 빌딩에 판매 가능한 공간을 모두 임대하여 공실을 없애는 것이다. 그렇지 않으면 기준임대료를 올려 같은 공간을 팔더라도 더 많은 수익을 낼 수 있도록 하는 것이다. 임대수입은 빌딩마다 정해진 임대면적이라는 물리적인 한계가 있다. 그리고 기준임대료도 주변 시장상황이 있기 때문에 원한다고 해서 올릴 수 있는 것은 아니다.

결국 임대수입을 늘리는 방법은 어느 정도 정답이 정해져 있다. 임대가 되지 않은 공실을 해소할 수 있는 마케팅 활동을 지속적으로 하는 것이다. 그리고 지금 공간을 사용하는 임차인이 퇴거를 한다면 신규 임차인이 들어오는 기간을 최소화할 수 있도록 노력하는 것이다. 그러면서 시장 수준에 맞는 최적의 임대료를 받으면 되는 것이다.

운영수익을 향상시킬 수 있는 다른 방법인 비용절감은 그래도 빌딩운영자의 노력에 따라 달라질 수 있다. 비용 절감을 위해 어떤 일들을 할 수 있는지 살펴보자. 보통 비용절감을 한다고 하면 인원 효율화를 가장 먼저 고려한다. 아무래도 빌딩운영비용에서 차지하는 비중이 크기 때문이다. 다만, 비용절감을 위한 인원 효율화는 임차인들이 공간을 사용하는 데 불편함이 없는 서비스를 제공해야 하고 빌딩의 관리 수준도 고려해야 한다. 그런 가운데 빌딩운영을 효율적으로 할 수 있는 최적의 인력 배치를 찾아내는 것이 중요하다.

그리고 빌딩운영을 하면서 발생하는 에너지 비용을 절감할 수 있는 운영방식을 찾아내려는 노력이 필요하다. 여름철이나 겨울철에 냉난방에 들어가는 전기나 가스 요금 등은 빌딩을 어떻게 운영하고 관리하느냐에 따라 달라질 수 있다. 보통 에너지가 낭비되는 요소나 효율적으로 운영되고 있지 않는 장비들을 찾아 이를 개선하는 것만으로도 비용절감에 큰 효과를 볼 수 있다. 장비를 교체하는 방법도 있지만 냉난방 에너지가 빠져나가는 공간들을 찾아 보온을 하거나 임차인 공간 내에서 개방된 창문이나 문들을 제대로 관리하는 것만으로도 큰 효과를 볼 수 있다.

이외에 빌딩운영을 위해 아웃소싱 업체들을 활용할 때 주기적으로 입찰을 하거나 가격 경쟁력에 대한 확인을 하는 것도 비용을 효과적으로 사용하는 데 도움이 된다.

빌딩을 운영하면서 임대수익 극대화와 비용절감이라는 두 가지 목표를 동시에 달성하는 것은 현실적으로 어려운 일이다. 예를 들어, 빌딩의 공실이 줄어들면 임차인을 위한 운영비용은 증가를 할 수밖에 없다. 또, 더 높은 임대료를 받기 위해서는 임차인에게 제공하는 서비스 수준이 그 만큼 높아져야 하는데, 그러기 위해서는 비용의 지출이 더 늘어나야 하기 때문이다. 따라서 임대수익 극대화와 비용절감은 어느 정도 평행선을 유지할 수밖에 없지만 그 간극을 줄이려고 노력하는 것이 최고의 효율을 달성할 수 있는 방법이다.

다음으로 빌딩투자에서 발생할 수 있는 주요 수익원인 자본차익에 대해 알아보자. 자본차익은 빌딩을 매입한 가격보다 매각 가격이 상승했을 때만 가져갈 수 있는 수익이다. 부동산을 매입했지만 자본차익이 발생하지 않을 수도 있고 오히려 더 낮은 가격에 팔아야 할 위험도 있다. 다만, 부동산은 실물자산으로 가격이 잘 떨어지지 않는 하방경직성이 있다. 그래서 물가가 상승해도 다른 자산에 비해 가치 하락 위험이 적어 자본차익이 발생할 가능성이 높은 자산이기는 하다.

부동산을 보유하기만 해도 어느 정도 자본차익이 날 가능성이 있기는 하다. 하지만 더 적극적으로 자본차익을 극대화하기 위해서는 보유 기간 동안에 자산가치를 상승시키고자 하는 노력이 필요하다. 자산가치의 향상은 결국 앞서 언급한 운영수익과도 연결이 된다. 예를 들어, 자산가치를 향상시키는 전략으로 낡은 빌딩을 매입한 후 대수선을 통해 더 나은 임차인을 확보하는 방법이 있다. 빌딩의 환경이 나아지면 더 높은 임대료를 받을 수 있다. 부동산의 운영수익을 극대화하면 자연스럽게 자산가치가 높아지기 때문에 그 만큼 자본차익도 극대화할 수 있다.

물론 보유 기간 동안 주변환경이 변화되어 입지가 좋아지기도 하고 매수자가 다른 목적을 위해 더 높은 가격으로 매입하여 자본차익이 늘어날 수 있다. 다만, 이런 것은 외부 요인으로 자본차익이 커진 것이고 빌딩운영자의 노력을 통해 가치를 상승시키는 것은 운영수익을 늘리는 방법을 통해서 가능하다.

이렇게 운영수익과 자본차익은 서로 연관성이 크기 때문에 부동산 투자전문가들은 파는 시점에 부동산가치를 극대화하기 위한 전략을 세운다. 모든 투자에 있어 투자기간을 정해야만 목표수익률을 확정할 수 있다. 부동산 투자전문가들은 매입시점에서부터 언제 매각할 것인지 그 시기를 결정하고 투자를 한다. 즉, 살 때부터 언제 팔 것인지를 정하고 투자계획을 세운다는 의미이다.

이렇게 매각시기가 결정이 되면 부동산 투자전문가들은 매각시점에 맞춰 부동산가치를 극대화할 수 있는 계획을 세워 빌딩을 운영한다. 앞서 설명한 것처럼 부동산가격을 높이기 위해 부동산 운영 시 수입은 극대화를 하고 비용을 절감하는 방법을 활용한다.

그리고 전략적으로 매각시기가 도래할 때쯤에 임차인 유치를 위해 활용하는 무상임대 기간이 끝나 임대료 수준이 가장 높은 시점이 될 수 있도록 임대차계약을 맞춘다. 그리고 비용은 빌딩 매입 초기에 임차인에 대한 서비스 수준을 높일 수 있는 것에 투자하고 매각 시점이 다가올수록 비용을 최소화한다. 이렇게 매각시점에 빌딩운영수익을 최대화하여 매각가치를 높이는 전략을 사용한다. 물론, 부동산의 종류마다 시장의 사이클이 변화할 수 있기 때문에 매각전략의 수정이 필요하면 매각시기를 조정하기도 한다. 즉, 시장의 상황이 좋지 못하면 더 나은 시기가 돌아올 때를 기다려 매각을 하는 것이다.

이처럼 빌딩에 투자를 해서 돈을 버는 공식과 법칙은 누구나 쉽게 이해할 만큼 간단하다. 다만, 이런 기본적인 공식과 법칙을 실행하기 위한 계획을 세우고 이를 실행하는 것이 쉽지 않다. 이론적으로는 알겠지만 실제 그런 전략을 실행하는 것이 어렵기 때문이다. 부동산 투자전문가들은 투자자들에게 투자자금을 돌려줘야 하는 목적이 있기 때문에 그에 맞는 전략을 수립하고 이를 때에 맞춰 실행한다. 따라서 사옥 용도가 아닌 투자 목적의 빌딩을 운영하는 담당자라면 그 목적을 달성할 수 있는 운영계획을 수립하고 투자수익을 극대화할 수 있는 방향으로 자산을 관리해야 할 것이다.

04 사는 사람이 쉽게 투자할 수 있는 빌딩 만들기

만약 내가 운영하는 빌딩을 매각해야 한다면 어떻게 해야 잘 팔릴 수 있을까? 빌딩은 일반 주거용 부동산처럼 정형화된 물건이 거의 없다. 개별적인 특성이 강하고 누가 건축하고 어떤 사람이 운영했느냐에 따라 그 상태가 달라진다. 그래서 빌딩에 대한 투자 검토를 하는 것은 일반 주거용 부동산 투자에 비해 더 많은 시간이 필요하다.

부동산 투자전문가들은 빌딩에 투자하기 전에 4가지 중요한 실사를 거친다. 법적실사, 물리적 자산실사, 재무실사, 감정평가 등을 진행하면서 빌딩 매입에 필요한 정보를 취합하고 투자를 하는 데 문제가 없는지 검토를 한다.

법적실사는 빌딩 매입을 하면서 발생할 수 있는 법적인 위험요소를 검토하고 투자에 있어 절세를 하거나 수익을 높일 수 있는 방안 등에 대해 검토를 한다. 건축물에는 용도에 맞지 않게 사용하는 곳이 있는지 등을 살핀다. 외국 투자자의 경우에는 빌딩에 유해한 환경요소는 없는지를 살피기도 한다. 예를 들어, 토양오염이나 실내에 석면을 포함한 자재가 있는지까지 확인한다.

다음으로 물리적실사를 하면서 빌딩의 건축, 기계, 전기, 소방 등 운영을 위한 설비를 살펴보고 문제가 될 요소들은 없는지 살핀다. 말 그대로 빌딩의 물리적 상태를 평가하는 것이다. 물리적실사를 한 뒤 작성하는 보고서를 바탕으로 매입을 하고 나서 주요 장비들은 언제쯤 수선을 해야 하는지 그리고 장비들은 정상적으로 잘 관리되어 왔는지 등을 파악한다. 그리고 나중에 리노베이션을 해야 한다면 이를 위한 투자집행계획 등을 준비하는 근거로 활용한다.

그리고 재무실사는 빌딩을 매입했을 때 투자대비 수익이 어느 정도 나올 수 있는지를 검토한다. 수익률을 분석할 수 있는 재무모델을 만들고 여러 가지 가상의 시나리오를 통해 수익률의 변화도 점검을 한다. 부동산을 보유하는 동안 현금흐름은 안정적으로 발생하는지도 확인한다. 재무실사 결과를 통해 투자자에게는 얼마만큼의 수익을 줄 수 있는지 그리고 대출자들은 안정적으로 이자를 받아갈 수 있는지 등을 검토한다.

마지막으로 감정평가사를 통해 빌딩에 대한 공식적인 가치를 평가 받는 감정평가실사를 진행한다. 이렇게 감정평가서를 받아 부동산의 공식적인 가격이 나오면 이를 바탕으로 매입가격을 협상하는데 활용한다. 또, 대출을 받기 위한 심사자료로 활용하여 얼마만큼의 대출을 받을 수 있는지도 판단해 볼 수 있다.

이렇게 부동산 투자를 하기 전에 다양한 실사를 하는 이유는 빌딩을 매입하면서 발생할 수 있는 위험을 최소화하기 위해서이다. 이를 반대로 뒤집어 보면, 결국 부동산을 성공적으로 매각하고자 한다면 매입하고자 하는 사람이 위험요소라고 생각할 수 있는 것들을 사전에 제거하여 투자의사결정을 쉽게 할 수 있도록 준비를 해주면 된다는 것을 알 수 있다. 또, 부동산을 매수하는 데 궁금해할 만한 것들을 평소 운영 과정 중에 잘 정리해 놓으면 도움이 된다. 예를 들어, 빌딩운영과 관련된 재무적인 정보, 빌딩관련 각종 도면, 에너지 사용 관련 데이터 등 투자자들이 알고자 하는 정보를 제때 신속하게 제공할 수 있으면 된다. 즉, 투자분석을 할 수 있는 정보들이나 물리적으로는 문제가 없는지를 확인할 수 있는 정보들을 잘 정리해서 제공을 해주면 된다.

투자를 쉽게 할 수 있는 빌딩을 만들려면 앞서 설명한 4가지 실사를 하는 데 필요한 자료들을 평소 잘 관리하고 있으면 된다. 만약 빌딩운영을 체계적으로 잘 해왔다면 이런 정보들을 제공하는 일은 어렵지 않을 것이다.

또, 투자자들이 빌딩을 매입하는 목적이 있을 텐데 그런 것에 부합하도록 빌딩을 전략적으로 운영하는 것도 좋은 방법이다. 만약, 빌딩이 오래되어 리모델링이나 재건축을 하는 게 유리한 부동산도 있을 것이다. 이런 빌딩을 매각할 계획이라면 기존에 상주하던 임차인들의 명도를 쉽게 할 수 있도록 사전에 준비를 하는 것도 하나의 전략이 될 수 있다. 운영을 계속해야 한다면 임대차계약 종료 기간을 비슷한 시기로 맞추거나 조건 없이 중도해지를 할 수 있는 조항 등을 추가해 놓는 것이다. 이런 계약조건이 잘 맞춰져 있다면 매수인이 투자 후에 새로운 빌딩으로 건축하기에 안성맞춤인 곳이 되기 때문에 쉽게 매각을 할 수 있을 것이다.

이외에도 매각하면서 발생할 수 있는 문제를 최소화시키는 것도 필요하다. 예를 들어, 법적인 하자가 있다면 이를 먼저 해결해 놓거나 해결할 수 있는 방안을 미리 마련해 놓는 것이다. 이외에도 건물 매각 시에 기존 건물운영인력에 대한 인수인계 등이 잘 될 수 있도록 준비한다면 매입하는 쪽의 부담을 조금이나마 덜어줄 수 있다.

이처럼 빌딩의 매매는 전략적으로 어떻게 접근하느냐에 따라 수월하게 진행될 수도 있다. 매각 과정에는 참여하는 사람들도 많고 시간이 오래 걸리는 만큼 성공적인 거래를 위해 검토기간을 단축시키는 것이 서로에게 이익이 된다. 그러기 위해서는 부동산에 대한 정보를 더 많이 보유하고 있는 매도자측에서 필요한 정보를 정확하고 신속하게 제공할 필요가 있다. 또, 상대방의 관점에서 어떤 부분을 더 강조하면 투자의 매력이 있을지 또는 어떤 면이 약점으로 보일지 미리 생각해 보면 좋다. 제품의 포장을 어떻게 하느냐에 따라 상품이 잘 팔릴 수 있는 것처럼 부동산도 잘 팔릴 수 있도록 포장을 잘 하는 일이 필요하다. 그런 포장을 잘 하기 위해서는 매각 시에 투자자들이 검토를 쉽게 할 수 있도록 평소 운영과 관련된 정보를 잘 정리하고 관리하는 게 필요하다.

Epilogue

일하는 방식의 변화와 오피스빌딩의 미래

Epilogue 일하는 방식의 변화와 오피스빌딩의 미래

빌딩은 사람들이 일하는 공간이다. 누군가는 빌딩에서 회사를 창업하고 많은 사람들이 그곳에서 일을 하기 위해 매일 출근하는 일터이기도 하다. 또, 빌딩은 투자의 수단이기도 하고 하나의 기업이기도 하다. 빌딩을 하나의 회사처럼 운영하면서 이를 통해 돈을 번다. 그런 면에서, 돈을 벌기 위해 일을 하는 사람들이 모여 있는 곳이 빌딩이다. 그렇다면 일하는 사람들을 위한 공간인 빌딩의 미래는 사람들의 일하는 방식에 따라 변해갈 것이다.

단순히 사람들이 많이 모여서 일하는 사무실에서 이제는 스마트 오피스라는 이름으로 지정 좌석제를 없애고 원하는 자리에서 근무하는 모습도 나타나고 있다. 또, 4차 산업혁명의 큰 흐름을 타고 공유 오피스라는 새로운 사무실의 형태도 등장했다. 원하는 크기나 기간만큼 사무실을 사용할 수 있는 유연한 방식의 사무 환경을 제공하는 새로운 방식으로 오피스빌딩이 새로운 비즈니스 모델로 급부상 하고 있다.

이런 변화의 과정 속에서 코로나 19는 우리들이 일하는 방식을 완전히 바꿔 놓았다. 사람들이 많이 모인 빌딩이 위험한 곳이 되어 버렸다. 원격근무나 재택근무가 폭발적으로 늘어났고 일부 기업에서는 기존의 전통적인 근무 형태를 대체를 해도 무방할 정도로 잘 운영이 되는 곳도 있다. 그러는 가운데 한편에서는 오피스빌딩의 미래가 어두울 것이라는 전망을 하기도 했다.

코로나 19를 겪으면서 원격근무나 재택근무를 경험한 것은 분명 새로운 변화였다. 원거리에 있는 사람들과 자유롭게 소통할 수 있고 이동하는 데 허비해야 하는 시간을 아껴주었다. 그렇지만 함께 모여 일하고 온라인으로 느낄 수 없는 감정이나 분위기를 전달할 수 있는 전통적인 업무방식에는 분명 장점이 있다. 또, 인간은 사회적 동물로 사람과의 관계를 형성하면서 살아가는 본능적인 습성이 있다. 그렇기 때문에 코로나 19가 종식되면 더 많은 사람들이 빌딩으로 다시 돌아갈 것이다.

코로나 19를 전후로 빌딩에도 많은 변화가 있을 것이다. 무엇보다 빌딩 내에서 활동하는 사람들에 대한 건강과 환경에 대한 중요성이 더욱 부각될 것이다. 겉으로 보이는 청결함뿐만 아니라 실내 공기에 대한 관리나 외부 출입인원들에 대한 통제 등을 잘 하는 것이 빌딩운영과 관리에 있어 중요한 요소가 될 것이다.

이와 함께 앞으로 개발되는 빌딩들은 초고층 빌딩이나 대형 복합 개발형태가 더 많아 질 것이다. 이런 환경에서는 내부에서 생활하는 사람들에 대한 안전관리에 더 많은 신경을 써야 할 것이다. 고층빌딩에서 화재나 재해가 발생한다면 이는 더 많은 인명피해가 날 수 있기 때문이다. 또, 복합건축물은 사무실뿐만 아니라 다른 업종들이 함께 입주하고 있고 공간도 여러 곳에서 연결되어 있다. 한 곳에서 발생한 위험은 다른 곳에도 피해를 끼칠 수가 있어 더욱 세심한 관리가 필요해 질 것이다.

앞으로 빌딩은 단순히 일하는 공간을 넘어 더 많은 기능을 제공해야 할 것이다. 집에서 잠을 자는 시간 외에 일하면서 가장 많은 시간을 보내는 곳에서 만족감을 느낄 수 있도록 풍부한 콘텐츠가 빌딩에 필요하다. 임차인들이 빌딩에 있는 동안 즐겁고 다양한 경험을 할수 있다면 일하는 동안에도 생산성이 더 높아질 수 있을 것이다.

미래의 빌딩은 오프라인 플랫폼으로서 회사들이 성장하는 공간으로서의 역할, 안정적인 수익을 내는 투자상품, 임차인의 업무공간 등의 다양한 역할을 하면 계속 성장 발전해 나갈 것이다. 그런 변화와 시대의 흐름에 맞춰 빌딩을 운영하고 관리하는 전문가들은 미래의 빌딩에는 무엇이 필요할지 생각해야 할 것이다. 무엇보다 빌딩의 사용자인 임차인이 원하는 서비스를 제공해 줘야만 빌딩이 경쟁력을 가지고 살아남을 수 있다는 생각으로 빌딩을 운영해 나가야 할 것이다.

저자소개

상업용 부동산 전문가이자 현업의 부동산 지식을 콘텐츠로 만드는 크리에이터. 좋은 인재들이 부동산 업계에 많이 들어오길 바라는 친절한 부동산 선배. 우연히 발을 들인 부동산 업계지만 꾸준한 자기계발을 통해 업계 전문가로 거듭났다. 미국 친환경건축기술사(LEED AP), 부동산개발전문인력, 부동산자산운용전문인력, 투자자산운용사, 재무위험관리사 등 여러 자격증을 보유하고 있다. 부동산 사관학교라 불리던 샘스를 시작으로 메이트플러스, 리치먼드자산운용에서 일했으며 여의도 국제금융센터 IFC와 파크원 개발 프로젝트, 부동산 투자 운영 플랫폼을 개발하는 프롭테크 회사 리판에서 근무한 이력이 있다. 주로 외국계 부동산투자회사와 대형 기관 투자자 소유의 수익형 부동산 관련 업무를 담당하며 상업용 부동산 투자 및 자산 관리 분야에서 다양한 경험과 지식을 쌓았다. 현재 그간의 다양한 경험을 바탕으로 에이커트리에서 상업용 부동산의 매입매각자문 업무를 하고 있다.

지은책으로 〈부자의 계산법〉, 〈부동산 직업의 세계와 취업의 모든 것〉, 〈나도 회사 다니는 동안 책 한 권 써볼까?〉, 〈부동산 자산관리 영문 용어 사전〉, 〈한국 부자들의 오피스빌딩 투자법〉이 있다.

- 이메일 : parisboys@naver.com
- 블로그 : https://blog.naver.com/parisboys
- 카페 : https://cafe.naver.com/expertacademy (부동산 살롱)
- 유튜브 : https://www.youtube.com/c/parisboy (친절한 부동산 선배)
- 에어클래스 온라인 부동산 강의 : https://www.airklass.com/page/404#_

빌딩 투자 시크릿

인쇄 / 2022. 6. 20

발행 / 2022. 6. 30

지은이 _ 민성식

발행인 _ 김용성

발행처 _ **법률출판사**

출판등록 _ 제1-1982호

서울시 동대문구 천장산로 11길17, 204-102

TEL : 02-962-9154 / FAX : 02-962-9156

e-mail : lawnbook@hanmail.net

ISBN : 978-89-5821-405-2 13320

정 가 28,000원